大学生思想教育对策与模式发展研究

马军红◎著

吉林出版集团股份有限公司

图书在版编目（CIP）数据

大学生思想教育对策与模式发展研究 / 马军红著
. 一 长春 : 吉林出版集团股份有限公司 , 2020.4
ISBN 978-7-5581-8329-4

Ⅰ . ①大… Ⅱ . ①马… Ⅲ . ①大学生－思想政治教育
－研究－中国 Ⅳ . ① G641

中国版本图书馆 CIP 数据核字 (2020) 第 047551 号

大学生思想教育对策与模式发展研究

著　　者	马军红
责任编辑	王　平　姚利福
封面设计	李宁宁
开　　本	787mm×1092mm　1/16
字　　数	232 千
印　　张	12.5
版　　次	2021 年 3 月第 1 版
印　　次	2023 年 4 月第 2 次印刷
出　　版	吉林出版集团股份有限公司
电　　话	010-63109269
印　　刷	炫彩（天津）印刷有限责任公司

ISBN 978-7-5581-8329-4　　　　　　　　定价：58.00 元

前　言

改革开放以来，在党和国家对大学生思想政治教育工作的高度重视下，大学生思想政治教育的内容日益丰富完善，管理日益深化加强，方式方法日益创新灵活，取得了一些显著的成效，并呈现出勃勃生机。但是，随着国内外形势的深刻变化以及改革开放的进一步推进，受到西方思想和价值取向的不断冲击和影响，大学生的思想政治教育工作面临新的挑战。

随着市场经济社会的深层转型，经济全球化、政治民主化和高等教育国际化趋势日趋明显，高校学生思想政治教育模式发挥最优效用的主客观环境面临着严峻的挑战，传统模式的既有功能部分缺损。但新的形势变化同时也为大学生思想政治教育模式的创新提供了前所未有的机遇。

时代在变革，社会在进步，高校思想政治教育工作在我国现代化建设中独特的地位，决定了我们只能不断地加强和改进它。而这需要更多学者孜孜不倦地思考研究，更多思想政治教育者无怨无悔地奉献乃至全社会的关心与关爱。

新时期大学生思想政治教育工作模式的创新需要高等院校给予高度重视，同时不断创新改革旧的传统教育模式，做到与时俱进，与时代发展相匹配。同时还要考虑到学生的学习情况和性格特点，展开有针对性的思想政治教育工作，坚持以培养学生，促进学生全面发展为主的教学理念，让我国大学生思想政治进一步提高，成为社会需要的人才。

目　录

第一章 大学生思想政治教育研究

第一节 大学生思想政治教育基本内涵及功能

人对社会的认识是不断变化的，当一个人原有的需要得到了满足，便会产生新的思想问题，所以要根据不同的需要，灵活采用不同的工作方法来解决新的问题。对于从事思想政治教育的工作者而言，在解决低层次矛盾的同时，一些高层次的矛盾也需要注意。作为高校的思想政治教育工作者，我们首先要明确思想政治教育的基本内涵。

一、大学生思想政治教育的含义

大学生思想政治教育将马克思列宁主义、毛泽东思想、邓小平理论、"三个代表"和中国梦重要思想作为为理论基础；以马克思主义的"三观"（世界观、人生观、价值观）教育为主要内容，以提高人们认识世界和改造世界的能力，动员广大干部群众为建设中国特色社会主义最终实现共产主义这一崇高理想为根本目的；以培养大学生有理想、有道德、有纪律、有文化的社会主义"四有"新人为根本任务。

传统的大学生思想政治教育在我国已经发展了近三十年，教学模式已基本成熟，其主要从道德修养方面对学生加强培养，长期以来思想政治教育被称为"道德教育"的原因便在于此。大学生思想政治教育以马克思主义科学理论作为基础，以党的政策方针作为指导，具有实效性和实践性，通过思想政治教育专业技能与方法的基本训练，规范大学生行为习惯，培养大学生掌握从事思想政治工作的基本能力，并渗透到高等教育的各个教学过程和管理流程之中。

大学生思想政治教育是针对当代大学生进行思想教育的一门科学，而非形式，其主要研究大学生的思想现状、意识形态、理想信念和发展规律。大学生是最有活力的一个群体，可塑性强，社会化程度高。大学生思想政治教育要想取得成果就必须与大学生自身的特点和规律紧密联系起来。坚持"育人为本、德育为先"。从教育方式来看大学生思想政治教育,其主要分为两个方面:内化和外化。首先内化具有一定的抽象性,主要通过课堂对学生进行思想不断的引导,使大学生转变学习态度,将被动接受教育的学习态度转变为主动学习的态度,把外在的要求变为受教育者的自觉行动,同时有意识地将思想政治教育的教学内容与自身的思想意识相结合。

二、大学生思想政治教育的目标

强国必先强教。中国未来发展、中华民族伟大复兴,关键靠人才,基础在教育。习近平总书记在谈教育时多次指出我们要紧扣时代精神,强化思想引领,把立德树人的根本任务落到实处。从党的十八大报告到习近平总书记的五四讲话,中央反复强调教育的根本任务就是立德树人。也就是大学生思想政治教育始终作为工作的灵魂——"育人为本,德育为先"。

新形势下大学生思想政治教育就是要把大学生的全面发展和综合实力的提高作为培养目标,其核心是德育教育。在日常教学活动中要针对当代大学生的时代特征,做到小课堂与大课堂并重、学校与社会并重、解决思想问题与解决实际问题并重、他律与自律并重、灌输与渗透并重。要勇于创新,循循善诱,提升大学生思想道德素质、科学文化素质、身心健康素质。随着社会的进步和发展,大学生思想政治教育工作已经融入广大师生们的日常生活中,思想政治教育所蕴涵的内容在不断丰富与深化。通过实践来完成教育活动的形式正普及开来。

三、大学生思想政治教育的主要内容

关于大学生思想政治教育的主要内容,首先必须明确两点:既教育目标和教育对象。其次,必须深刻理解大学生思想政治教育的性质,牢记大学生思想政治教育的多变性和丰富性。在教学过程中教育者要针对大学生思想政治教育的相关内容,全面、广泛、具体、深入的学习。大学生思想政治教育的主要内容随着时代的变化不断丰富和发展,就目前来说,大学生思想政治教育的主要内容是:以理想、信念教育为核心,深入进行树立正确的世界观、人生观和价值观教育;以爱国主义教育为重点,深入进行弘扬和培育民族精神教育;以基本道德规范为基础,深入进行公民道德教育;以大学生全面发展为目标,深入进行素质教育。

（一）大学生理想信念教育

大学生理想信念教育主要指大学生的奋斗目标，反映大学生对未来的向往和追求，是大学生对未来现实奋斗的动力。要使大学生的理想信念教育不断强化，必须使他们坚定马克思主义的伟大旗帜，树立共产主义终将实现的伟大理想，确定正确的世界观、人生观、价值观。思想政治教育的根本目的和性质，就是理想信念教育，大学生只有把崇高理想信念内化到自己的人格中去，大学生思想政治教育的精髓便可以融入大学生意识形态当中。相关研究表明，理想信念教育的成果是衡量思想政治教育成败的重要标准。

（二）大学生爱国主义教育

大学生爱国主义教育是民族精神的核心，是国家凝聚力的源泉，是动员和鼓励全国各族人民团结的标志，是中国社会进步的强大驱动力。大学生爱国主义是一种崇高的道德情感，主要包括爱国情怀、爱国思想和爱国行动三个方面。在当代中国，大学生爱国主义最鲜明的特点，就是将爱国主义与坚持四项基本原则相结合，把实现中国梦作为最根本的奋斗目标。将爱国主义融入大学生思想政治教育当中，就是要引导大学生热爱祖国，以提高民族自尊心、民族自豪感和民族自信心为目的，坚持发扬爱国主义精神。

（三）大学生思想道德素质

大学生思想道德素质具有丰富的思想内涵，包括高尚的社会公德（主要包括文明礼貌、助人为乐、保护环境）、良好的职业道德（主要包括办事公道、诚实可信、爱岗敬业、奉献社会等），正确的世界观、人生观、价值观，文明的行为美德（主要指爱护公物、文明行为举止）等。道德素质教育在高等院校中对大学生的培养和发展起着重要的导向、动力和保障作用。目前把德育与素质教育有机地结合起来是加强和改进高校道德素质教育的关键，使之在大学生全面发展的过程当中起到核心保障的重要作用。因此，必须切实加强大学生道德素质教育。

（四）大学生全面发展素质

大学生全面发展素质具有丰富的内容，概括起来主要包括思想道德素质、人文素质、创新素质、科学文化素质、身体健康素质、心理素质、个性素质和审美素质等方面。以上几个方面相互依存、相互渗透，具有密切的内在联系。大学生思想政治教育的前提是大学生在学习的过程中保持身心健康，同时文化素质和思想道德素质得到均衡发展。

四、大学生思想政治教育的功能

（一）以人为主导的思想政治教育价值观念

党中央提出科学发展观，是以人为本的科学发展观，同时也是大学生思想政治教育的根本目标。以人为本就是社会的一切发展不但依赖于人的发展，同时人的本身也是发展的目的。文本发展观是以书本出发、从理论出发的一种发展观。大学生思想政治教育中，人本发展观是与文本发展观相对立的，后者没有兼顾人的发展，只重视了文本，这样便容易出现教条主义和形式主义。改革开放使得高校的思想政治教育逐步向解放思想、实事求是的方向发展，也逐渐摒弃了教条主义和形式主义。高校的思想政治教育是把人的发展作为基本出发点，使教育成为学生自身发展的条件。只有这样，思想政治教育才能实现应有的价值，才可以让思想政治教育的作用得以体现。

（二）全面引导学生发展的思想政治教育

大学生思想政治教育宗旨就是全面实现社会和人的发展，大学生思想政治教育就是要保证学生的全面发展。人的本质属性是物质的、社会的和精神的，在一定的社会条件下，生存和发展的物质条件是要同时拥有的，同时还要慢慢地积累和丰富自己对社会的认识，拥有自己的精神生活，发展自己的方式既有物质的，又有社会和精神的。这样个人在进行全面发展时，才会有侧重点，既协调发展又不会互相替代。由于以前在讲人的全面发展的时候，主要强调的是社会性，忽略了物质性，这样的结果导致了人们缺乏物质追求，空谈精神追求，结果造成社会生产的拉动力不足，不仅物质生活水平不能得到提高，同时精神文明建设也缺乏有力的支撑和发展后劲。

另一方面，当人们追逐物质利益的同时，却忽视了政治与道德的底线。这在社会和学校间引发了一些争论。学生思想上的迷惘和困惑，不能在精神和理论的层面上找到答案，因此一些学生出现了急躁、浮躁、烦躁的情绪；一些学生拥有现代化的物质生活条件，却仍然缺乏幸福感，烦恼不断。这些不但阻碍了学生的发展，同时还会对社会造成危害和损失。为此，作为思想政治教育者要从理论上启发学生对于马克思主义关于人的本质与全面发展理论的学习，切实全面把握人的本质并确立全面发展的目标，增强学生对于由于人类片面发展带来危害的认识，防止那些盲目发展倾向的产生，对人类发展上的经验教训要有所吸取。

（三）协调学生持续发展的高校思想政治教育

科学发展观是要协调社会和人的发展，这正是科学发展观的重要内容，大学生思想政治教育也要遵循这个原则。协调发展等同于全面发展，如果没有全面发展，那么协调发展也就没法进行。所以，在人的协调发展中，要有科学、合理的发展观，这正是大学生思想政治教育的目标。协调发展，就是指在人的发展过程中所处的环境、条件的互动与和谐，而不是分裂与对抗。人的全面发展与协调发展是有机地联系在一起，不可割裂的。我国的科学技术在一定的时间内相对比较落后，对自然的开发也不够充分，科学技术的水平还需要进一步的提高，这从我国长期的历史和现实情况就可以看出。所以我们要充分提高学生的科学技术水平。大学生思想政治教育是一项长期并且艰巨的任务，这个任务如果没有完成，学生和自然之间的协调性就会停留在最低层上。学生的发展同社会的发展一样，也存在长远发展和眼前发展的问题，为使学生能够健康稳定地持续发展，需要引导学生自己处理好眼前发展和长久发展的关系。

（四）构建和谐校园是大学生思想政治教育的追求

构建和谐社会是我们共同的价值理想，也是大学生思想政治教育的价值目标和自觉的价值追求。和谐校园是建设和谐社会的必然要求，必须充分发挥思想政治教育的作用，不断创新思想政治教育的内容和载体，为学生的全面协调可持续发展提供条件，把构建和谐校园作为大学生思想政治教育的价值追求。

第二节 大学生思想政治教育的核心

一、社会主义市场经济条件下思想观念的特征

现在，我国已经进入由计划经济体制向市场经济体制转轨后的完善时期。市场经济体制下，经济主体和利益主体不断多元化，这是人类社会发展不可逾越的阶段。改革开放以来，我国的思想观念由自闭型向开放型转变，思想自由化程度提高，人们推崇个性解放和张扬，主要体现在以下几个方面。

（一）多元化

现时思想观念的多元倾向首先来自市场经济的生活模式对计划经济时期生活模式的全面而深刻的冲击和否定。与过去传统的计划经济明显不同，当代中国经济成分和利益主体的多元化，社会生活的多元化，社会组织形式的多元化，就业岗位和就业形势的多元化，不能不对每个人的思想观念产生影

响。其次，市场具有开放性，这种开放不仅局限于经济领域，而且也涉及思想领域，所以，外来文化的大规模涌入，开阔了国人的视野，增加了选择的对象，特别是西方文化中那种浓厚的个人自由观念，契合了此时我国思想文化中滋生着的反对尚同和盲从的倾向，更是得到人们广泛的认同。面对纷繁复杂的思想观念，人们特别是青少年学生将何去何从，吸取什么，抛弃什么，如果没有坚定的思想观念，正确的理想信念，就不能运用马克思主义理论观察和分析纷繁芜杂的社会现象，也缺乏为国家发展做贡献的远大目标和应有的社会责任。尽管多元化是一种必然，一种潮流，但我们也应寻求多元平衡中的一元，引导多元化向正确的方向和谐发展。

（二）功利化

功利化即功利价值倾向日益明显化。所谓功利价值是指各种事物和对象对主体的感性物质生活需要的满足状态，一般用利益、效益、效用、效率、利害等来标识。功利价值普遍存在于物质生活领域和经济生活领域之中，它直接表现着具体的人和群体与对象事物的依赖和利用关系，它表现着人在社会生活中利用一切对象为自己服务的基本倾向。但是在相当长的一个历史时期内，自给自足的经济模式使得人们只看到消费对生产的否定作用，而忽视消费对生产的推动作用，从而生产效率低下，产品匮乏，只能采取限制消费、贬抑物质生活需要的政策来缓和矛盾。随着市场经济模式的建立，人们开始用一种冷静而客观的眼光看待一切。一方面功利价值的重要性突出出来，看到了物质利益对人们潜力的激发作用和对生产的推动作用，"耻言利"变成"勇言利"，这的确给中国带来了突飞猛进的发展和日新月异的变化，人民的生活水平和质量都有了明显提高，积极性和创造性高涨；而另一方面也出现了"一切向钱看"的狭隘功利主义思潮，人们的良心在商品、货币的利诱下被泯灭，特别是青少年学生在这种思潮的影响下，追名逐利，表现出实用化、功利化、拜金主义的倾向，金钱成了他们选择职业的标准、指引人生价值的航标。

（三）个性化

个性化即个人主体意识的普遍觉醒。市场经济是一种自主经营、自负盈亏、自我约束和自我发展的经济运行机制。这一机制决定了社会个体经济在经济运行中必然克服自然经济条件下的那种依赖性和主动性，强调以个人的存在和发展为出发点，强调个人主观能动性的发挥，强调个人在群体及社会中的地位和价值，强调个人权利、权益的维护，这必然唤醒了个人主体意识。这是人的一次大解放，也是社会能量的一次大释放。但是，个性自由发展到极致，不免有"个人主义"和"极端利己"主义的滋生。尤其是目前中国独生子女增多，孩子成为家庭的中心，客观上也助长了其以个人为中心，缺乏团结互助意识和对社会的责任感。毫无疑问，我们思想生活领域出现的多元化、功利化和个性化倾向，有其产生发展的历史必然性，因而有其积极影响。但同时我们也切身感受到了它产生的负面效应：在纷杂的思想中失去路标，对共产主义的理想信念，对个人价值——渡过有意义的一生的理想追求产生怀疑。一些人认为人生苦短，何不逍遥自在地享乐，追求物质生活的奢华，忽视精神生活的愉悦。这就对当前的思想政治教育工作提出了艰巨的任务，也是政治工作者不可推卸的责任。

二、理想信念教育是思想政治教育的核心

思想政治教育是指社会或社会群体用一定的思想观念、政治观点、道德规范，对其成员施加有用的、有计划的、有组织的影响，使他们形成符合一定社会要求的思想品质的社会实践活动。由此我们可以看出，任何社会都有思想政治教育这一实践活动的客观存在，只是在不同的社会制度中有其不同的内涵。

理想信念是人们对未来的向往和追求，是世界观和政治立场在奋斗目标上的集中体现，是确立人生价值的最高准则。理想源于现实又高于现实，科学的理想是建立在对客观规律正确认识基础上的，高度凝聚了人们对真、善、美的自觉追求，对于某种真理和实践相统一的正确性的价值认同。信念是人们对某种思想理论、理想、美好未来的深信不疑并把它奉为行为准则，以坚强的意志和决心并锲而不舍地去实践、去追求的一种稳定而持久的精神状态。理想与信念辩证统一，相辅相成：理想以信念为支撑，理想的追求和实现体现并折射着信念的坚定；信念以理想为方向和内容，有什么样的理想就有什么样的信念，只有对理想的坚信才有对信念的坚定。理想信念一旦形成，就成为支配人们行动的持久的精神动力。

青年学生的大学阶段，是人生中物质需求和精神需求的高峰时期，有没有向往和追求，用什么样的思想和原则指导自己的向往和追求，向往什么和追求什么，以及是不是把这种追求体现在日常行为之中，这将深深地影响着他们的人生轨迹和后来的成就。因此，从思想政治教育的根本任务要求和理想信念对大学生成长的作用两方面考虑，大学生思想政治教育必须以理想信念教育为核心。

《中共中央国务院关于进一步加强和改进大学生思想政治教育的意见》明确指出，加强和改进大学生思想政治教育的主要任务是以理想信念教育为核

心，深入进行树立正确的世界观、人生观和价值观教育；以爱国主义教育为重点，深入进行弘扬和培育民族精神教育；以基本道德规范为基础，深入进行弘扬公民道德教育；以大学生的全面发展为目标，深入进行素质教育。因此，我们必须重视理想信念的重要作用，坚持以理想信念教育为核心，不断加强和改进大学生思想政治教育。

由此可以看出，理想信念是人生的航标，思想政治教育的主体和客体都是人，而主、客体矛盾的核心就是解决人们"做什么，怎样做才能符合社会主义社会所要求的思想观念、政治理想和高尚的道德情操、良好的心理素质"的问题，而解决这一问题的核心，就是树立正确崇高的理想信念，它会指引我们应该"做什么"、"怎样做"，并为此提供不竭的动力源泉，不畏艰难困苦，无视各种思想的诱惑，披荆斩棘向理想的彼岸前进。因而理想信念教育在思想政治教育的各环节中都有灵魂统帅的作用。同时理想信念教育还具有渗透性和扩散性，从而影响到其他的教育环节，以使教育对象更容易接受正确的思想观念。

三、大学生理想信念教育的现实意义

在高校党的建设中，思想建设是整个党的建设工作的首要任务，其中以理想信念教育是思想建设的重点，也是落实立德树人根本任务，进一步推进大学生思想政治教育，培育和践行社会主义核心价值观的必需。党的十八大报告提出："坚定理想信念，坚守共产党人的精神追求。要广泛开展理想信念教育，把广大人民团结凝聚在中国特色社会主义伟大旗帜之下"。习近平总书记在同各界优秀青年代表座谈时也曾明确指出："广大青年一定要坚定理想信念。功崇惟志，业广惟勤。理想指引人生方向，信念决定事业成败。没有理想信念，就会导致精神上缺钙"。可见，理想信念教育在党的建设和青年一代的成长成才中起着至关重要的作用。我们的大学生，其理想信念如何，政治思想观念怎样，直接关系到他们今后做什么人，走什么路，更直接关系到党的事业和社会主义建设的兴衰成败。当今世界纷繁复杂，西方文化思潮不断涌入，社会价值观念越发多元，凡此种种，极易造成信念的缺失、理想的滑坡。对于大学生来说，如果没有坚定的理想信念，其成长的正确方向就无法保证，也更无从谈起将来肩负党和人民赋予的历史使命。作为教育工作者，我们有责任、有义务引导青年学生们树立远大理想，在日常学习、工作和生活的点滴实践中将理想信念根植于心，外化于行，时刻把对未来的不懈追求和人生价值的实现融入到为国家和民族事业的不懈奋斗之中。

四、坚持理想信念教育在大学生思想政治教育中的核心地位要把握好几对关系

理想信念教育在大学生思想政治教育中居于核心地位，而要坚持其核心地位，首要的是引导学生正确处理好几种基本关系。

（一）引导学生正确把握个人与社会的关系

理想信念涉及社会生活的所有领域，也贯穿于大学生学习、生活的所有方面，从内容上可以归为个人理想信念和社会理想信念两大类型。社会理想信念与个人理想信念是辩证统一的。社会理想能给个人以坚定的信念，明确的方向和巨大的精神力量，促进个人理想的实现。而社会理想又必须植根于个人理想，归根到底要靠每个成员为实现个人理想而进行的实践。但是，在相当长一个时期里我们往往重视社会政治理想教育和社会主义道德理想信念教育，忽视了职业理想和生活理想等个人层面的理想追求。现在大学生中一些人个人喜好的偏执和对自我利益的过分追求，使得他们往往倾向于夸大个人与社会之间的对立和冲突，而对个人理想和社会理想之间的相互依存、密切联系的认识不足。更加注重个人专业学习、自我发展、自我实现，对自己应当承担的社会责任关心不够。所以，大学生理想信念教育，要从引导大学生正确把握个人与社会关系出发，教育引导大学生从树立个人理想开始逐步内化社会理想，用社会理想来引领和整合个人理想，在实现社会理想的过程中实现个人理想，在实现个人理想的过程中推动整个社会理想的实现。

（二）引导学生把握好确立理想信念与实践理想信念的关系

理想形成是知、情、意、信、行的培养过程。在一定认识基础上，在感情和意志的驱动下，体现着最高价值目标的理想逐渐转化为人们内心确定和秉持的信念，最后付诸行动转化为实践活动，这是理想信念形成和实现的过程。理想信念教育应遵循这一规律，完成知、情、意、信，尤其最后到行的转化。任何理想都不是凭空产生的，树立理想信念首先要提高理论认识，这是理想信念教育的基础。情感是理想形成的动力因素，理想信念教育要激发大学生树立理想并为理想而奋斗的热情。在理想信念教育过程中，还要注重对克服困难和排除障碍的毅力的锻炼教育，这是理想形成并发挥作用的重要条件。理想信念是深刻的认识、强烈的感情、顽强的意志的统一，并最终要外化为个人行为和实践。因此，对大学生进行理想信念教育时，不仅要重视理想信念的确立，更要引导大学生将正确的理想信念外化为自身的行动与实践活动，按照提高认识、陶冶情感、锻炼意志、坚定信念和开展实践来坚定

和完善自身的理想信念体系。

（三）引导学生把握好长期理想与近期目标的关系

从理想的时序上划分，理想信念有长远理想和近期理想。长远的理想是起长久作用的目标，为社会和个人在每一阶段的具体目标提供更持久的动力和明确的方向。在为实现理想目标而努力奋斗的过程中，往往会遇到曲折，如果没有一个长远的理想信念作为奋进的动力，就容易在挫折面前望而却步，丧失信心和斗志；也容易在暂时取得阶段性胜利的时候被喜悦冲昏头脑，骄傲自满，止步不前，而不会实现对现实的超越。但是长远理想的实现需要经过一个个具体理想的实现而实现，只有不断树立近期理想，才能一步一步向长远理想迈进。因此，对大学生进行理想信念教育时，不能只从高处、远处着眼，而应对学生当前发展目标及其实现给予关注和引导，既谈长远理想也强调近期目标，把两者有机地统一起来。

五、如何加强大学生理想信念教育

（一）必须注重理论灌输

大学生的理想信念出现的问题，大致有两个方面的原因：一是绝大多数学生对马克思主义基本原理、对中国特色社会主义理论和党的优良传统等缺乏系统学习和深入了解。虽然近些年，高校致力于邓小平理论、"三个代表"重要思想、科学发展观、中国梦重要论述等的"入教材、入课堂、入学生头脑"的"三进"工作，也取得了一定的成效，但是学生并没有真正理解和掌握理论的科学实质。如果对党的理论知识缺乏科学认知，就会导致对共产主义和中国特色社会主义的信仰缺乏根基，就很难经受住各种腐朽思想的冲击和侵蚀。二是我国社会现存的一些尚未得到很好解决的深层次的理论问题、不良现象等现实问题，容易使大学生产生思想疑惑甚至是情绪抵触，进而导致信念动摇。因此，积极引导大学生用马克思主义的立场、观点、方法正确分析和处理现实中存在的问题是加强大学生理想信念教育，培养树立中国特色社会主义核心价值观的金钥匙。

首先，坚持教学内容的与时俱进。用科学知识武装人，用科学理论指导人，一直是我党培育新人的重要指导思想。为此，坚持用完备的、科学的、发展的、可持续的理论知识学习来坚定大学生的共产主义理想信念是高校思想政治教育的首要之举。学校要通过正式的理论学习教材和根据党章、时事变化及时地更新教材，对大学生进行系统的理论灌输。教育过程中侧重党章为蓝本，从理论讲授到实践锻炼，由浅入深，注重教育的实效性。其次，要做到教学目标明确具体。着重引导学生掌握马克思主义的立场、观点、方法，能够探讨和回答社会前沿问题和深层次问题，能够讲清楚共产主义理想与党在社会主义初级阶段的方针政策之间的关系，使学生明确社会主义的先进性，认识共产主义的曲折性，从而将个人理想信念定位在人类社会历史发展的大趋势上，定位在党的最终奋斗目标上。在人生观、价值观教育中，使学生懂得为人民服务的人生观才是科学的人生观和价值观。在信念教育中，要告诫学生信念是统帅人们灵魂的精神支柱，是强大的精神动力。要以服务社会，服务全人类的共同事业作为共产主义远大理想。当一个人向着目标迈进的时候，应当笔直地朝前望，对理想的追求要执着而坚定。再次，要做到教学环节突出实践。学校的社会实践应当引导大学生融入校内外基层党组织，广泛参与基层党组织的党建活动，向身边的优秀党员和先进典型学习。同时，利用课余时间组织学生收看党史录像片、专家讲座等，增强理想信念教育的吸引力和感召力。

（二）突出教育的针对性

理想信念教育注重针对性可以使教育效果更加明显，学生思想教育"动机和时机"是重点，"导向和形象"是关键。从目前情况看，高校越来越多的青年学生向党组织递交了入党申请书，要求参加业余党校学习的学生非常踊跃。面对这种现象我们不能盲目乐观，在高校中有相当一部分学生的入党动机是存在问题的。"我是否要入党？我入党到底为了什么？"是很多同学发出的疑问。认为"要先从行动上入党，再在思想上入党"，"因为信仰共产主义而入党"的学生并不多，他们不是认识不到位就是认为这很虚伪，有的同学甚至说："能够成为党员就是觉得很荣耀，在同学面前有面子。入党之后只要尽力多做些力所能及的事情，少发些牢骚就是一个好党员了！"由此能够看出他们心中政治信仰的迷惘和理想信念的模糊。另外，就业难所造成的现实压力，使部分大学生入党动机趋于功利化。这些思想动态是我们在理想信念教育当中不易察觉到的，从而影响了教育针对性作用的发挥。实现理想信念教育的针对性要注意抓好特定时机的特定教育是一个重要补充。一是抓好新生党的基础知识培训。各总支、支部可以开辟专门的时间为新生讲党课，进行入党启蒙教育。二是利用各种纪念日组织活动。比如，3月5日的学雷锋搞奉献活动，培养学生服务社会，服务人民的思想；4月5日的祭扫烈士墓活动，对学生进行爱国主义和革命英雄主义教育等。三是强化牢记誓言教育，通过庄严的入党宣誓仪式教育学生党员牢记誓言，保持共产党员先进性。四是重视毕业生的离校教育，积极开展感恩活动、优秀毕业生事迹报告会、实习总结会等，提出希望和要求，让学生带着学校嘱托、带着感悟走向社会。

（三）做到理论与实践相结合

理想信念教育既是一个理论问题，又是一个实践问题。社会实践是理想信念形成的最深刻、最有效的基础，理想信念的性质、坚定性、稳定性以及形成的条件、建立的方式等，都与社会实践的具体状况息息相关。大学生们只有通过扎扎实实的社会实践活动，才能在实际历练中提升运用正确的理论观点、方法分析和解决实际问题的能力，才能充分认识党的基本路线、方针、政策的正确性和科学性，才能真切地体会到肩负的历史使命和责任，从而达到认识自我，锻炼自我，提高自我，完善自我的目的。

在教育活动中要注重以学生成长、成才为目标，抓载体，重参与，以点带面，务求实效。例如，很多高校都在搞的"一帮一"育人工程，不单单是让贫困生感到受助的温暖，很大程度上更是教育影响了全体学生，特别是学生党员和党外积极分子同学。他们在活动中付出的是真诚的资助与关爱，发挥出的是模范带头作用，感受到的是自我价值实现的快乐和满足。除了"一帮一"育人工程，我们还可以紧跟社会形势、围绕学校中心工作、结合学生专业特点等开展一些校内外互联互动、喜闻乐见的活动，丰富理想信念教育的有利平台，不断拓宽大学生思想政治教育渠道。

（四）加强思政人员队伍建设

思想政治教育工作队伍是加强和改进大学生思想政治教育的组织保证。做好大学生思想政治教育工作，高校必须突出全员参与、全员育人。学校的组宣工团干部、两课教师，辅导员和班主任以及所有从事大学生思想政治教育的人员，都要增强做好思想政治教育工作的责任意识，在具体工作中练就开展思想政治教育工作的综合本领，提升能力水平。

要建立相对稳定的培训进修机制和工作考核奖励制度。一方面，从学生工作的实际出发，合理制订培养规划，有计划、有步骤地安排各种形式的岗前培训、在岗培训、日常培训、专题培训等，构建融教学、科研、实践交流于一体的多层次、多渠道的培训体系。培训可采取走出去、引进来的办法，增强校际间的学习交流，吸收借鉴优秀的教育研究成果，不断创新培训内容和模式。同时，还要有侧重地加大对教育学、心理学、美学等方面的培训力度，使这支队伍能够精通思想政治教育规律，熟练掌握思想政治教育工作的方式方法，因地制宜、因材施教。另一方面，要制定思想政治教育工作考核与评估细则。从政治素质、理论水平、业务能力、工作实绩等方面进行动态评估，评估结果与职务聘任、职称晋级、奖励表彰等挂钩，奖优罚劣，切实发挥激励作用，让想干事、能干事、干成事的思想政治工作者获得成就感。

总之，大学生思想政治教育工作是一个春风化雨、沁人心骨、养人心志的育人过程，在这一过程中，理想信念教育承担着动力源、加油站的重要作用。作为教育工作者，我们必须认清思想政治教育过程的长期性、复杂性和艰巨性，认真分析当今社会新常态下理想信念教育的使命要求和大学生思想实际，针对其认知特点和接受规律，着力构建大学生理想信念教育的新思路和新对策。

第三节 大学生思想政治教育的重要性

一、影响大学生思想政治教育的主要因素

从国际方面看，进入 21 世纪之后，西方发达国家通过各种渠道加强文化输入，试图对发展中国家青年的价值观进行潜移默化的改变。由于西方发达国家在某些方面的先进性，导致其在文化的融合过程中处于主导地位，在与西方文化的交锋中，无不渗透着西方国家企图利用人权、民主等问题来进行和平演变的战略图谋。以大学生为代表的青年一代正处于价值观、人生观、世界观形成的关键时期，极易受到外来思想的影响。

从国内方面看，随着改革开放的进一步深入，社会主义市场经济不断发展，社会主体日益多元化，人民生活水平不断提升，但另一方面又带来多元化的社会利益矛盾，这在客观上为大学生多样性实用主义价值论提供了条件。改革开放特别是市场经济，强化了人的主体意识，受利益机制的驱使，人们更加注重个人的物质需要和经济利益。目前，我国的市场经济社会中多种社会经济形态并存，多种生存发展方式并存，因此，使得个人的理想信念和追求具有多元化的趋势。随着改革开放的深入，社会利益矛盾逐渐显现，导致年轻的大学生人生追求与信念的功利性，片面追求经济物质需要，严重削弱了对共产主义理想信念的追求，这势必影响大学生的崇高理想与科学信念的形成与发展，不利于大学生的全面发展。

另一方面，互联网的快速发展对当代大学生的理想信念教育带来了严峻的挑战。互联网在加速各种文化的相互吸收和融合，促使各种文化在广泛传播中得到发展的同时，也将不同的意识形态、世界观和价值观、伦理道德观念等四处传播，对受众群体产生着潜移默化的影响。一些西方国家特别是西方敌对势力利用这一平台对我国进行意识形态渗透，宣传、灌输资产阶级的

政治思想和价值观念，这些必然对大学生的理想信仰带来冲击和考验。

二、加强大学生思想政治教育的必要性

（一）随着社会的发展，各种思想邻里群起，需要加强思想政治教育

进入社会发展新阶段，综合国力竞争日趋激烈，各种矛盾错综复杂，社会关系更为敏锐，新情况、新问题层出不穷，特别是改革开放以来，我国社会主义市场经济体制经历初步确立、发展和完善，期间伴随着西方等资本主义思想的不断侵入、腐蚀，人们的价值观及其行为模式等不可避免地面临挑战，发生变化。这些变化，大部分是积极的、符合时代发展潮流的，但是，也存在消极的、有害的。如西方拜金主义、享乐主义、个人至上主义等，对一部分人特别是处于成长期的大学生产生了不容忽视的影响，不仅仅影响着他们待人处事的态度，更有甚者会影响他们人生观、价值观，对社会贡献观及自我价值的实现等。

要大力弘扬思想政治教育中的爱国主义精神，坚持爱国主义与社会主义的高度统一，时刻心系民族命运、心系国家发展、心系人民福祉，以理想信念教育为核心，使爱国主义精神在新的时代条件下发扬光大，不断深化对我国历史和国情的认识、对改革开放 30 年伟大进程的认识，增强当代大学生民族自尊心、自信心和自豪感，坚定跟党走中国特色社会主义道路、实现中华民族伟大复兴的信念。这样才能更好地利于大学生正确的世界观、人生观、价值观的养成，抵制不良因素的影响。

（二）社会公德状况不尽如人意，并存在许多新道德困惑，必须加强思想政治教育

在思想道德中，社会公德是最基本的，也是最贴近我们生活实际的。社会公德是全体社会成员必须共同遵守的道德，是社会主义道德体系的重要组成部分，是人们为了维护公共利益和社会生活秩序，协调人们之间的关系而形成的最简单的行为准则和起码的道德标准。在当前情况下，虽然我国社会公德状况比以前有了改善，但由于各种因素的影响，总体形势不容乐观。部分大学生认为深层次的道德观念和具体行为选择之间存在着差异，肯定社会公德的意义，强烈要求改善社会公德，但对自身的道德实践却缺乏同样严格的要求，对现实中表现出无可奈何、默认，甚至接受。加上由于社会对一些现象不能做出明确的道德评判，直接影响部分大学生行为的选择和道德的困惑。在日常生活中奉行中心主义、缺乏道德约束、我行我素、行为失衡的现

象也已成为部分在校大学生中存在的一个突出问题。

青年素有开风气之先的光荣传统，在道德修养上应该有更高的追求。这不仅会对社会进步产生积极的影响，也会对自己一生的奋斗产生长远而巨大的作用。作为青年这一群体的中流砥柱——大学生，不仅要继承和发扬我国优良传统美德，还要对社会主义建设中所形成的新的道德观念、道德规范、道德风尚加以学习和实践。重视思想政治教育的基础核心作用，倡导社会公德，进一步强化大学生责任意识和奉献精神，引导大学生从身边的事情做起，从具体的事情做起，着力培养良好的道德品质和文明行为，培育健康文明的生活方式，不断提高大学生道德文化生活的质量，建立与时代发展相适应的具有自我发展、自我约束机制的道德规范和行为规范，从整体上推动我国社会主义精神文明的建设和文明和谐社会的构建。

（三）新媒体对大学生生活、思想产生了巨大影响，要求重视思想政治教育

随着科学技术的不断发展，网络的全球覆盖，以数字杂志、手机信息、移动电视等形式为代表的新媒体飞速崛起，并快速占据广泛市场，对人们的社会生活产生了巨大的影响。大学生作为这种数字化生活的最先体验者之一，在体验与世界同步发展的快捷信息和平台的同时，行为习惯及思维方式也受到了极大的冲击和影响。

虚幻的网络世界，减少了来自社会因素、周边因素及个体因素等干扰，网络成为大学生发泄紧张学习生活、日常交际压力，表达思想观点、倾诉心声的首选场所；透过网络提供的多样平台，大学生个性化得到极大张显，网络成为其随心畅游的首选场所；由于网络提供了大量的资源，还伴有部分人"成长的经验"，网络逐渐成为大学生寻求帮助的首选场所等。网络，毋庸置疑给大学生提供了快速的信息交流平台，多彩的展示平台，慢慢改变着传统的生活方式，然而其开放性、虚拟性、缺乏规范性，容易使大学生摆脱现实社会诸多人伦、道德因素的制约，极易放纵自己的语言行为；主流和异端思想并存，影响大学生个人责任意识、道德意识、社会意识。甚至有些大学生活在网络虚拟世界里，忘却了现实中人际需求、个人价值需求，逐渐迷失其中无法自拔。

以思想政治教育为基石，以马克思主义思想文化为主导，利用新媒体这个双刃刀，丰富思想政治教育内容和形式，开辟更有效的方式，针对性地、有效地规范、引导学生发展新媒体文化，更好地为我国社会主义发展服务。

（四）大学生个性鲜明，自我目标缺乏，要求不断加强思想政治教育

当代大学生大多出生在生活环境相对优越的环境下，较好的物质生活与较重的学业压力越来越明显地形成反差。总体来看，在长期以来受到的思想政治教育影响下，当代大学生思想政治状况的主流是积极的、健康的，他们熟识党的路线方针、马哲思想、邓小平理论、"三个代表"重要思想、和谐社会发展思想。但是，我们同样不能忽视其存在的种种问题。据调查，有部分大学生缺乏明确的理想、信念和人生计划，但其自我意识强烈，渴望表现个性。长期处于优越的环境，使其大多更注重索取，奉献精神较弱，心理承受能力较差，受挫后自我调节修复能力弱，学习动力不足，个人奋斗目标不明确，自我价值实现缺乏目的性。这些特点，不利于其思想成长，不利于团队合作和集体发展，进而会影响其步入社会后自我价值的实现和对社会发展的贡献。

不断加强大学生思想政治教育，把教育落到实处，以科学发展观为指导，积极鼓励大学生参加社会实践，向人民群众学习，磨炼意志，增长才干，切实提高个人能力，明确个人奋斗目标，健康快速成长，努力打造高素质人才——不仅有厚实的科学知识积累，也有良好的品德修养，实现自我价值、服务社会的目标。

三、大学生思想政治教育的重要性影响分析

（一）大学生思想政治教育是知识经济时代之需，是转型期国家发展之需

21世纪是知识与人才竞争的世纪，是知识经济世纪。知识经济是主要依靠知识创新、知识创造性应用和知识广泛传播而发展的经济。要想在知识经济时代的竞争中处于不败之地，就得提高我国大学生整体素质，首先必须从思想上引导大学生，培养高尚的社会主义情操。我国目前为大学生进行思想政治教育是应知识经济发展时代所需而进行的。

从国内社会环境来看，我国目前正处于社会变革时期，在转型时期为我国大学生在一定程度上营造了良好的社会条件，形成了融洽的政治氛围，当然也具有了新的挑战和机遇。由于目前我国社会转型期具有动态性、复杂性，尤其是在国际复杂的政治环境的影响下对大学生进行思想教育势在必行；通过加强思想政治教育，树立积极向上的人生观、价值观、世界观，才能使国家社会主义事业保持长远的快速发展。

（二）大学生思想政治教育的重要性是由其自身的地位和功能决定的

1.思想政治课的地位决定了大学生思想政治教育的必要性

首先，从政治地位上看，教育是具有阶级性的活动。我国的教育是社会主义教育，学校给大学生上思想政治教育课的目的就是为了让大学生思想政治始终坚持与社会主义的政治方针政策保持一致，紧随社会主义的步伐。学校教育工作者努力培养高素质全面发展的社会主义接班人，因此具有鲜明的意识形态特征。其次，从德育地位来看，思想品德课是大学生德育工作的主要途径。

2.思想政治课其功能凸显大学生思想政治教育的必要性

总体来看，大学生思想政治课主要有智育、教育以及德育等重要功能。

（1）教育功能，是指有目的地培养大学生有一定的政治观念、信念和信仰的功能。有助于不断提高大学生政治素养，使大学生自觉坚持四项基本原则，树立正确的政治方向。

（2）德育功能，是指培养大学生形成一定的道德意识并引导其道德行为符合规范的功能。它可以使大学生学会处理个人、集体和国家三者利益之间的关系，正确对待挫折和失败，进而树立科学的世界观、人生观和价值观。

（3）智育功能，主要是大学生要掌握科学技术、专业知识，这将使得大学生可以通过科学的方法看待问题，并提高分析和解决问题的能力。

（三）大学生思想政治教育是大学生实现全面健康发展的主要途径

1.大学生进行思想政治教育有利于大学生树立远大的理想，做有理想的人

通过对大学生的思想政治教育，可以使大学生树立为共产主义事业奋斗终身的远大理想。思想政治教育在思想上帮助大学生树立远大的理想，同时将自己的理想与伟大的社会主义事业结合在一起，通过实现自己的职业理想，为富强、民主、文明、和谐的社会主义现代化国家的建设增砖添瓦，也为共产主义远大理想的实现奠定基础。

2.大学生思想政治教育有利于大学生增强道德观念，做有道德的人

特别是近几年来，大学生群体中出现了一些令人担忧的现象，这在一定程度上影响了培养社会主义有目标、有理想的大学生的进程。通过大学生思想政治教育，可以缓解一些道德观念下降的问题，使大学生处理好自己与自己、自己与他人、自己与社会、自己与国家的关系，树立集体主义价值观，将个人利益、集体利益、国家利益三者相联系在一起。

3.大学生思想政治教育有利于大学生规范自己的行为，做有纪律的人

通过对大学生进行法制教育，为其教授社会规范约束自己的不良行为，

通过肯定赞扬符合社会规范的行为，否定批评背离社会规范的行为，来实现对人的行为的约束。这里的社会规范就是广义上的纪律，通过思想政治教育，使大学生学习法律规范和社会成文的规范，使人们自觉地遵守纪律，做一个有法律意识、有纪律的人。

4.大学生思想政治教育有利于大学生学习科学文化知识，做有文化的人

我国的大学生思想政治教育主要是基于党的基本方针政策、邓小平理论、毛泽东思想以及社会主义建设发展理论体系等党和国家的指导思想为蓝本的。学习这些科学的文化知识，有利于武装大学生的头脑，更加理性和全面地看待社会问题。因此，思想政治教育也是大学生学习科学文化知识的重要渠道。

第二章 大学生思想政治教育的理论基础

第一节 社会主义核心价值观与大学生思想政治教育

社会主义核心价值观集中反映了我国和谐社会所追求的价值尺度和文化观念。价值观是人生观和世界观的核心与基础。在当今价值观多样化、文化多元化的社会转型期间，在大学生中旗帜鲜明地倡导社会主义核心价值观，能够深层次的影响大学生的思想认识和行为方式，提高思想政治教育的实效。

一、社会主义核心价值观内涵

社会主义核心价值观是实现社会主义价值目标的思想保证和行动指南。以人为本是社会主义核心价值观的主体。以人为本是时代发展和社会发展的迫切需要，又是人的全面发展的必然要求。以人为本之所以能成为社会主义核心价值观的主体，就是社会发展再也不能把人当作客体、手段和工具，而要当作起点和归宿，切实保障人的生存权、自由权和发展权，切实尊重人的尊严、人的劳动和人的创造，为人的全面、可持续的和谐发展创造条件。

和谐是社会主义核心价值观的灵魂。和谐是人类社会共同的理想目标，也是社会主义社会的本质属性。它最集中、最鲜明的体现社会主义核心价值观的诉求，是指导社会成员价值选择、行为取向的基本标尺。资本主义所倡导的核心价值观是利益，这种价值观虽然能促进经济发展，物质财富增加，但也导致人际关系的冷漠。作为社会主义核心价值观的和谐，既是中国传统文化中"和而不同"的继承，也是关注民生、注重公平的和谐，是发展中的和谐，是动态中的和谐，是有序中的和谐，更是民主保障下的和谐。

爱国主义是社会主义核心价值观的基础。在中华民族五千多年的发展过程中，爱国主义始终是国家统一、民主团结的精神纽带，集中反映了中华民族的独特特性、价值取向和共同信念。所以，尽管不同的时代，爱国主义具有不同的时代特征，但作为一种正义的力量始终一脉相承。从陆游的"位卑未敢忘忧国"到文天祥的"人生自古谁无死,留取丹心照汗青";从范仲淹的"先天下之忧而忧,后天下之乐而乐"到林则徐的"苟利国家生死已,岂因祸福趋避之",都是古代知识分子爱国情怀的生动写照。近年来,我国制定的公民道德规范和社会主义荣辱观教育,都把"爱国"放在首位。作为一脉相承的社会主义核心价值观,不能切断历史文化的血脉和传统,而应在继承的基础上结合社会发展和时代要求予以创造性地发展。以构成了社会主义核心价值观的重要内容。这一内容对大学生思想政治教育起着极其重要的作用。

二、用社会主义核心价值观统领大学生思想政治教育的重要意义

青年大学生正处于生理和心理逐步走向成熟的阶段,正是世界观、人生观和价值观形成的关键时期。随着当今社会思想和价值观日趋变化,大学生的价值观也在不断发生改变,呈现出多元化的特征。大学生因其缺乏生活经验,人生阅历轻薄,在纷繁复杂的多元化思潮面前,容易受到冲击和侵蚀,不能坚持自我的理想。因此,高校在思想政治教育工作中要把重心放在以社会主义核心价值观的培养和引导实践中,通过具体的、行之有效的教育方式来提高大学生对多元化思想文化的辨识能力,引导大学生深入学习核心价值观,理解、信仰核心价值观,在日常生活学习中积极传播核心价值观,成为践行核心价值观的榜样。

(一)培育和践行社会主义核心价值观是实现"中国梦"的需要

梦想的实现需要精神力量的助推和坚定信仰的支撑。中华民族伟大复兴的中国梦是一个国家和民族的梦想,它描绘的是经济富强,是政治民主,是精神文明,是社会和谐;"自由、平等、公正、法治"正是从社会的层面为这美好愿景的实现提供了价值理念的支撑,价值理念只有"进头脑,进心灵"才能转化为建设祖国的实际行动,"爱国、敬业、诚信、友善"为每一位公民提供了行为的准则。如果没有核心价值观作为改革发展的航向坐标和精神支撑,即便我们在经济发展上创造奇迹,也必将迷失在追梦的路上。

(二)培育和践行社会主义核心价值观是强化高校思想政治教育的现实要求

思想政治教育是对人的思想、道德、价值观等进行的教育和引导,大学生是未来国家的建设者,对他们的思想政治教育关系到党和国家的前途命运。当前高校思想政治教育工作已经取得有目共睹的成绩,但仍存在一些需要强

化的地方，如部分大学生对政治理论课教育普遍持冷漠态度，缺乏吃苦耐劳、艰苦朴素的精神，诚信意识淡薄，社会责任感缺乏等。多元的思想文化更加需要以核心价值观来凝聚人心、形成共识。以社会主义核心价值为主要内容的思想政治教育，可以有效引领整合纷繁复杂的社会思想意识，帮助大学生树立正确的价值观，提高思想政治素质。

（三）培育和践行社会主义核心价值观是促进大学生全面发展的迫切需要

大学生的全面发展是指大学生的智力和体力的统一协调发展，既包括人的才能发展，也包括人的道德品质等多方面的发展。每一名大学生唯有将国家民族的发展方向作为个人的理想信念的指引，使个人梦和国家梦实现同频共振，把坚定的人生信念和坚强的意志作为远大人生理想的支撑，才可以让个人的聪明才智得到充分发挥，可以使个人在顺境中奋发前行，在逆境中百折不挠。

因此，高校要深刻认识社会主义核心价值观教育的重要性，凭借咬定青山不放松的毅力，抢占先机，集中力量，成为社会主义核心价值观培育和践行的"先行军"，坚定不移地做好大学生思想政治教育工作，让核心价值观成为大学生理想信念的导航罗盘。

三、对大学生进行思想政治教育应采取的对策

大学生正处于人生观、价值观形成的关键时期，他们的思想观念趋于成型，但仍有较大的可塑性；他们接受新鲜事物的能力很强，但鉴别能力明显欠缺。赢得青年就赢得未来，我们以社会核心价值观加强大学生思想政治教育，必须与时俱进，探索有效的教育途径与对策。

（一）以社会主义核心价值观为指导，充分发挥思想政治理论课的教育功能

思想政治理论课是学生接受马克思列宁主义、毛泽东思想、邓小平理论"三个代表"重要思想和"中国梦"的主渠道、主阵地。教学中，要针对学生思想认识中存在的什么是社会主义、怎样建设社会主义、理想与现实等困惑，实事求是地引导学生正确认识共产主义理想，坚定社会主义信念，帮助学生澄清在社会主义问题上的错误观念和模糊认识，从而使他们更加坚定马克思主义信仰和社会主义信念，实践共产主义伟大理想，从自身做起，为中华民族的伟大复兴更加努力学习。

（二）以社会主义核心价值观为指导，充分发挥校园文化功能

在大学校园里，不仅政治思想工作者和全体教师要全面育人，承担起对他们进行理想信念教育的重大责任，同时，要以校园文化为突破口，从学生最基本的行为规范加以正确引导，使学生克服那种"小事不想做，大事做不了"的不良心理和习惯，从日常生活中营造有利于培养学生进取精神和求实精神的文化氛围，使优秀的民族文化得以继承和发展，进而在文明的环境中最有效的激励大学生的使命感和责任感，增强大学生的主人翁意识，形成正确的世界观、人生观和价值观。以校园文化为突破口，应充分利用校园文化载体。如，在学生宿舍里，学生相互了解，交流广泛，思想和行动相对自由，充分利用宿舍文化的优势，增进大学生团结协作精神；充分利用广播站、学生团体和各类兴趣学习小组，使第二课堂丰富多彩，使校园文化精彩纷呈，以巩固对大学生进行思想政治教育的实效性。

（三）以社会主义核心价值观为指导，充分发挥网络功能

当代的大学生是渴求知识的一代，传统的教育方式已经不能满足大学生的求知欲望，以互联网教育为媒体的新的教育方式已为大学生所青睐。然而，互联网是一个没有国界和地域的全新媒体，由于西方发达国家对大量信息的垄断，他们借着互联网传播其思想、文化和语言，宣扬色情和暴力，这势必不利于大学生接受和树立传统的文化观念，接受民族意识、爱国主义和共产主义思想，使大学生是非观念模糊，理想信念淡化，世界观、人生观和价值观扭曲。因此，学校必须借助互联网占领这一教学媒体，加强正面引导，大力宣传主导思想价值观，提高大学生正确运用网络功能。

（四）以社会主义核心价值观为指导，充分发挥人生导师的功能

人生导师是高校思想政治工作的新尝试，目前，针对学生思想状况，学校聘请了阅历丰富、德高望重的老同志和"两课"教研室的部分教师担任大学生的的人生导师。人生导师利用业余时间深入学生班级了解学生关注的热点、难点等思想情况，平时通过各班学生信息员定期向人生导师汇报学生中存在的各种思想问题，及时了解并掌握学生思想动态，有的放矢地进行教育。例如，人生导师针对学生思想中存在的问题进行单独座谈、集体解答或专题讲座。如针对新生班级着重对学生进行理想信念、世界观、人生观、价值观教育，引导教育学生树立正确的学习目的，端正学习态度。针对大二、大三学生，主要引导他们如何成才，对大四学生着重进行择业指导，解决学生就业方面盲目性心理和择业理想化，帮助学生对当前就业形势进行分析，使学

生就业定位准确。通过这些扎实有效的思想教育，使学生思想稳定，专业思想牢固，更加坚定了中国特色社会主义的理想信念和人生价值观。

总之，以社会主义核心价值观为指导，坚持多种形式，加大对青年学生思想政治教育的力度；坚持通过宣传教育，灌输正确的思想；要坚持多种形式的正面教育，促进青年学生树立正确的世界观、人生观和价值观，从而促进当代大学生树立远大理想和正确的人生追求，在实践中创造有价值的人生。

第二节 激励理论在大学生思想政治教育中的运用

激励理论是西方管理科学的重要理论之一，是指通过激发人的内在动力，使人朝着所期望的目标前进的心理和行为过程，是个体行为研究的核心问题。激励理论的宗旨在于激发和调动人的主动性和创造性，从而提高工作绩效。高校思想政治教育工作，是通过调动大学生的积极性，最大程度地发挥大学生的潜力，以出色地完成各项学习和工作任务。因此，管理学理论中关于激励的理论，可以被恰当地运用到高校思想政治教育工作中，使高校思想政治教育的实践在管理学理论的科学指导下顺利开展、与时俱进。具体来讲，高校的思想政治教育工作，将通过激励机制来营造一定的校园环境和设计一定的奖惩措施，以激发、引导学生的行为，从而有效地实现学生奋斗目标的过程。这是一条值得探索的实践之路，同样也是高校思想政治教育工作者面临的重要问题。

一、当前思想政治教育中激励方式存在的问题

在当前大学生思想政治教育的过程中，已有一些激励方式，这些激励措施在满足学生需求，调动学生学习积极性上起到了一定的促进作用。"80后""90后"学生作为大学教育的主体对象，有着极具时代特征的价值观和行为方式，并与"70后"有着显著的差别。因此现行的一些激励措施，如奖励制度等，在实际工作中逐渐显现出了弊端，使得激励达不到预想的效果，这就需要思想政治教育工作者打破陈规，利用科学的理论，探索更加适合他们的激励方式。

（一）物质激励过重

"80后""90后"学生的生活环境相对优越，没有经历过历史和政治上的动荡，也没有经历过大的经济波动。由于实施了计划生育政策，大部分的"80后""90后"都是独生子女，他们主张独立与开放，追求事业成功与高品质生

活，大多数"80后""90后"学生的价值观功利色彩过重。目前高校在开展学生思想政治工作时，普遍设立一些针对优秀学生的奖项和对贫困学生的资助，这些资助作为物质激励措施在满足学生的基本生活保障，改善学习条件的基础上，能激励学生积极向上，但是这样的奖励未突出其背后隐含的精神鼓励的成分。因此学生没有怀着一颗感恩的心来接受奖励，甚至出现了为拿奖学金而采取恶性竞争的方式，从而更加滋生学生的功利心。此外，精神鼓励的缺失，也会使得一些家庭经济困难的学生由于自我认识的不足或是个人性格特征的原因而产生自卑心理。这种消极的心理状态会使学生心灵变得脆弱、孤立、离群、压抑，当受到周围人们的轻视、嘲笑或侮辱时，这种自卑心理会大大加强，甚至以嫉妒、自欺欺人的方式表现出来。最终成为人际交往或实现理想的巨大心理障碍。

（二）激励方式单一

目前大多数高校的奖励形式过于追求"优中选优"，如奖励表彰的主要形式不外乎是"三好学生""优秀学生干部""优秀党员""优秀团员"和各等级奖学金，受表彰对象的范围具有一定的局限性。长此以往，获得奖励对大多数学生来说，是可望不可及的事情，并逐渐丧失参与竞争的热情。而有条件获得奖励的学生，则容易产生"理所当然"或是"非我莫属"的错误观念。

（三）奖励忽视个性的张扬

目前我国大多数高校的学生奖励项目仍停留在20世纪90年代的水平上，忽视了在新的历史条件下，因社会发展对高校学生群体的冲击而造成的群体细分趋势日益明显的现象。针对不同特点学生设立的奖项数量偏少、单一，出现了由于个体存在的差异，使得同样的付出不一定会收获同样效果的现象。高校的激励措施仍采用"分数万能"的方式，一些在别的领域确有专长的学生由于受成绩等方面的影响，无法成为校园主流思想中的佼佼者，而不能获得老师同学的认同。

（四）激励教育的整体效果不佳

目前，高校虽然有一些激励措施以物质鼓励的形式出现，但在实际工作中，由于思想政治教育没有与之同步，而现有的激励制度和规章没有充分体现学生的知情权，宣传工作也不到位，使得那些能使学生受益的政策规定"事与愿违"，没有起到"以点带面"的作用，使激励的措施和效果出现简单化和庸俗化的倾向，整体效果欠佳。

二、激励理论运用于思想政治教育的重要意义

把激励理论引入大学生思想政治教育中，并赋予更新的意义，在教育目标的实现中起着非常重要的作用。

（一）有利于学生的成长成才

大学整体教育的目标是使学生努力的成为中国特色社会主义事业合格的建设和可靠的接班人。优秀人才是社会主义现代化建设的有力保障，高校又是人才培养的摇篮。通过激励，可以让原本就很优秀的学生更加优秀，让有潜质的学生最大限度地发挥聪明才能，同时使那些较为消极的学生也积极地投入到学习及班级活动中来，从而提升整个学生群体的综合素质。这对于全面实施科教兴国战略和人才强国战略，确保我国在国际竞争中立于不败之地具有重大而深远的意义。

（二）有利于"三观"教育的树立

高校教师肩负着教授专业知识与塑造学生完善人格的神圣职责。大多数学生都会在青春的十字街头迷茫徘徊，此时的他们都渴望与教师建立信任机制，渴望从教师那里得到正确的关于对人生、未来的指导。在人文关怀和构建和谐校园思想的主导下，教师可以用用自身成长的经历或榜样的力量对学生进行情感教育，培养师生友谊，要知学生之所思，体学生之所需，更好掌握学生的思想动态，及时发现思想问题，以情感交流的方式做好思想政治教育工作，帮助学生树立科学的世界观、人生观与价值观。

（三）有利于培养学生战胜挫折的能力

挫折是一种普遍存在的心理现象，任何人在他的一生中都或多或少地遭遇挫折，这是不可避免的，大学生由于知识经验、智力水平、意志品质和个性方面都存在着这样那样的缺陷，遭遇挫折时就会产生自卑、嫉妒、焦虑、消极、逆反等不良心理，深深地陷入挫折带来的苦难中，甚至失去对学习、生活的兴趣和希望，有的还会引起粗暴的消极对抗行为，以至矛盾激化，在此种情况下，尤其需要他人的积极肯定与激励，只有这样，学生才能重新树立起信心，积聚起力量，从头再来。把挫折看作一种教训、经验，无所畏惧的良好心态，能使大学生在今后面临激烈的社会竞争时，始终处于优势地位。

（四）有利于校园文化的形成

积极向上的校园文化能培养学生的高尚人格，潜移默化地影响学生的成长，让学生在更高的境界去理解和领悟人生的真谛，从而对大学生的精神世

界产生一种持久而深刻的激励力量。校园文化的内涵，应该包括大学的教育理念、历史传统和文化底蕴，这些能够激发学生为理想而奋斗的激情，此外，还应包括学生自己组织校园活动，这不仅能充分调动学生的积极性和创造力，还能让他们找到表现和展示自我的领域，建立起自信心和荣誉感。前者的形成是随着历史的演进，文化的沉淀而形成的共同信仰，是学校发展的必然结果，后者的形成则不能缺少合理有效的激励措施。这些激励措施一方面能对学生取得的成绩给予及时平等的奖励，使学生感到自我价值得到了认可和尊重，并且在周围的同学中产生影响，形成一种和谐的竞争氛围，抑制不思进取、得过且过等消极情绪的滋生。另一方面使一些在文化、体育、社会实践方面确实有专长的学生，也能感觉到受到奖励并非只是成绩好的同学的权利，使激励的作用范围逐渐扩大，从而形成积极活跃的校园文化。

三、激励理论在思想政治教育中的正确运用

（一）物质激励与精神激励相结合

根据马斯洛的需要层次论，人的需求是由低向高渐进发展的，低级需要指的是人的生理、安全需要，是人从外部获得，高级需要指的是尊重及自我价值实现的需要，是人从内部获得。也就是说，物质激励能使大学生的低级需要得到满足，高级需要的满足则来源于精神的激励。物质激励与精神激励可以满足学生不同的需要，物质激励是基础性激励，在开展学生工作时针对性给学生一定的物质奖励，对满足学生的基本需要，改善学习条件，进而激发学生追求理想有积极作用，特别是对经济困难的学生，其激励效果可能更明显。而精神激励是满足人的高层次心理需要的根本性激励，它是一种主导的、持久的激励形式，具有持续的内驱动作用，是真正的激励源泉。由于大学生在校主要目的是求知长识，其需要处在较高的层次上，因而在思想政治教育和学生管理中应始终坚持以精神鼓励为主，以培养学生重义轻利、厚德薄物的高尚人格。

（二）集体激励和个体激励相统一

大学生交往、尊重、自我实现的需求占大学生人生需求的比重较大，所以在激励中应坚持集体激励为主的原则，并使集体激励的导向与高校育人目标一致，与学生自我发展的目标一致。在实践中，既要注意针对学生个体的特点，又要考虑目标激励的普遍适应性原则；既不能僵化地限制在过小的领域中，又不能只注意个体的需求，而忽视了大学生思想政治教育的内涵和对

人生观、世界观、价值观的整体塑造。始终使大学生的行为保持在教育者所期望的轨道上。同时，针对大学生个体需要的差异性，针对性开展个体激励，满足不同层次学生的不同需求以及社会对多样性人才的需求，做到集体激励和个体激励相统一。

（三）重视激励的公平性和及时性

激励是否公平，对大学生的思想教育工作和调动大学生的积极性有很大的影响。当学生发现到组织或同学们对自己有了客观的评价，就会感受到公平，并激发积极的行为方式。大学生思维敏捷，思辨能力强，对外界敏感性强，尤其看重老师的评价，因此在对学生进行激励管理的过程中，不应厚此薄彼，而应坚持"公开、公平、公正"的原则，做到公平激励。同时，应当注重激励的及时性，因为对大学生行为的迅速反馈能进一步强化激励的效果。此外，应采取常规和非常规激励措施，使学生的积极行为得到组织首肯并正面影响周围的同学。综上所述，这种优化行为的强化会产生持续的激励效果。

（四）提升激励的整体效果

思想政治教育工作借助于激励手段，通过了解学生的需求，调动学生积极性，以发挥行为导向作用的这一过程，就是我们所谓的"激励教育"。只有接受教育才谈得上激励，反过来，激励又能促进教育的推进。但是，思想政治教育过程所传授的理念并非让学生无条件地接受，而是大学生根据自己的需要，在现有价值观念的基础上中，对思想政治教育者传递的教育信息进行选择性的接受并整合内化，最终外化为实践的活动。实际工作中，面对思想政治教育，不同的大学生会因其各自不同的需要而做出不同的价值判断并导致不同的接受态度。所以大学生思想政治教育中实行的激励教育要发挥最优效果，必须考虑我们所传授和灌输的价值观念他们是否接受，是否转化为内在的思想意识并体现于道德实践之中。这就需要激励教育与大学生的思想行为相适宜，理论性与实践性相结合，这样才能增强思想政治教育的可接受性，提升激励教育的整体效果。

第三节 对中国传统思想政治教育理论的继承

中华民族创造了源远流长、博大精深的中华文化，中华民族也一定能够在弘扬中华优秀传统文化的基础上创造出中华文化新的辉煌。五千多年来，中华优秀传统文化给当代中国先进文化建设留下了极为丰硕的文化遗产。当代中国思想政治教育既不能是对中国传统文化的全盘复制，也不能是对西方文化的简单移植。对中国传统文化的传承、借鉴与创新研究，为现代高校思想政治教育提供了深厚的理论基础和现实的实践诉求。

一、学习继承中国传统思想政治教育理论是做好当前思想政治教育工作迫切地需要

当今社会正处于一个大变革、大转型的历史时期，科学技术迅猛发展，人类生活日新月异。社会生活巨大的变化，一方面使我们看到了科技革命带给我们的美好生活的希望和曙光；另一方面，伴随着这一巨大的冲击和大幅的转型，人们在各个方面的不适应症状应运而生。社会凸现的深层次矛盾、价值观的多元化、思想政治工作薄弱、荣辱观的错位等，也给当下大学生思想政治教育造成许多负面影响。如何面对这种冲击，进而富有成效地抓好大学生思想政治教育，是高校眼下需要认真解决的一大难题。研究古代思想政治教育理论，继承其精华，无疑会在教育理念、教育方法等方面为我们提供借鉴。

二、我国传统思想政治教育工作有丰富的理论值得学习

（一）先进的教育思想

1. 以生为本，塑造学生人格

孔子有云"民为贵，社稷次之，君为轻"，这就体现出以民为本的思想。在我国数千年的教育思想方面，儒家也非常重视民本意识，以塑造和完善学生的人格，教会学生如何做人，以遵守封建社会的道德规范。"饱食、暖衣、逸居而无教，则近于禽兽"。孟子进一步发展了孔子关于思想政治教育的根本是要"教会学生做人"这一思想，指出有教无教是区别人兽的标志，丧失人格就要沦为禽兽。要作一个真正合乎道德规范的人必须具备完美的人格。在眼下的大学思想政治教育中，应该以人为本，高度重视学生，以学生为本，重视个人的发展，培养学生的人本主义思想，实施思想政治教育的过程进而塑造和完善学生的人格。

2. 学会认知，培养学生认知思维

"学会认知"强调学习的不只是系统化地学习理论知识，而是更注重认知能力的掌握，让学生理解学习，学会如何学习。我国古代思想政治教育非常重视调动学生在学习过程中的心理状态，发挥学生在学习中的主动性、积极性进而培养学生的认知能力。在今天，大部分课堂教学都存在过度追求纪律

和学校过度追求学生成绩的道德教育，学生接受的都是应试教育，既埋没学生的潜能，也限制了具体学科的发展，因此我们需要学习孔子所首创的"因材施教"和"不愤不启，不悱不发"的教学方法，指导和培养学生发展认知能力，带动学生的思维，培养出具有创造性的人才。

3. 实践出真知，坚持知行统一

完整的思想道德教育过程，是认知、情感、意志、行为的统一体，思想政治教育从知识的学习过程到知识的外化，需要做到学思结合与知行统一。我国古代哲学家非常重视行为对知识的统一外化，"言必行，行必果"，认为不仅要认识知识，更应当实践外化，没有实践外化，就没有真知。儒家经典《尚书》最早提出知行的学说："知之非艰，行之惟难。"《大学》中的"大学之道，在明明德，在亲民，在止于止善。"一直是我国古代思想政治教育的指导目标和培养纲领。古代哲学家强调道德意识和道德践履的和谐统一，和马克思主义认识论有一致之处，认识到实践外化是一个循环往复的过程。我们要做到认知与行动的统一，也就是实践与认识的统一。

（二）优秀的道德规范

1. 仁义至上，以义载利的义利观

儒家从人的需要和众心成城、众志成城的经验出发，极力倡导仁爱，主张人和，这是人我之间相处的原则。孔子提倡的"仁"是古代人生哲学精髓，是人本思想体系的核心。"仁"虽涵盖多层内容，但其核心是"仁者爱人克己复礼为人，一日克己复礼，天下归人焉"。尽管不同的时代具有不同的道德要求和不同的道德标准，但古代人生哲学中坚持自己的道德信仰，爱人爱己，与人为善的处理人际关系准则和"以义载利"的义利观，无疑为后人提出了人我交往的基本原理和具体伦理规范。市场经济时代追求经济效益，容易强化人的利益观念，很容易导致见利忘义和自我中心，因此，对大学生的人生观教育要注意培养学生在现代社会的群体生活和人际交往中懂得尊重他人、服务公益、爱护群体、约束自我，以高度的公德之心、仁爱之心处理人我关系、群己关系，进而以推己及人、仁者爱人的精神境界奉献社会、服务人民。在义利关系问题上要培养学生正确的义利观，强调义利统一，追求个人价值的同时不忘集体利益。

2. 恪守契矩，笃行实践的精神

中国传统思想十分强调与人交往要恪守契矩、笃行实践。墨子说"言必信，行必果，使言行之合犹和符节也，无言而不行也"，强调要言行一致，不能付诸行为的话不应多说，说得多、说得漂亮而不实行那就是空言妄语，反对言过而行不及。认为只有把思想见诸行动的人，才是道德高尚的人，主张承诺别人的事必须身体力行，兑现自己的诺言，实践自己的信念和准则。同时，要克己内省，当自己的行为与别人发生矛盾时，首先要自我反省。孟子说："爱人不亲，反其仁，治人不治，反其智，礼人不答，反其敬，行有不得，皆反求诸己"，强调在协调人与人的关系中厚于责己，不要自暴自弃，要常思己过，宽恕于人，对于伤害到自己的人，要以德抱怨，宽宏大量。正式这些思想传统，使中国人崇尚"一言既出，驷马难追"的守信之人，同时较富有同情心，发生问题先从自己身上找原因，善于理解别人，善于从自我做起。今天，"诚实笃信、严于律己"的伦理规范不仅是社会主义思想道德体系的基础，也是现代文明的基石与标志。市场经济本身就是一种信用经济，信用是市场经济的前提和基础，诚实守信是社会主义市场经济健康发展的基本保证。建立与社会主义市场经济相适应、与社会主义法律规范相协调、与中华民族传统美德相承接的社会主义思想道德体系，要以诚实守信为重点。大学生思想政治工作必须立足这一点，努力培养学生实事求是、讲信用、守承诺的良好品德习惯和对自己的承诺负责人，对他人宽容大度的精神，使学生形成健康、正确的人际交往观念，成为市场经济时代一名合格的公民，为打造诚信社会作出贡献。

3. 现实豁达、自强不息的人生态度

人生态度是人对人生范畴，如生死、苦乐、荣辱、得失、命运等人生矛盾的认知倾向、情感体验和行为意向，是人生观教育的重要课题。人生态度的教育目的在于引导人们掌握和应用人生哲理正视人生矛盾，以积极、进去、乐观、现实的态度对待人生。中国古代关于人生态度的观点有许多积极因素值得借鉴的。中华民族对人生的理解是现实的、积极的、豁达的，有很多睿智之见，如对待生死，孔子讲："朝闻道，夕死可矣"。司马迁说："人固有一死，或重于泰山，或轻于鸿毛"。文天祥一句："人生自古谁无死，留取丹心照汗青"，千古流传，这种对于生死的人是可谓深刻、严正、壮烈，对于苦乐的关系，儒家表现出强烈的道德主义倾向，以失去道义为苦，以实现道义与人格完美为乐。对得失与祸福，古人思想十分辨证："祸兮福所倚，福兮祸所伏"，认为二者是互为存在，相互包容和转化的。在豁达大度地看问题的同时，古人更重视逆境中的发奋、自强不息、用于拼搏。"苟日新，日日新，又日新"，崇尚这种自我超越，不断进取的品质和不屈不挠、锲而不舍的意志。当代青年人生阅历浅，挫折、逆境不多，对负责的社会现实心理承受能力差，尤其应该加强这方面的教育。

第四节 新时期大学生思想政治教育理论的实效性

一、新时期提高对思想政治教育理论的重视

当今的社会，言论自由，学生信息渠道多元化，各种新闻成千上万，有的媒体单纯追求收视率、点击率，表达的观点过于偏激，对于 90 后的在校大学生，对问题的认识又过于肤浅，断章取义，往往对于事情的真相不经推敲，过于看重流行文化，置主流文化于不顾，没有固定的信仰，对于生活经验与真理的获取有走"捷径"思想。少数青少年还利用媒体技术进行自我"炒作"，触及社会道德和公众价值观的底线来引起社会对之关注。因此，大学生思想政治教育工作者必须加强对学生正确引导与示范，让大学生的思想道德回归主流，旗帜鲜明地让大学生对身边的真、善、美与假、恶、丑明确的区分，加强社会舆论的健康正确引导。如果大学生没有一定正确的世界观、人生观、价值取向，积极的生活态度那么将是"千里之堤，毁于一旦"，所以提高对政治思想论的重视，加强政治思想理论的学习任重而道远。

首先应该从重视上政治理论课开始，让同学们对中国的国情、党情有一定了解，并进行具体的党性教育和革命传统教育，从党的历史中汲取前进的智慧和力量，引导广大学生"永远热爱我们伟大的祖，永远热爱我们伟大的人民，永远热爱我们伟大的中华民族"从中逐渐建立起深厚的感情。

加强同学们关心学校乃至国家所发生的事情，用一个当代爱国青年的立场来看待。学校相关部门也要加强当今时事事件的关注，并要提前或第一时间对相关事件进行集中分析、讨论，甚至请相关的专家来答疑，并最终形成一定有水平有思想的引导方案及时地给学生思想上正确的指引。

二、提高思想政治教育理论工作者的思想政治水平

"理论上的成熟是政治上坚定的基础"，理论上的与时俱进是行动上锐意进取的前提，要注重理论学习的科学性、全面性、系统性、深刻性，把党的最新理论成果切实转化为一种内在的思维模式和行为习惯，引导常规的思想政治理论工作。

思想政治教育理论工作者本着"一切为了学生，为了学生的一切"要在学用结合上下功夫。在新的历史条件下，必须大力弘扬理论联系实际的学风，

找准理论学习与工作实践的结合点，切实用党的创新理论指导实践、谋划发展、解决问题，做到学以致用、用以促学，使理论武装的成效，最大限度地体现在提高广大思想政治理论教育工作者的思想政治水平的实践上来。

面对瞬息万变的时事事件，与各类时新条款政策。思想政治教育理论工作者应该随时有敏锐的触觉和鉴别力与时俱进的学习态度，全方位多角度地对最新时事政策的分析与理解。对新的政策和中央会议精神要同教研组展开学习和讨论，要多出成果，并将成果展示给学生，让学生关注第一线的时事变化，让学生感觉与老师生活在同一信息源里，通过思想政治学习后用于解决实际遇到的问题，提高思想政治水平的实效性。大力弘扬理论联系实际的马克思主义学风，以思想解放引领实践推动实践，不断增强工作的原则性、系统性、预见性、创造性。提升思想政治教育理论工作者的认识水平。

三、教学上的创新与改革

教学内容的选择上，尽量选择生动、贴近现实生活、有说服力的教学案例，定期对社会上关注的热点话题进行大讨论，由任课教师进行归纳和引导。教学环节的设计上，除了书本知识的讲授外，要把知识点的拓展外延到生活中去，对大家关心的事件进行示范性引导，尤其对于在思想上要求先进的入党积极分子和学生党员，进行重点的指导，让其言行具有模范带头作用，以点带面。

太枯燥的课堂会禁锢学生的创新性和积极性，组织学生多参加志愿者服务活动、参观革命老区、革命历史遗址、革命纪念馆和博物馆，走访革命老人，听讲抗战故事等，以及在信息高速发展的今天，占领思想政治教育的网络阵地，高校思想政治工作者建设起了一批广大青年学生喜闻乐见的"红色网站"。它们鲜明地举起马克思主义的旗帜，不断提升网站的知识内涵和网上理论学习的交互性，成为广大学生党员、入党积极分子的精神家园。高校思想政治工作者还主动利用博客、微博、飞信等形式，构筑与广大学生之间的即时交流平台，把思想政治教育工作寓于师生互动和对学生的心灵关怀中。让新时期的思想政治教育理论育影响当今的大学生，能让其建立起正确的世界观、人生观、价值观。

四、增强大学生思想政治教育实效性的对策

（一）转变育人观念，重视并统筹规划思想政治教育工作

新形势下，要树立"以人为本"的思想政治教育理念。"以人为本"，强

调教育对象具有自身的尊严和人格，要求教育者在思想政治教育工作中，重视情感因素的作用，要全方位关心教育对象，给予充分的尊重，促进教育对象人格的完善及道德终极价值观念的实现。重视并统筹规划思想政治教育工作是指思想政治教育工作者在教育理念上，要不断加大对思想政治教育的重视程度，高度重视并统筹规划思想政治教育工作，从思想政治教育工作机制、工作队伍、内容方法、评价反馈等方面都要加强建设，只有在教育理念上，将一味注重科学精神转向科学精神与人文精神相结合，重视并统筹规划思想政治教育工作，加大工作力度，才能为增强思想政治教育实效性提供充分条件。

（二）完善管理机制，大力增强思想政治教育各方合力

为保证思想政治教育的实效性，首先要完善思想政治教育的管理机制，通过各部门的沟通、配合与协调，避免相互影响、相互牵制，并将各部门的目标有机地结合起来，克服工作中的盲目性与随意性，保证整体工作目标的实现；其次要健全思想政治教育的反馈机制，健全有效的信息反馈是思想政治教育运行过程的调控的基础；再次要健全思想政治教育的评估机制，以便及时发现思想政治教育过程中存在的问题和薄弱环节，为加强和改进高校思想政治教育工作提供依据；最后要健全思想政治教育的保障机制，思想政治教育并不是万能的，必须辅之以必要的管理措施才能达到预期的效果。因此，思想政治教育必须加强制度规范建设，做到两手抓，一手抓深入细致的思想教育，一手抓严格有效的制度管理，使思想政治教育与严格管理有机结合起来，大力增强思想政治教育的各方合力，思想政治教育的实效性才能真正得到增强。

（三）加强自我教育，激发思想政治教育对象学习的内在动机

在上文中，我们提到过教育者和教育对象在对实效性影响因素上的认知偏差会在很大程度上影响思想政治教育的实效性。要想提高教育对象对思想政治教育工作的认可，增强思想政治教育的针对性和实效性，就必须加强自我教育，激发思想政治教育对象学习的内在动机，发挥教育对象自身的主体意识，让教育对象在思想政治教育中成为主角，使外在的社会要求转化为教育对象的自我要求，使社会规范和道德原则内化为他们自身的行为准则和道德信念。除此之外，还必须充分考虑教育对象主体认知和主体需求，在教育内容和方法上，能紧密联系学生实际，通过挂职锻炼、实践教育基地等途径，加强实践教育，使研究生能自觉接受思想政治教育，增强思想政治教育的实效性。

第三章 大学生思想政治理论课建设

第一节 高校思想政治理论课建设的规律性初探

高校思想政治理论课是社会主义大学的本质特征，是对大学生进行思想政治教育的主渠道，是我国当代大学生的必修课。以高校思想政治理论课作为研究对象，深入探索高校思想政治理论课建设的规律性，不断拓展高校思想政治理论课研究的深度，进一步加强和改进高校思想政治理论课建设，充分发挥其在我国大学生思想政治教育中的主渠道作用，是新世纪新阶段我国高校思想政治理论课建设面临的重大课题。

一、着力探索理论体系转化为课程体系的规律性

深入开展高校思想政治理论课程建设研究，探索高校思想政治理论课建设的规律性，首要的是着力探索马克思主义的理论体系转化为高校思想政治理论课课程体系的规律性问题。

马克思主义的理论体系是一个科学的体系，是马克思主义者对自然界和人类社会客观发展规律进行研究和探索的科学研究成果的系统集成。高校思想政治理论课课程建设面临的首要任务，就是把马克思主义的科学理论体系转化为科学的课程体系。这种转化的实质，就是通过科学设计和合理设置高校思想政治理论课程体系，优化马克思主义理论教育和思想道德教育的课程结构，建构合理的马克思主义理论与社会主义思想道德的知识结构体系。在高校思想政治理论课程设计和设置中，要着力促进马克思主义理论体系向高校思想政治理论课程体系的科学转化。马克思主义理论体系和高校思想政治理论课程体系都是以科学认识客观规律为主要内容，所不同的是，马克思主义理论体系侧重于系统探索和揭示自然界和人类社会发展的客观规律、社会主义社会发展的规律和人的全面发展的规律；高校思想政治理论课程体系侧重于系统认识和掌握自然界和人类社会发展的客观规律、社会主义社会发展

的规律和人的全面发展的规律。高校思想政治理论课教学以马克思主义理论体系为直接认识对象，以自然界和人类社会发展规律、社会主义社会发展规律和人的全面发展规律为最终认识对象。高校思想政治理论课程体系建立和设置的根本目的，是通过学习和掌握马克思主义理论体系的科学成果来最终认识和掌握自然界和人类社会发展的客观规律、社会主义社会发展的规律和人的全面发展的规律，并运用这一规律来改造自然界和人类社会，促进人的全面发展和社会的全面进步。因此，在马克思主义理论体系向高校思想政治理论课程体系科学转化的过程中，要重点反映和传播马克思主义关于自然界和人类社会发展的规律、社会主义社会发展的规律和人的全面发展规律的科学研究成果，并以马克思主义关于人类社会发展规律的科学理论为基础，以马克思主义关于社会主义社会特别是中国特色社会主义发展规律的科学理论为重点，以马克思主义关于人的全面发展规律的科学理论为落脚点，形成科学的高校思想政治理论课程体系。

马克思主义理论体系是一个整体的体系，它既包括对自然界的整体的、综合的研究成果，又包括对社会的整体的、综合的研究成果，还包括对人的整体的、综合的研究成果。马克思主义的理论研究包括经济、政治、文化等各个方面，马克思主义哲学、政治经济学、科学社会主义、人的全面发展理论等都是马克思主义科学理论体系整体的重要组成部分，这些不同组成部分之间既相互区别、又相互联系，既各有特色、又融为一体。因此，在高校思想政治理论课程设计和设置中，要着力促进马克思主义理论体系向高校思想政治理论课程体系的整体转化。要把马克思主义科学理论成果作为系统的整体的课程教育体系来设计，既要体现各门课程的相对独立性，以便通过分门别类的学习和研究，深刻理解和掌握马克思主义关于经济、政治、文化、社会及人的发展等方面的重要理论；更要体现各门课程之间的相互联系，以便通过各门课程的综合学习和研究，深刻理解和把握马克思主义关于经济、政治、文化、社会及人的发展各个方面重要原理的内在联系，从整体上把握马克思主义科学理论体系的真理性。在马克思主义理论体系向高校思想政治理论课程体系转化的过程中，要坚持把高校思想政治理论课程体系看作是一个有机的整体，把它看作是马克思主义科学理论体系的整体再现，使高校思想政治理论课程体系既能够充分反映马克思主义的科学理论体系，又有利于建构合理的思想政治理论的知识结构体系。

马克思主义的理论体系是一个发展的体系，它随着时代的进步而不断丰富和发展。从马克思主义理论发展的历史来看，马克思主义理论是一个开放的体系。马克思主义并没有结束科学理论的发展，而是开辟了科学理论发展的新的道路。马克思主义在发展的历史长河中，经历了不同的发展阶段，形成了不同发展阶段的理论研究成果，每一历史发展阶段的新的理论成果，都为马克思主义的理论宝库增添了新的内容，赋予了马克思主义科学理论体系新的生命力。在高校思想政治理论课程设计和设置中，要着力促进马克思主义理论体系向高校思想政治理论课程体系的动态转化。高校思想政治理论课程设置要充分反映马克思主义理论与时俱进的特点，既要加强马克思恩格斯创立的马克思主义基本原理的教育，又要加强马克思主义在国际共产主义运动以及中国社会主义革命和建设实践中应用成果的教育，把发展着的马克思主义纳入高校思想政治理论课程体系，丰富高校思想政治理论课程教学内容，坚持用一脉相承又与时俱进的马克思主义教育青年大学生，使青年学生既了解马克思主义的发展历史，又了解马克思主义理论发展的最新成果，教育和引导学生在坚定马克思主义信仰的同时，注重运用马克思主义的最新理论成果，回答实践提出的新问题，不断提高运用马克思主义科学理论和方法分析和回答现实问题的能力。

根据上述特点和要求，在高校思想政治理论课程建设过程中，要把高校思想政治理论课程体系的设置作为一个重点，总结高校思想政治理论课程方案设置和调整的经验教训，探索高校思想政治理论课程体系完善的规律，揭示高校思想政治理论课程体系与马克思主义理论体系之间的本质联系，坚持用是否科学反映马克思主义的理论体系作为衡量高校思想政治理论课程体系设置合理与否的根本标准，并依据这一标准，促进马克思主义理论体系向高校思想政治理论课程体系的科学转化、整体转化和动态转化，进一步完善现有的高校思想政治理论课程体系，不断提高高校思想政治理论课程体系设置方案的科学性、合理性和有效性。

二、着力探索课程体系转化为教学体系的规律性

深入开展高校思想政治理论课程建设研究，探索高校思想政治理论课建设的规律性，还要着力探索高校思想政治理论课课程体系转化为教学体系的规律性问题。

高校思想政治理论课教学体系是思想政治理论课程教学要素的有机结合和系统集成。高校思想政治理论课程体系转化为教学体系，实质上是把思想政治理论的知识结构体系转化为思想政治理论课程的教育结构体系，通过科学的教学体系来促进高校思想政治理论课程体系和培养方案的实施。

在高校思想政治理论课程教学体系建设中，要着力促进高校思想政治理论课程体系向教学体系的全面转化。随着高校思想政治理论课新课程方案的

实施，高校思想政治理论课程体系有了很大的调整，每一门课程的内容体系也有了很大的变化。高校思想政治理论课程建设面临的一个突出问题，就是现有的教学体系难以适应新的课程体系。实现高校思想政治理论课程体系向教学体系的转化，使思想政治理论课教学体系更好地服务于新课程方案的实施，是新时期高校思想政治理论课程建设面临的重大任务。在课程体系向教学体系转化的过程中，要注重转化的全面性，使高校思想政治理论课教学体系的每一要素都能更好地适应新的课程体系及其实施的需要。

高校思想政治理论课教学体系的要素包括教师、教材、学生、教学手段、教学设施等，把高校思想政治理论课程体系转化为教学体系涉及高校思想政治理论课教师队伍建设、教材建设、学生学习问题，以及教学设施、教学环境问题等。其中，高校思想政治理论课教师队伍建设问题是高校思想政治理论课程体系向教学体系转化的首要问题。从高校思想政治理论课程建设的历史发展和现实状况来看，影响高校思想政治理论课程教学效果的一个重要因素，就是教师本身的政治理论水平、思想道德素质和业务素质状况。据有关方面对高校思想政治理论课教师队伍建设现状的调查结果表明，教师队伍的整体素质是好的，但某些高校教师的知识能力结构、学位学历状况，以及思想政治状况和工作状态离新世纪新阶段的思想政治理论课程改革和发展的要求还有一定距离。如何对高校思想政治理论课教师进行选拔、培训，使其能够更好地适应新的思想政治理论课程建设的要求，较好地把新的高校思想政治理论课程体系转化为教学体系，是课程建设中的难点。教材建设问题也是高校思想政治理论课程体系向教学体系转化的一个重要问题。教材是知识的载体，每一门高校思想政治理论课程的教材，都是这门课程知识内容的系统展现。如果说课程体系涉及全部高校思想政治理论课程知识结构的建构的话，那么，每一门高校思想政治理论课程的建设，则涉及该门课程的知识体系和知识结构的建构。高校思想政治理论课程教材建设，既要着眼于从宏观上整体建构高校思想政治理论课程的知识结构，又要着力于从微观上具体建构每门课程的知识体系。教材实质上是知识内容体系的再现，因此在高校思想政治理论课程建设中，如何建设以科学合理的知识体系为基础的高质量的教材，也是高校思想政治理论课程建设中需要探讨的一个重点问题。除此之外，高校思想政治理论课程体系向教学体系的转化还要注意解决好学生学习、教学手段与教学设施等问题。只有注重教学要素的全面转化，才能使教学体系更好地适应和服务于高校思想政治理论新课程体系的建设。

在高校思想政治理论课教学体系的建设中，要着力促进高校思想政治理论课程体系向教学体系的结构转化。高校思想政治理论课程体系向教学体系的转化，不仅要注重教师、教材、学生、教学手段、教学设施等教学要素的转化和优化问题，更要注重这些教学要素的有机结合和整体优化问题，通过结构转化来实现整体优化。要分析把握每一教学要素的特点，采取有效的方式把这些教学要素结合成一个密切联系、结构合理、优势互补、整体优化的教学体系，提高教学体系运行的整体效应。在这一结构转化过程中，要发挥教师这一首要教学要素的主导作用。在教学各要素组成的教学体系结构中，教师处于主导地位，对其他教学要素的配置和运行发挥着决定性的作用。无论是教材的编写、教学内容的更新、教学方法与手段的创新、学生学习积极性、主动性与创造性的调动、教学氛围与环境的营造，都离不开教师的主导作用。因此，要充分发挥教师在教学体系结构中的主导作用，促进课程体系向教学体系的结构性转化，使教学体系结构能更好地适应课程体系结构的需要，从根本上提高高校思想政治理论课教学的整体效果。

在高校思想政治理论课教学体系建设中，要着力促进高校思想政治理论课程体系向教学体系的层次转化。高校思想政治理论课程体系向教学体系的转化，并不是整齐划一的，而是分层次、有步骤地进行。不仅课程体系向教学体系每一要素的转化要在整体规划的前提下逐步实施，分层次有步骤地转化，如在高校思想政治理论课程体系向教学体系的转化过程中，首先要通过课程体系向教学体系中教师教学要素的转化来进而实现向其他教学要素的转化，就是课程体系向教学体系中同一教学要素的转化也要分层次、有步骤地进行，如课程体系向教学体系中教师教学要素的转化，往往也是首先通过向骨干教师的转化再逐步向普通教师转化。新的课程体系的整体建构、理解和把握，每一门课程的知识体系的建构和把握，都是首先通过骨干教师来完成的。要使普通教师能够尽快地适应高校思想政治理论课的课程体系结构和每门课程的知识体系结构，能够胜任新课程方案及新教材的教学工作，必须有效地实现广大教师的知识结构转换。而这一工作也必须通过骨干教师知识结构的带头转换来带动普通教师的知识结构转换。转换的基本方式，就是先通过骨干教师的学习、研究和培训，再通过他们对普通教师进行培训，逐步推进教师知识结构的转换，确保高校思想政治理论课新课程方案的顺利实施。

因此，在高校思想政治理论课程建设中，要深入探讨把高校思想政治理论课程体系转化为教学体系的客观规律，着力促进高校思想政治理论课程体系向教学体系的全面转化、结构转化和层次转化，不断提高高校思想政治理论课程体系转化为教学体系的能力。

三、着力探索教学体系转化为素质体系的规律性

深入开展高校思想政治理论课程建设研究，探索高校思想政治理论课建设的规律性，还需要深入探索把高校思想政治理论课教学体系转化为大学生的思想政治素质及综合素质体系的规律性问题。

高校思想政治理论课教学体系是以教学内容为核心的体系，把高校思想政治理论课教学体系转化为大学生的思想道德素质和综合素质体系，最重要的就是要把教学内容转化为大学生的思想道德素质和综合素质。这一转化的实质，是教学知识内容向学生综合素质的转化，是知识向素质的转化。在这一转化过程中，要着力推进高校思想政治理论课教学体系向素质体系的重点转化。无论是教材的编写、教师的传授、学生的学习、教学手段的运用、教学氛围的营造，都要以教学知识内容向学生思想道德素质和综合素质的转化为重点。在高校思想政治理论课的教学中，要注重加强对教师、学生、教材、教学手段、教学环境同教学内容关系的研究，坚持以教学内容为核心优化教学体系，探索运用各种教学要素把教学内容有效转化为学生思想道德素质和综合素质的规律，不断提高实现这一转化的能力。要以这一探索为基础，不断增强教学的针对性、科学性和有效性。增强教学的针对性，就是要加强对当代高校大学生的思想特点及影响因素的分析，把握大学生思想发展变化的基本脉络和现实状况，了解大学生存在的主要思想问题和理论困惑，从高校大学生的思想实际出发，有针对性地开展教学活动，不断更新教学内容，使教学内容能更好地反映大学生的思想实际，解答大学生的思想问题和理论困惑。增强教学的科学性，就是要把马克思主义理论作为一个整体来进行系统、深入的理解和把握，在教学内容上，注重引导学生完整、准确、科学地理解和把握马克思主义的科学理论，防止对马克思主义理论零碎的、片面的、肤浅的理解，防止用个别结论代替或否定马克思主义的基本原理，防止用个别现象否定马克思主义的普遍真理。增强教学的有效性，就是要运用科学的方法来讲授科学的内容，去粗取精、去伪存真、由此及彼、由表及里，引导学生着重掌握马克思主义的科学世界观和方法论，提高运用马克思主义的科学世界观和方法论分析解决实际问题的能力，在解决思想问题和实际问题的过程中不断加深对马克思主义理论的理解，从而牢固树立坚定正确的理想信念。

高校思想政治理论课教学体系转化为大学生的思想道德素质和综合素质体系，还必须坚持以学生为主体，实行主体转化。高校思想政治理论课作为大学生思想政治教育的主渠道，最终目的是满足大学生思想道德发展及全面发展的需要。开展高校思想政治理论课教学，不仅要以提高大学生的思想道

德素质、促进大学生的全面发展作为出发点和落脚点，而且要把大学生作为提高思想道德素质、实现全面发展的主体。为此，在高校思想政治理论课教学过程中，要把教师的主导作用与学生的主体作用结合起来，充分调动大学生学习的积极性、主动性和创造性，使大学生成为主动学习科学理论知识，提高思想道德素质和综合素质的主体。高校思想政治理论课与一般专业课最大的不同，就在于它是以改造人的主观世界，提高人的思想道德素质，促进人的全面发展作为根本目的的课程。因此，高校思想政治理论课教学不仅要引导大学生学习掌握马克思主义理论的科学知识，更要引导大学生把马克思主义理论的科学知识作为正确的世界观、人生观、价值观内化为自身的思想道德素质，外化为自身良好的社会行为习惯。因此，在高校思想政治理论课教学研究中，要注重加强对理论教学和实践教学、第一课堂和第二课堂、内化和外化关系的研究，教育和引导大学生注重把马克思主义科学的世界观、人生观、价值观和方法论内化为自身的思想道德素质，外化为自身的行为和行为习惯，积极投身社会实践活动，在改造主观世界的过程中注重改造客观世界，在改造客观世界的过程中进一步改造自己的主观世界。

因此，在高校思想政治理论课建设中，要深入探讨把高校思想政治理论课教学体系转化为素质体系的客观规律，着力促进高校思想政治理论课教学体系向素质体系的重点转化和主体转化，不断提高把高校思想政治理论课教学体系转化为大学生的思想道德素质和综合素质体系的能力。

第二节 大学生思想政治理论课教育教学存在的问题与对策

我国高校开设思想政治理论课（又称之为"两课"），体现了我国高校的社会主义性质，目的是"着眼于引导和帮助学生掌握马克思主义的立场、观点、方法，树立正确的世界观、人生观和价值观，确立建设中国特色社会主义的共同理想，为他们坚持党的基本理论和基本路线不动摇，打下坚实的思想理论基础"。作为对大学生系统进行思想政治教育的主渠道和主阵地，思想政治理论课在提高大学生思想政治素质、道德素质以及培养社会主义合格建设者和可靠接班人方面处于不可替代的地位，发挥着不可替代的作用。因此，全面分析目前我国高校思想政治理论课教育教学中存在的问题、存在问题的原因以及如何提高其教育教学的实效性，对于新形势下进一步加强和改进大学生思想政治教育具有重要意义。

一、高校思想政治理论课教育教学中存在的问题

近年来，我们面临的国内外环境发生了复杂而深刻的变化。社会环境的变化，给高校思想政治理论课带来了机遇，同时也带来了挑战。在机遇和挑战面前，我国高校思想政治理论课教育教学仍沿用传统的模式和方法，导致其实效性不佳，并存在一些问题，这些问题突出表现在以下几个方面：

（一）学生普遍缺乏学习兴趣

"目前，'两课'教学的主要问题是学生普遍缺乏学习的动力，有些学生学习态度消极、被动"。学生对思想政治理论课缺乏学习兴趣，在我国各高校普遍存在，我国某高校关于思想政治理论课教育教学实效性的调查显示，34%的学生对思想政治理论课的学习态度不认真、没兴趣，56.2%的学生对思想政治理论课的学习兴趣一般，学习思想政治理论课是为了应付考试，两者之和超过90%。由于对思想政治理论课缺乏学习兴趣而造成大学生显性逃课和隐性逃课的问题普遍存在，严重影响了高校思想政治理论课的教育教学效果。

（二）理论滞后、内容陈旧

社会是不断变化发展的，理论只有与时俱进，才能发挥其指导实践的力量，否则，便会显得苍白无力。"现在我们实行的马克思主义学科和教材体系，都是上世纪50年代参照苏联的模式建立的，改革开放后这些学科和教材体系已越发不能适应变化"。大学生求知欲很强，关注社会、关心现实，如贫富分化问题、"三农"问题、腐败问题、朝核问题等社会热点问题，但无论是现行教材还是教师讲课都很少涉及这些方面的内容。有同学说："'两课'结束了，但是收获并不大，没有对高中的理论进行翻新，……有些失望"。

（三）课程体系不合理、衔接性差

我国现行思想政治理论课教材内容与中学思想政治课内容重复多、衔接性差，并且忽视思想政治理论课课程之间、思想政治理论课课程与其它课程体系的逻辑联系和相互衔接问题，课程之间存在着内容简单重复和逻辑关系混杂的现象。课程体系不合理、衔接性差，与以往内容重复较多，导致高校学生学习思想政治理论课的过程中没有新鲜感、缺乏学习兴趣。

（四）教学方法单一、缺少实践环节

当今社会，科技进步日新月异，高校网络普及使学生获得信息的途径和范围不断扩大。然而，面对新形势、新情况，高校思想政治理论课仍沿用传

统的"一块黑板一支笔、一本讲义一张嘴"的教学方式和灌输式教学方法。高校扩招之后，受学生人数和教育经费的影响，思想政治理论课教育教学缺乏实践环节。教学方式方法的落后、单一，严重影响了当代大学生学习思想政治理论课的积极性和主动性。

二、高校思想政治理论课教育教学中存在问题的原因分析

（一）当代大学生面临的社会环境发生了变化

从国际方面来看，20 世纪 80 年代末 90 年代初，东欧剧变、苏联解体，国际共产主义运动遭受挫折并处于低潮，西方敌对势力借此大肆宣扬社会主义失败论。同时，西方发达资本主义国家凭借经济、技术优势，利用其强势地位和文化，通过互联网等途径不断向我国渗透它们的价值观念和生活方式。国际环境的影响和西方资本主义腐朽文化的侵蚀，使一部分缺乏辨别力的大学生理想、信念等出现动摇；从国内方面来看，改革开放不断深入，社会中一部分深层次矛盾逐渐暴露出来，"三农"问题、贫富差距拉大等问题常常困扰着当代大学生。此外，市场经济对我国当代大学生的思想观念、生活方式、行为方式和人生观、价值观产生了较大冲击，社会上拜金主义、享乐主义、极端个人主义等的存在使一部大学生思想上感到困惑。

（二）高校思想政治理论课本身存在问题

现行高校思想政治理论课无论是课程体系还是教材内容都存在着不少问题，主要表现为：课程体系不合理，衔接性差，缺少协调性和整体性；教材内容陈旧、理论滞后、脱离社会现实和学生思想实际，时代感不强，实用性、可读性差。课程体系不合理最突出的表现就是将《毛泽东思想概论》《邓小平理论和"三个代表"重要思想概论》分开设置。毛泽东思想、邓小平理论和"三个代表"重要思想是马克思主义中国化的理论成果，虽各有侧重，但却是一脉相承而又与时俱进的科学理论体系，把它们分开来设置，不利于从整体上把握它们之间的内在联系。此外，缺少社会实践类课程。

（三）教学过程存在问题

"长期以来，在一些高校的具体教学中，存在重理论体系阐述，轻现实问题研究；重理论知识传播，轻学生能力培养；重教师的单向教育，轻双向交流沟通等问题"。近年来，随着网络在高校的普及以及现代教学手段的出现，大学生已不再满足以往传统的教学方式和方法。但很大一部分高校思想政治理论课教师却不能与时俱进，仍沿用传统的教育教学方法。高校扩招之后，

学生人数激增，而学校条件却没有明显改善，大班授课，互动性差；教学经费投入不足，教学过程中缺少实践环节，理论与实践脱节。

（四）大学生自身存在问题

思想政治素质是大学生最重要的素质，思想政治素质的培养和提高主要是通过思想政治理论课的系统学习。而当代部分大学生受功利主义和实用主义的影响，把是否具有发展前途和对自己有用作为选择专业和学习课程的主要标准。由于思想政治理论课的学习不能带来立竿见影的效果和直接的收益，而思想政治素质又隐含于大学生个体之内，没有统一、客观的量化标准，其思想政治素质的高低不能从外部直观看到，再加上一部分高校学生不能从思想上正确认识思想政治理论课在他们成长成才中所处的地位和作用，由此导致对思想政治理论课存在偏见。

三、提高高校思想政治理论课教育教学的对策

高校思想政治理论课教育教学的提高是一项系统工程，具有长期性、复杂性和艰巨性，因此，需要各方面的配合和努力以及我们思想上的重视。现阶段提高高校思想政治理论课教育教学可以从以下几方面来进行：

（一）创新、优化思想政治理论课内容

由于现行高校思想政治理论课教材内容脱离社会和学生思想实际，理论性强、说教味浓，可读性、实用性差，教师授课方法单一、严重影响了大学生学习的积极性、主动性，造成思想政治理论课教育教学效果不佳。教材内容的改革可以说是思想政治理论课改革的重中之重，只有创新理论、优化内容，增强吸引力和感染力，才能从根本上改变思想政治理论课现在所处的困境。思想政治理论课内容不改革，其尴尬局面就不会得到很大改观；思想政治理论课内容只有创新，才能使思想政治理论课教学焕发出青春活力。思想政治理论课内容的改革，一定要突出其思想性、学术性、先进性和可读性。

（二）改革课程体系

课程体系的改革是增强高校思想政治理论课教学的一个重要方面，在课程体系的设置上，可以压缩原来的课程门数，增加选修课的比例。比如把《毛泽东思想概论》《邓小平理论与"三个代表"重要思想概论》整合为《中国化的马克思主义理论概论》，把《法律基础》与《思想道德修养》整合为《德育与法律基础》等。由于现行高校思想政治理论课突出的问题是理论与实践脱节，因此，开设《社会实践》课，为学生参与社会实践提供理论和方法论指

导，达到理论与实践结合的最佳效果，可以说是思想政治理论课课程体系改革的有益尝试。

（三）改革教学方法，增加实践环节

面对新形势、新情况，思想政治理论课教育教学需要新的手段和方法，比如在实际授课过程中，可以利用多媒体教学，增强教学的生动性和感染力；可以利用谈话法、辩证法、演讲法、讨论法等，增强师生之间、学生之间的互动性；还可以利用专题授课法，增强授课的知识性和趣味性；增加实践环节，使理论与实践相统一，提高思想政治理论课的吸引力和感染力等。我国某高校关于思想政治理论课教育教学实效性的调查中，学生对今后思想政治理论课改革的建议集中体现在"改变理论脱离实际的授课方法，增加社会实践，使理论与实际相结合"方面，可以说，教学方法的改革是大势所趋。

（四）改革考试方式

高校思想政治理论课现行的考试方式以闭卷为主，注重考察学生知识的掌握，而缺乏对学生能力的考查，虽然便于操作，但弊端很多。在强调素质教育的今天，考试方式的改革势在必行。高校思想政治理论课考试方式的改革，可以采取开卷考试与闭卷考试相结合、当场开卷考试与课下写论文相结合等方式进行。为避免考试方式改革后学生缺乏学习压力而出现学习松懈的情况，高校可以把开卷考试和闭卷考试有机结合起来，让闭卷考试占一定的、合适的比例。此外，思想政治理论课教师还可以根据学生平时课堂上的表现给学生打分，作为期末成绩的一部分，以激发学生课堂学习的积极性。

（五）加强科研和学科建设

提高教师素质，以科研开路，是加强我国高校思想政治理论课建设的基础。"提高'两课'的教学水平，关键是提高教师的科研水平。如果教师的科研水平上不去，教学水平不可能上去。就教学来提高教学，'两课'的教学水平永远无法根本提高"。理论滞后、脱离实际、说教味浓等是影响如今高校思想政治理论课教学实效性的关键因素，课程体系不合理、衔接性差、内容重复多，是影响学生学习兴趣的主要原因。这种局面的改变，一方面需要理论创新；另一方面需要提高教师的教学水平，加强学科建设。理论创新、教师教学水平和学科建设的基础是提高教师的科研水平，为此，必须营造科研氛围，加大科研投入。

（六）注重师资队伍建设

师资队伍建设是高校思想政治理论课建设的关键和依托，思想政治理论课教学质量的提高、实效性的增强，有赖于教师素质和水平的提高。只有具备一流水平的教师，才能有一流水平的课程。因此，加强思想政治理论课师资队伍建设至关重要。师资队伍建设，一方面，要加强师资的引进和培训，通过师资引进和培训，改善师资结构，提高教师的业务素质、自身思想素质和品德修养，增强教师的个人魅力；另一方面，要树立竞争观念，建立优胜劣汰、奖优罚劣的竞争和激励机制，促进人才合理流动，提高人才质量，优化师资队伍结构。

（七）建立学生评价教师机制

高校中现有考评机制主要是针对学生而设的，缺乏学生对老师的评价和监督制约机制。教师授课过程中，往往利用课堂点名的形式促使学生前来听课，事实上，这种强制方式导致学生"身在曹营心在汉"的隐性逃课现象比较严重。我国某高校的调查显示，该高校只有5.6%的学生认为教师"应该经常点名，促使学生来听课"，而62.5%的学生认为"教师应该通过教学内容吸引学生主动上课"，上课点名的形式无助于从根本上解决他们学习思想政治理论课的兴趣问题。只有建立起学生对教师的评价机制，让学生把任课教师的授课情况及时反馈给学校，作为教师去留以及晋升的参考，才能很好地发挥学生对任课教师的监督和督促作用，从而使高校思想政治理论课教师增强责任心，不断提高自身素质和业务水平，提高思想政治理论课教育教学质量和效果。

思想政治理论课在提高当代大学生思想政治素质以及培养社会主义建设者和接班人方面的作用是其他学科所无法取代的。讲好思想政治理论课、发挥其应有的功能和作用，是党、国家和民族赋予每一位思想政治理论课教师的责任。作为思想政治理论课教师，针对现实中存在的问题，不能回避，更不能灰心，而是要用改革的精神，按照邓小平同志所说的"学马列要精、要管用"的原则，更新观念，提高自身业务水平和素质，改变教学方法，增强授课的吸引力、感染力，从而提高教育教学效果，发挥思想政治理论课的应有功能和作用，为我国的社会主义建设和中华民族的伟大复兴做出贡献。

第三节 大学生思想政治理论课实践教学研究

实践教学是对大学生进行思想政治教育的重要环节。《中共中央国务院关于进一步加强和改进大学生思想政治教育的意见》指出："坚持政治理论教育与社会实践相结合。既重视课堂教育，又注重引导大学生深入社会、了解社会、服务社会。"中央宣传部、国家教育部《关于进一步加强和改进高等学校思想政治理论课的意见》指出："高等学校思想政治理论课所有课程都要加强实践环节。要建立和完善实践教学保障机制，探索实践育人的长效机制。围绕教学目标，制定大纲，规定学时，提供必要经费。加强组织和管理，把实践教学与社会调查、志愿服务、公益活动、专业课实习等结合起来，引导大学生走出校门，到基层去，到工农群众中去。"因此，很有必要在准确把握实践教学内涵及功能的基础上，找出存在的问题，采取必要的措施，进一步推进实践教学的良性有序发展。

一、实践教学的定义与作用

实践教学是思想政治理论课程教学的一个重要组成部分。思想政治理论课实践教学是以教师为主导，将理论教学作为实践的基础，根据教学要求、目标以及内容，引导并组织学生积极主动参与社会生活实践，使得学生能够获得有关思想政治理论的直接体验，从而提高学生的综合素质。

应该看到，实践教学是多种教学方式、教学环节的一个综合运用。在教学中，实践教学能够充分调动学生理论学习的积极性与主动性，提高参与性，培养他们的理论联系实践的习惯，锻炼他们的创新能力、组织能力、协调能力、交流能力，特别是对于提高学生运用理论解决问题的能力，有着重要的价值与意义。具体而言，实践教学作为课堂教学必要的补充，其作用体现在以下方面：

（一）有利于加深大学生对思想政治理论的再认识

中国特色社会主义事业是面向未来的事业，需要一代又一代有志青年接续奋斗。全党都要关注青年、关心青年、关爱青年，倾听青年心声，鼓励青年成长，支持青年创业。广大青年要积极响应党的号召，树立正确的世界观、人生观、价值观，永远热爱我们伟大的祖国，永远热爱我们伟大的人民，永远热爱我们伟大的中华民族，在投身中国特色社会主义伟大事业中，让青春焕发出绚丽的光彩"。青年大学生队伍是祖国建设的生力军，是未来中国特色社会主义事业的接班人和建设者，其思想观念及道德素养的好坏直接关乎中国特色社会主义事业的成败。高校思想政治理论课作为培育大学生思想道德观念和综合素质的重要平台，在高等教育教学中一直发挥着重要的作用。

然而改革开放以来，思想最为活跃的大学生群体，一方面受到国内拜金主义、实用主义、社会思潮影响，另一方面受到西方新自由主义、功利主义、个人主义等方面的不断渗透，大学生群体出现了政治观松动，价值观功利，法律观淡薄、道德观迷失等问题，不少大学生学生在对待理想与现实、精神生活与物质享受、集体利益与个人利益的关系上，明显地向后者倾斜。新时期大学生思想政治理论课能否做到"以大学生为本"课程建设体系能否做到与时俱进，社会主义核心价值观能否被当代大学生所接受，并将其内化为自己良好的道德素养、正确的思想观念和坚定的政治立场已经成为衡量大学生思想政治理论课成败的关键。

与传统课堂教学的主要形态是教师一个人的独白，以教师为中心、教材为中心相比，大学生思政课实践教学活动以大学生为中心，在这个特殊的以理论为基础的综合实践教学活动当中，学生们都能迸发出了前所未有的学习热情。大学生在参加实践教学活动中从耳听为虚到眼见为实，既收获了见识，也增长了知识。大学生通过参与实践教学情境，在身临其境的状态下，主动学习思想政治理论课相关理论知识。通过积极参与，学生不单掌握了理论知识，还学会了对人生及社会的思考。在合作学习的过程中，学生把对课本知识的理解和对实践教学课程的学习兴趣结合在了一起，可谓"一石二鸟"，大大的加深大学生对思想政治理论的理解与认识。

（二）有利于拓宽思想政治理论课的教学途径

如何摆脱传统、单一的教学方式、提高大学生学习其丰富的理论知识兴趣和热情，促进理论教学说服力、渗透力的提升是新时期大学生思想政治理论课的教学活动首先要面对的问题。这个问题解决的好坏，关乎整个大学生思想政治理论课教学的成败。

通过广泛开展各种样式的大学生思想政治理论课实践教学活动，不但可以引导大学生离开课堂，面对社会，体验社会。通过将改革开放以来中国特色社会主义事业在政治、经济、文化、生态等领域已经取得的巨大展现在大学生面前，通过这种"最近距离"接触，使大学生能深刻体验到马克思主义理论及其最新理论成果在推进我国社会进步中所起到的巨大的作用。通过实践体验来进一步理解马克思主义理论，验证理论，使理论知识真正入脑入心，使学生做到真学真懂真用。

当代大学生多数是"90后"或者"00后"，自由开放的思维方式和网络化的生活环境，使他们在接受新鲜事物方面与传统的"60后""70后"甚至"80后"有很大的不同，大部分大学生对亲历或直接接触的实物比较敏感，对传统的理论的接收则比较迟钝。面对传统的大学生思想政治课教学感染力和吸引力的缺乏，实践教学环节却可以通过内容鲜活的校内外活动的开展，以新颖的素材、新颖的视角、和新颖的叙述方式，以渗透的方式，潜移默化地把书本想要表达的内容对大学生进行传授，大学生在接受新鲜事物的同时，也就自然而然地接收了我们所想告诉他们，或者想表达给他们的理论知识。通过实践教学的开展，可以在很大程度上很自然地把教材学教学体系转化为学生科学的认知体系和正确的信仰体系，可以说在接收方式上，实践教学的效果往往会事半功倍。

（三）有利于提高思想政治理论课的教学实效

在传统的思想政治理论课教学中，教师为增强课堂的趣味性与生动性，往往引述一些相关的案例，这种局限于教师"口述"案例的"案例式教学"的方式，虽然吸引了学生注意力，但未能充分调动学生主体的积极性，学生对教学内容缺乏最直接的情感体验，所以导致学生的认识流于表面，这种传统的教学方式教学效果非常一般。

而通过开展多种方式的思政课实践教学，一方面可以引导学生走出课堂，走向社会，可以帮助学生实现了真正的认识、感悟和直接的情感体验。同时大学生思想政治理论课实践教学最大的优势是大学生可以亲自参与到实践教学活动中来，在整个实践教学活动过程中，学生可以在教师的指导下，按照实践教学活动的要求自己制作相关活动要求、自己设计活动流程，自己查找资料，在参与的过程中，学生有了一个充分发挥自己才能的机会，满足了他们探究学习的好奇心。学生自己发现问题、收集有关信息、寻找解决问题的方法与途径，进而解决有关思想政治理论课教学中存在的问题。学生通过实践体验来进一步理解理论，验证理论，使理论知识真正入脑入心，使学生做到真学真懂真用。这种从被动学习转到主动参与学习的方式可以说大大提高了思想政治理论课的教学实效。

另一方面，教师在思想理论课授课过程中如果只注重理论讲授，而忽略其在实际中的应用，那么在实际授课过程中就会出现老师讲的"龙飞凤舞"而学生听得"昏昏欲睡"的现象，实际教学效果大打折扣。而通过实践教学环节，思想政治理论课教师把课堂放到社会中，走向社会，面向社会，关注社会现实，从而指导学生实践，这不但有助于对于其自身教学能力的提升，更加有利于对思想政治理论课教学效果有所提高。经过实践教学环节，思想政治理论课教师能教师对自己讲授的内容感同身受，授课时便更加充满激情，以理服人与以情动人并重，以深厚的感情饱满的热情讲授课程内容，更加能感动学生，从而取得良好的教学效果。

二、高校思想政治理论课实践教学存在的问题

（一）思想政治理论课实践教学方法单一常流于形式

在大学生实践教学方法上，许多学校都利用寒暑假开展学生的社会调查活动，大部分学生都没有真正去实践，因而也谈不上提高综合素质。以师范生为例，实践教学主要就是大四去中小学实习两个月，基本上能提高一些综合能力。但是在现在就业形势不容乐观的形势下，好多师范生毕业了不从事教师这一行业，在接受其他行业时，会明显感觉到不适应专业以外的行业。所以高校应整合社会、学校资源，给大学生提供各种各样的有利于发挥自己能力的实践平台，使大学生把思想政治理论课中学的理论更好应用于实践。

（二）经费不足制约了思想政治理论课实践教学的更好发展

开展思想政治理论课实践必定需要一定的物质保障，在实际工作中好多学校的投入经费很有限，为了保证实践教学的正常进行，一定的经费支持是必不可少的。在实际工作中大部分学校实践教学经费投入很有限，制约了思想政治理论课的实践教学的深入发展。

（三）思想政治理论课实践教学机制不健全，评估不规范

许多高校实践教学还没有很严格的管理模式，没有把大学生的实践教学和平时的教学大纲、教学计划、学分要求、奖学金助学金的评定结合起来，使得大学生没有在思想上高度重视实践教学，以至于实践教学很难开展。思想政治理论课的实践教学活动要开展下去还需要切实可行的科学指标评估体系。虽然各高校都在组织开展实践教学活动，但是效果和水平却不一样。

（四）思想政治理论课实践教学组织者、指导者的综合素质有待提高

思想政治理论课实践教学的组织者、指导者主要是教师。由于大学就业压力大、社会环境复杂的原因，往往对思想政治理论课不是十分重视，所以教师应该在实践教学的形式上、方式方法上提高灵活性，给学生以吸引力和

说服力。教师平时也应博览群书，学习各方面的知识更好地引导学生。在日益复杂的社会中不断提高自身的综合素质来培养我们未来的建设者和接班人。

三、加强实践教学的对策

对于高校思想政治理论课程教学而言，实践教学很重要，虽然当前存在不少问题，但加强实践教学是大势所趋，有必要对有效开展实践教学的对策进行分析。

（一）统一对实践教学的认识

对实践教学的重视与否，直接关系到思想政治理论课实践教学的效果如何。学校主管领导、教师以及学生都要认识到实践教学的重要性。主管领导高度重视，实践教学才能有系统的组织保障及充分的经费保障，才能真正调动教师开展教学的积极性、主动性；教师应该充分认识到实践教学的重要性。同时，应该通过相应的理论学习和实践探索，掌握实践教学内涵规律以及教学方式方法。作为教学主导者的教师，应该将实践教学提升到与课堂教学并重的高度，加以认知掌握；学生应该认识到理论来自实践，必将回到实践，并引导实践，只有这样，理论才会与实践结合，发挥指引作用。应该充分认识到实践教学对于理论的可行性、有用性是具有积极检验价值的，从提高自身分析问题、解决问题能力的角度，认识到实践教学的必要性。

（二）提高教师实践教学能力

不论是课堂教学，还是实践教学，教师始终是高校思想政治理论课程教学的主体和主导，因此，教师实践教学能力的提升，是提高实践教学效果的核心和关键。提高教师实践教学能力，从外因来看，就是高校应该实施思想政治理论课程教师实践教学能力培养计划，通过组织教师去成功开展实践教学的高校取经，通过校内教师实践教学经验交流，通过相关教研教改项目倾斜性支持，通过与实践基地的探讨等多种形式，提升教师实践教学能力；从内因来看，教师应该认识到实践教学对于高校思想政治课程教学的有效性及其重要意义，应该认识到实践教学对于提升自身的教学水平具有重要价值，应该从被动适应实践教学，转变为主动采用实践教学，转变教学观念，积极探索实践教学的路径。

（三）整合实践教学资源

思想政治理论课程实践教学，不是实践基地的牌子越多越好，而应该是越精越好。一些高校和教师，在实践教学资源建设中，片面地贪多求大，不注重实践教学资源的整合，一方面导致实践教学资源的浪费，特别是实践教学经费的浪费；另一方面，不求精细化整合资源的教学，也不利于教学效果的提升。比如，有的高校教师认为，实践教学就应该是校外资源的开拓。其实，在校内，很多资源是可以成为实践教学对象的。当前，高校内社团活动较多，社团作为高校学生的一种自治性组织，就可以用来分析政治领域的一些问题，比如社会自治。又如，高校内经常性开展的三下乡活动，主要是由团委牵头。但是，为什么要进行三下乡，如何进行三下乡，在三下乡过程中碰到的社会现象如何解释，这些都是可以成为思想政治理论课程教师的实践教学对象。总之，在实践教学资源建设中，高校和教师应该充分认识到校内校外资源的积极作用，按照理论教学需求，打破部门、专业界限，对实践教学资源进行精细化整合。

（四）健全实践教学保障机制

各高校、教学部门和教师，应该严格按照中央文件精神和相关教育主管机构的规定，落实实践教学保障机制建设。首先，学校层面可以成立由分管校领导、教学部门负责人和专业教研室主任组成的实践教学领导小组，通过定期研讨方式，分析实践教学中存在的问题，提出实践教学对策，抓好实践教学的保障。其次，各高校应该严格按照教育部门规定，落实大学生思想政治教育专项经费，并将专项经费用于建立利稳定的校外实践教学基地。最后，在实施层面，应该根据教学中存在的问题、学生的学习需求、教师的教学工作量等因素，制定较为科学合理的实践教学考核标准，根据标准严格考核，将实践教学保障机制建设落到实处。

第四章　大学生思想政治理论课教育教学与大学生思想政治教育的关系研究

第一节　大学生在思想政治理论课教学中的主体作用

一、"主体性"解析

学生的主体性，是指在教育活动中，作为主体的学生在教师引导下处理同外部世界关系时所表现出的功能特征，具体表现有为"我"性、自主性、能动性和创造性。由此我们可以推出高校思想政治教育中学生的主体性即大学生在思想政治教育者的指导下，积极学习相关的知识，主动地将社会要求内化为自身发展所需要的特质。而大学生在接受思想政治教育的过程中发挥的自主性、能动性以及创造性就是我们所说的学生的主体性。高校思想政治教育中学生的主体性是作为学校教育活动主体的大学生在学习和生活，在思想政治教育的引导下为达到自身的目的而在教育活动中充分发挥自己的主观能动性。发挥大学生在高校思想政治教育中的主体性作用，就要培养其主体意识，培养其对自身主体地位角色、自我调控能力和自我存在价值的一种自觉意识。

二、高校思想政治教育中发挥大学生主体性作用的意义

（一）对大学生本身的意义

高校思想政治教育是有目的、有组织、有计划地对大学生思想政治品德进行培养的社会实践活动。而在这一活动中发挥大学生主体性作用，肯定会让大学生意识到自身的重要性。当代大学生作为高素质教育对象，有着极强的个性和强烈的自尊心，在生活和学习中需要获得社会和周围人群的认同感和赞许感，而在高校思想政治教育中尊重他们的主体地位，充分发挥他们的

主体性，有利于大学生自主意识的增强，增强他们的自我选择能力以及自我掌控能力，在一定程度上也有利于他们自信心的增强。

在高校思想政治教育中发挥大学生的主体性，有利于大学生在整个成长的环境中自觉选择接受正确的道德标准和价值观，使自己成为内化和践行的主体。贯彻这一方针，不仅在思想政治教育中有利于发挥学生的自主性，增强自我认同感，而且在大学生走向社会以及生活中都有积极的意义，有助于他们做出更好的更正确的选择。王国栋和刘艳芳在《论发挥高校思想政治教育学生主体性作用》中指出研究高校思想政治教育学生主体性，解决大学生主体性发展对于提升思想政治教育中大学生自我教育能力具有积极的现实意义。由此可见，发挥大学生在高校思想政治教育中的主体性作用有助于学生提高自我教育的能力。发挥大学生在高校思想政治教育中的主体作用，培养他们的主体意识，有助于学生的全面发展。通过自我教育和日常实践，使学生能自觉接受思想政治教育，努力提高思想政治教育的水平，形成正确的世界观、人生观和价值观，从而获得综合素质全面发展。

（二）对高校思想政治教育的意义

发挥大学生在高校思想政治教育中的主体性作用，对高校思政教育具有重要意义。侯明志在《论高校思想政治教育中的学生主体性表现与作用》中做了详细的阐述。思想政治教育中，教育者和受教育者主体性的发挥是通过双向沟通交流实现的，学生的主体需要是将思想政治教育影响转化为学生自身的思想道德素养，发挥学生的主体性可以为思想政治教育注入更多的活力。大学生作为教学过程中学的主体，充分发挥本身的主观能动性，将教育内容和教育影响内化为自身的知识和能力，对整个思想政治教育的效果起到巨大的促进作用。只有充分发挥学生的主体性，尊重学生的主体地位，在教学中了解发现学生的需要，才能更好地达到高校思想政治教育的目标。因此，发挥学生的主体性作用，就意味着思想政治教育要贴近和重视学生的需要，课程教育要围绕大学生普遍关心的问题展开。发挥学生的主体性可以有效地增强思想政治教育的针对性，因为强调学生的主体地位，可以让教育者更重视和了解学生的需要，同时让这一教学活动更适合学生成长成才的需求。

一直以来高校思想政治教育的实效性都是备受关注的焦点，很多人认为当前高校虽然开展了形式多样的思想政治教育，但是效果却不是很明显，大学生的思想道德素养以及政治觉悟并不高。发挥大学生在这一教育活动中的主体性作用有助于增强高校思想政治教育的实效性。高校思想政治教育要从拓展学生主体素质出发，着眼于大学生主体性发展，通过主体性发展来增强思想政治教育的实效性。只有充分发动学生的主体性作用，才能实现思想政治教育从外到内，从内而外的转化过程，只有实现这一过程才能达到思想政治教育的实效性。大学生作为有知识有活力的当代进步青年，在思想政治教育中发挥他们的主体性作用，积极开发他们的拓展思维和创新能力，研究当下热点话题，无疑会给一向以理论案例等较呆板枯燥的内容呈现给学生的思想政治教育带来新的活力，丰富其教育资料和教育信息，促进思想政治教育的方法优化。另外发挥学生自身的主体性，也可以增强思想政治教育在学生中的接受和认可程度，以达到和完善教学目标。

充分发挥学生在高校思想政治教育中的主体性作用，在当前是十分必要的，时代在发展，作为时代接班人的学生也是充满朝气，他们的思想变化快，对新事物的接受能力强，有着自己独特的个性，培养其主体意识，有助于他们在校园环境中更好地学习成长，发挥其在思想政治教育中的主体地位不仅可以让他们认识到自身的重要地位，积极自觉主动地学习，提高他们自我教育的能力，还可以促进他们的全方面发展。作为一直以来效果不明显却又不得不开展的高校思想政治教育，发挥学生的主体性作用，有助于提高针对性，增强实效性，还可以不断丰富教学资料和教学手段，和学生一起成长，以达到更完美的教学效果。

三、加强大学生主体参与思想政治理论教学的紧迫性和必要性

（一）培育学生的主体性是教育本质属性的体现

教育是一种培养人的社会活动。它的主要目的是促进受教育者的身心发展以及社会化、个体化、主体性的提高，成为能动的社会成员。在这个过程中，教育的根本在于培育和发挥人的主体性。马克思认为，人是认识世界和改造世界的主体，人的主体性是人在认识世界和改造世界并创造自己历史的活动中所表现出来的能动性、自主性和创造性。

但是，长期以来，人们往往只重视发挥教师的主体作用，而不够重视调动学生的主体性或发挥其主体作用。教师的主导作用归根结底是为了激发、引导和提高学生的主体性，而不是与此相反。可是实际上我们教师的主导作用由于方法不对，往往抑制了学生的主体性。近年来，人们开始强调学生在教育过程中的主体地位和作用，强调学生应具有高度的自觉性，这些口号或愿望都是很好的，但是对大多数人来说，仍旧停留在静态的思考或抽象的口号上，并没有采取切实有效的措施使教育过程动态化，没有使学生处于积极的活动中。我们不能抽象地要求学生自觉，而是应当引导学生积极参与教育

教学过程，让他们有更多独立感知、观察、思考和独立探索、作业、工作的机会，更多地发挥主体性的锻炼机会。只有在这个能动的活动中，学生才能实现从被动到主动、从模仿到创造的转变，逐步提高自身的主体性。只有发挥学生的主体性，教育的本质力量才能得到发展与实现。

（二）发挥大学生的主体作用是思想政治理论课教学改革的必然要求

随着我国经济建设、政治建设、文化建设和社会建设的全面推进，高等教育变革在 20 世纪 80 年代后更加深入，思想政治理论课单向灌输的教学模式已面临巨大挑战。尤其是 2005 年中共中央宣传部、教育部在《关于进一步加强和改进高等学校思想政治理论课的意见》中指出，要加强高校思想政治理论课程的实效性。传统教学模式已无法适应社会发展，必须进行深刻反思和探讨。再加之信息时代的到来，网络的普及也使得当今社会变成了"互动式社会"。学生获取知识的途径变得多样化，并不局限于课堂了。这就使"指令性和专断的师生关系将难以维持。教师的权威将不再建立于学生的被动与无知的基础上，而是建立在教师借助学生的积极参与以促进其充分发展的能力之上"。因此，单向灌输式教学模式已经失去了赖以存在的社会基础。实践证明，单向灌输式教学模式下学生只是掌握了各个方面的知识，但缺乏独立思考的能力，丧失了批判思维，更难以具有创新能力。高分低能的现象屡见不鲜。单向灌输教学模式面临的困境与危机，说明它已无法继续担当思想政治理论课教学主导方式的角色。

（三）发挥大学生在思想政治理论课教学过程中的主体作用是时代发展的需要

我们正处于一个社会主义现代化建设突飞猛进、社会改革深入发展和新技术革命高潮迭起的时代。许多新的价值观念的冲击，思想观念的碰撞，生活方式的多样化的影响，给高校德育带来许多新的问题，新的情况。当代大学生是跨世纪的新一代，他们的身心发展水平已日趋成熟，并表现出时代的新特征，他们在身心发展水平、人生观、价值观、道德品格等方面均表现出自己的特殊性，他们面对与传统教育截然不同的环境和时代。在这个时期，如果还继续使用传统德育的那一套经验和做法，把学生当作教育的对象，只会压抑学生的主动性、积极性，束缚学生的个性和创造性，使得学生与时代发展要求的距离越来越远。因此，在思想政治理论课教学中，我们必须大力培养和发挥学生的主体性，必须根本改变学生原有的被动地位。

四、充分发挥大学生在思想政治理论课教学过程中主体作用的对策

（一）转变教育观念，确立大学生在思想政治理论课教学中的主体地位

要确立学生在思想政治理论课程教学中的主体地位，首先应从教师教育观念转变入手，要从一个新的角度来认识和看待高校思想政治课程，真正确立学生在思想政治理论课的主体地位。高校思想政治理论课教师始终要把学生看作是有自主能动性，处于主体地位的独立个体，在设计教学目标、教育途径、教育方法等多方面，都应从学生的主体需要出发。现在的大学生自主意识比较强，有自己独特的思维方式和价值观念。教师要把学生看作是与教师在人格上完全平等的主体，要相互尊重、相互理解。教师如果过多地采取说教、灌输的方式，必然造成学生的逆反心理。所以在思想政治理论课教学中教师要大力引导学生学会自我教育，自我反省、自我提高。只有这样，他们才能真正将外界的德育影响内化为自身的道德素养。同时教师应该树立服务意识，要为学生的成长服务，为充分发展学生的主体性服务，克服过去那种教师居于绝对支配地位的做法，拉近教师与学生之间的心理距离，做学生的良师益友。

（二）创新思想政治理论课教学方法，引导学生主动参与教学过程

教学方法是教学整体结构中的一个重要组成部分，它直接关系到教学效果的好坏和教学目标的实现。教学方法是实现教学目的的关键。根据以人为本、尊重大学生主体地位以及培养创新能力的要求，思想政治理论课的教学应在继续坚持"灌输"原则的同时应更多地采用启发式、开放式方法。

1.启发式教学方法

启发式教学方法就是要求教师在充分理解学生的基础上，尊重学生的独立见解，通过对学生的引导，激发学生学习的积极性，从而使学生可以对某个问题得到结论。

由于当代大学生自主意识、民主参与意识增强，他们已不满足或不愿意接受现成的结论，而喜欢通过自己的学习和思考来提高认识，寻求答案，这就要求教师善于用启发诱导的方式，既发挥教师的主导作用，又充分发挥学生的主体作用。教师可以针对思想政治理论课课堂中的某一问题进行引导，借助于学生已有的知识和辨别、判断能力，力图通过深入浅出的讲解，启发学生做深入地思考。同时，借助于启发、暗示等手段，以引导学生最大限度

地开动脑筋、收集信息，运用严密的逻辑思维能力，大胆取舍、分析批判，最后由学生自己意识到并表达出正确的结论，使学生主动达到接受教育的目的。启发式教学法既能加深学生对学习内容的理解，又能激发学生的学习兴趣，提高学习情绪，还能培养学生钻研问题的能力，提高学生学习的独立性。

2.开放式教学方法

即改变单纯的课堂教学方式，把课堂教学、学校教育与社会大课堂有机地结合起来实行开放式教学。

（1）采用参与式的课堂教学方法

高校思想政治理论课是大学生的必修课，是大学生思想政治教育的主渠道。今天的思想政治理论课教学不应该是教师独占讲台枯燥无味地说教或照本宣科，学生一味被动接受，而是应该增加师生互动，让学生参与到教学中来。这里所说的互动是要求在教师充分准备和安排下师生互换角色，让学生走上讲台当老师。教师可以就教材中的某一个小问题或者学生关注的社会热点问题作为专题，通过学生的课下的研究和学习，让学生站上讲台自己讲课。教师可以在学生的演讲过程中发现问题、解决问题。学生参与式教学方法一方面能有效调动学生学习的积极性，活跃课堂气氛，使思想政治理论课教学不再枯燥、单调。培养学生自觉学习、主动学习、独立思考的习惯，提高学生动脑、动手、动口的能力。另一方面能加强教师与学生的双向交流，把教师的角色从以"教"为主转向以"导"为主，同时增进师生相互了解和沟通。

（2）把课堂教学与参加社会实践活动结合起来

在思想政治理论课教学中，必须坚持理论教学和实践教学的结合。通过"走出去"，组织学生参观访问，开展社会调查、志愿服务、公益活动等社会实践活动，将学生带入真实的社会生活，引导学生了解国家，探究社会，将书本知识与现实生活相链接，打破传统的封闭的课程模式，使学生更好地体会到理论的重要指导作用，同时提高学生用理论知识分析社会现象和解决现实生活问题的能力。只有通过实践，学生才能真正学会以社会共同体的思维方式来思考问题，在自己的身体力行中形成与社会要求一致的道德观念、精神追求和政治觉悟。总之，将课堂教学与参加社会实践结合起来，既有利于发挥大学生的主观能动性，增强他们消化和运用理论知识的能力，又有利于促进大学生进行自我教育，实现教育与自我教育的有机结合。

第二节 思想政治理论课对大学生思想政治
教育实效性的影响

大学生思想政治教育包括思想政治理论教育和日常思想政治教育两个重要的方面，一个是主渠道，一个是主阵地，二者是相互依存、互为补充的。主阵地要积极配合主渠道，共同做好大学生思想政治教育。思想政治理论课是通过对学生系统地进行思想品德教育，培养和提高大学生运用马克思主义的立场、观点、方法，分析和解决问题的能力，帮助学生树立正确的世界观、人生观和价值观。

一、当前大学生思想政治理论课的现状

（一）教学内容陈旧单调

改革开放以来，我国经济社会发展突飞猛进，社会生活丰富多彩，与此相对，思想政治理论课改革相对滞后，导致思想政治理论课教学内容陈旧、单调，既不能充分解释我国社会转型期中所出现的新情况、新问题，又不能解决学生对社会问题、价值观人生观的疑问等实际问题。思想政治理论课教学内容脱离了当代大学生的思想实际，不能激发大学生的爱国情感，不能产生对社会主义和共产主义理想信念的认同，更不能使思想政治理论内化转变成为大学生的精神信仰，学生上课只是为了应付考试，这种情况无疑制约着思想政治理论课的教学效果和学生思想政治素质的提高。

（二）思想政治理论课教学方式方法单一

当代大学生处在改革开放和社会主义市场经济时代，其思想特点具有明显的时代特征。首先，在认知方式上偏重于直观化，注重自身的感受和体验，而轻视理论思维和理论学习，对毫无目的的空谈和与现实脱离的宣传不易接受；其次，在社会关系方面，自我主体意识强烈，注重个性独立，有较强的表现欲望和参与意识、竞争意识。在新的历史条件下，我国高校正在由封闭走向开放，大学生也由依赖型人格转向开放创新型人格，这就决定了大学生在对待思想政治理论课教学方式方法方面，喜欢形式丰富多样、有目的性的、切合现实的、双向的以自我教育为主的教育。而当前高校思想政治理论课教

师仍然采取课堂讲授和理论灌输的教学方式，这种教学方式是单向的，只是站在教育者的角度考虑如何把课讲好，教学方法呆板，忽视受教育者的思想特点，导致有些学生对思想政治理论课失去兴趣甚至产生逆反心理。

（三）思想政治理论课课堂效果差

1.思想政治理论课的"大班教学模式"不利于师生之间互动、交流的深入，从根本上违背了思想政治理论课因材施教、言传身教和双向交流的教学规律，既不利于学生思想品德的陶冶，又大大减弱了教与学的乐趣。目前多数高校思想政治理论课教师数量相对学生人数差距很大，大班上课可以有效降低教学成本，所以，高校思想政治理论课教学都进行了合址上大课的改革。由于上课人数过多，学生比较感兴趣的教学方法难以实施，师生互动比较少，课堂秩序往往难以维护，思想政治理论课课堂效果不佳。

2.教师为了在教学过程中吸引学生的注意力甚至为了迎合学生心理，往往不是深入思考如何按照思想政治理论课的教学规律让学生喜欢这门课程，认同课程中所灌输的理论，而是把课堂时间都用在讲故事、说笑话上，只要是学生喜欢的就大讲特讲，思想政治理论课变成了"聊天课"，这样的课堂也许确实能引起学生的强烈兴趣，但这样的教学方法已经严重偏离了"思想政治理论课"的教学目标和任务，背离了思想政治理论课的特点。

二、加强和改进思想政治理论课建设，增强大学生思想政治教育实效性

（一）高校要高度重视思想政治理论课

1.马克思主义是我们立党立国的根本指导思想，是全党全国人民团结奋斗的共同思想基础。思想政治理论课承担着对大学生进行系统的马克思主义理论教育的任务，充分发挥思想政治理论课的作用，是党的教育方针的具体体现，是社会主义大学的本质特征。面对世界多极化、经济全球化和我国改革开放以来社会生活的深刻变化，如何引导大学生正确认识新的形势，适应新的变化，分析新的情况，把握正确的政治和人生方向，意义十分重大。要培养德智体美全面发展的中国特色社会主义事业的建设者和接班人，要培养适应社会需要的优秀人才，必须高度重视和充分发挥思想政治理论课的作用。

2.高校要继续贯彻落实中央16号文件，坚持"育人为本、德育为先"，完善大学生思想政治教育工作体系和机制，以理想信念教育、爱国主义教育、社会主义荣辱观教育、公民道德教育为主要内容，引导学生树立正确的世界

观、人生观、价值观；以实施全国高校思想政治理论课新课程方案为契机，继续深化思想政治理论课教学改革，发挥其在大学生思想政治教育中的主渠道作用。通过精心谋划，有效组织，在教育的形式和途径上狠下功夫，提高教育的针对性、实效性和吸引力、感染力，培养社会主义事业的合格建设者和可靠接班人。

3. 要把思想政治理论课教学质量作为学校党建和思想政治工作、教学评估工作的重要组成部分，确保各门必修课程的基本学时和人文社会科学公共选修课的顺利开设；将思想政治理论课纳入学校的学科体系建设之中，加大投入；积极创造条件，在职务聘任、科研立项、学习进修等方面，给予政策上的支持；积极营造关心和支持思想政治理论课建设的良好氛围，对成绩突出的教师给予表彰和奖励；对核心期刊发表的论文，尤其对被《新华文摘》等转载和论点摘编以及观点被学界引用的应予奖励。建立和完善加强思想政治理论课教育教学的领导和组织体制，成立学校党委领导下的由宣传部、教务处、学生处、人文与社会科学学院等部门参加的思想政治理论课教学领导小组。领导小组常设机构设在党委宣传部，各部门要各司其职，各负其责，相互配合，共同做好思想政治理论课教育教学工作。

（二）切实改进教学内容和方式方法

1. 以问题为核心构建课堂教学内容体系

通过学术研究、对学生问卷调查、座谈等方式，及时准确掌握学术前沿、社会热点、难点和学生关心的问题，对问题进行筛选整理，形成教师研究的系列课题。并以此构建教学内容体系，使课堂教学既有大量丰富鲜活的感性材料，又有严谨的科学理论支撑，既拓展了课堂教学内容的广度和深度，又使教学富有针对性，真正达到马克思主义理论进学生头脑和"学理论要精，要管用"的目的。

2. 进一步改革教学方式和手段

一是试行专题讲授和系列讲座相结合的教学模式。每门课程设计成若干专题，根据教师的专业结构和研究方向由多名教师分专题讲授该门课程，并根据需要，邀请校内外专家学者担任思想政治理论课讲座教授或客座教授，建立思想政治理论课教师师资库，利用一切可以利用的教师资源，实现动态管理，不断优化思想政治理论课教师队伍。二是积极开展启发式、参与式、研究式教学。由单一的课堂讲授向课堂讲授、组织讨论、经典导读、社会实践、论文写作等多种教学方式转变。充分发挥和调动教师与学生的积极性，即教师在讲课中的主导性和学生在学习中的主体性，同时加强教师的主导作用。教师不但要向学生传授知识，更要向学生讲授学习的方法，解答学生方方面面的疑惑，培养学生科学的思维方式，使线性思维和发散性思维有机结合，使人文精神和科学精神相结合。激发学生的问题意识，提高学生的政治认知能力、创新能力，培养学生作为大国公民和高素质人才应有的宽阔视野和博大胸怀。三是要与教学方式改革相适应，进一步优化教学手段，改革考试方式。推进多媒体和网络技术在教学中的应用，建立教学资料数据库和文献库，实现资源共享。实行动态的考核方式，将学习态度、讨论、课堂提问、经典著作阅读、社会实践、论文写作等平时考核与期末考核相结合，开卷与闭卷考核相结合，笔试与口试相结合。

（三）提高思想政治理论课教师队伍素质

提高思想政治理论课教育教学质量和水平，关键在教师。要按照专兼结合的原则，不断优化和充实高校的思想政治理论课教师队伍。

1. 思想政治理论课教学要走与学生思想政治教育相互配合、相互促进的道路

专任思想政治理论课教师要通过兼任班主任、辅导员等工作，承担思想政治教育任务。专任思想政治工作干部和辅导员有条件的也可承担一定的思想政治理论课的教学任务。拓宽教师来源渠道，吸引和鼓励相关专业的教师承担一定的思想政治理论课教学任务，促进专业课教师与政治理论课教师之间的交流。

2. 按照引进与培养相结合、以培养为主的原则，打造优秀的教学团队

鼓励教师在职攻读博士学位，进入国内外知名大学做博士后研究或访问学者。建立和完善思想政治理论课教师的培训、进修和深造机制。要逐步出台相关政策，支持教师脱产进修、攻读学位，参加社会考察、国内外学术交流活动。

3. 提高教师的科研水平

一是根据学科建设的需要和教师的所长，每个教师确定自己的研究领域和研究方向，在此基础上形成学术团队，定期开展学术交流与研讨；积极开展对外交流与合作，采取走出去、请进来的方法，广泛参加国内、国际学术会议和有关方面组织的人文社会科学论坛；定期聘请国内知名学者、专家来校做学术报告，营造浓厚的学术氛围。二是组织教师撰写高水平学术论文，提倡和鼓励创新，建立与相关核心期刊的合作关系，力争成为几个核心期刊的理事单位，为高水平论文的发表奠定基础。在发表论文和申报科研项目的基础上，撰写学术专著。三是以学术团队为基础，组建课题申报小组，积极

申报各级各类课题，尤其是加强国家社科基金和省级社科基金等项目的组织申报。

第三节 思想政治理论课在大学生思想政治教育中的主渠道作用与发展

高校思想政治理论课是对大学生进行马克思主义理论和思想政治教育的主渠道、主阵地，是中国特色社会主义高等教育的基本特征和重要组成部分，对于确保我国高等教育的社会主义方向，促进社会主义精神文明建设；对于培养大学生分析问题、解决问题的能力，帮助大学生树立科学的世界观、人生观、价值观，全面提高素质，特别是思想政治素质，成为中国特色社会主义事业的合格建设者和接班人；对于全面实施科教兴国和人才强国战略，确保我国在激烈的国际竞争中始终立于不败之地，确保实现全面建设小康社会、加快推进社会主义现代化的宏伟目标，确保中国特色社会主义事业兴旺发达、后继有人，具有重大而深远的意义。而随着国内外形势的发展变化，思想政治理论课教育教学表现出了相对滞后的状态，它在大学生思想政治教育中的主渠道、主阵地作用没有得到充分的发挥。那么，如何才能充分发挥思想政治理论课在大学生思想政治教育中的主渠道、主阵地作用呢？

一、把思想政治理论课教育教学的政治性和主体性结合起来

传统的思想政治理论课教育教学强调教学内容的政治性，而忽视教学对象的主体性，使思想政治理论课陷入一个极度政治化而缺乏人文主义的误区，导致学生产生厌烦和抵触情绪，严重影响了教学效果，使其主渠道作用难以充分发挥，影响了教育目标的实现。因此，必须把政治性和主体性有机结合起来。

1.思想政治理论课的政治性

政治性是指思想政治理论课的方向性和价值性。一方面，对于社会的发展方向和全面进步，思想政治理论课坚持社会主义、集体主义的价值取向，坚持马克思主义的指导，坚持社会主义方向，旗帜鲜明地批判和抵制各种错误思潮。另一方面，对于大学生的健康发展，思想政治理论课可以提高大学生的思想道德素质，帮助他们树立正确的世界观、人生观和价值观，确立社会主义、共产主义理想信念。思想政治理论课的政治性必须始终坚持，因为这是思想政治理论课以及我国高等教育的教育目标得以实现的根本保证。

2.思想政治理论课的主体性

马克思主义认为，人是认识世界和改造世界的主体，人的主体性也就是人在认识世界和改造外部世界和人本身并创造自己历史的活动中所表现出来的能动性、创造性和自主性。思想政治理论课教育教学的对象是人，教师和学生都是思想政治理论课的主体。那么，教师和学生的主体性的发挥程度如何，也就是说教师和学生的能动性、创造性和自主性的发挥程度如何，将直接影响到思想政治理论课的教学效果和教学目的。

3. 把思想政治理论课教育教学的政治性和主体性结合起来

21 世纪是一个弘扬主体性、实行"主体教育"的世纪。"主体教育"是现代化教育教学思想和观念的体现，它旨在充分尊重受教育者的能动性、创造性和自主性，使教育过程成为受教育者自我认识、自我选择、自我完善的过程。传统的思想政治理论课在价值取向上多从社会角度出发，强调思想理论课教育要培养继承既定社会秩序与道德规范的个体，而作为个体的人的价值问题及人格独立问题却没有得到应有的关注。在教育目标上，难以摆脱狭隘的实用工具化倾向，即重视思想政治理论课为政治服务的作用，忽视塑造完善人格，实现人的全面、和谐、自由发展的作用。

思想政治理论课改革的一个重要方面，就是完善思想政治理论课的教育目标。如果没有合理和明确的方向和目标，必然是低效和迷乱的。所以，必须把政治性和主体性有机结合，充分发挥思想政治理论课的效用。

二、把思想政治理论课教育教学的主导性和多样性结合起来

思想政治理论课教育教学内容决定思想政治理论课教育的方向，体现思想政治理论课教育的性质。如何确定内容、选择内容是搞好思想政治理论课教育教学的关键。传统思想政治理论课教育内容虽然强调了主导性，但忽视了多样性，教育内容显得单一，说服力和感染力受到限制。

1. 思想政治理论课的主导性

主导性是指教育内容要体现思想政治理论课教育的方向和性质，在思想政治理论课教育中起主导作用。体现主导性的内容，是一个系统的理论体系，它反映了占统治地位的阶级的意志和社会的主导价值取向。思想政治理论课教育教学内容的主导性要求包括：在意识形态领域要坚持和维护社会主义意识形态的主导地位；持爱国主义、集体主义、社会主义教育的主旋律；突出以为人民服务为核心的人生价值观教育。

2. 思想政治理论课的多样性

多样性就是要根据教育对象的具体情况，丰富和发展主导性的要求，更好地配合和发挥主导性的作用。思想政治理论课的多样性包括：

第一，内容选择的多样性。这包括与主导性内容相关、相容的其他必要的辅助教育内容。比如，优秀传统文化教育、西方先进思想文化成果、现代科学文化成果的内容等。这些内容与针对性内容配合起来，充实各方面的思想营养，有利于更好地进行思想政治理论课教育教学。

第二，针对不同教育对象和教育环境实施教育内容的灵活性。这是从教育对象的具体情况出发，有效实施思想政治理论课教育的原则。思想政治理论课教育对象的个体差异性是绝对的。由于人们所接受的社会影响不同，受教育群体的思想实际是划分层次的，有先进、中间、落后等的层次划分，在政治上也存在不同倾向。由于一定的社会意识形态总是与其他社会各种思想并存、渗透，社会人群的思想不可能简单划一，针对具体的教育对象的思想，教育内容就要有多样性。思想政治理论课教育教学必须针对教育对象的各种不同类型、不同层次和个体差异，选择不同的教育内容和方法，才能取得理想的教育效果。

3. 把思想政治理论课的主导性和多样性统一起来

传统思想政治理论课强调主导性，忽视多样性，严重影响了教育效果。因此，在思想政治理论课教育教学过程中，主导性的原则必须和多样性的现实相结合，两者相互促进，互为作用，缺一不可。

（1）要坚持主导性前提下的多样性

在选择思想政治理论课教育教学内容时，主导性是前提和根本。在主导性问题上要有坚定性、一贯性，不能把多样性理解为随意变动，而是为了更好地贯彻主导性。在主导性前提下，古为今用、洋为中用，实现多样性。

（2）要坚持多样性之中的主导性

思想政治理论课教育教学的内容，随着时代的发展，日益丰富多彩，选择的余地越来越大。但是，我们不能忘记采取多样性的选择，目的是更好地体现主导性。在涉及思想政治理论课教育的方向性、思想性方面，必须遵循体现主导性的要求，避免发生多样性淹没主导性的"泛化现象"和以多样性否定主导性的"替代现象"。

三、把思想政治理论课教育教学的科学性和价值性结合起来

思想政治理论课不仅具有科学性，而且具有价值性。但传统的思想政治理论课教育只强调教育内容的科学性，而忽视其价值性，严重影响了它的教育效果。因为不是凡具有科学性的东西都能为人们所接受，人们还要从价值的角度对它进行审视和取舍。也就是说，教育内容的价值性对人们的吸引是很重要的。思想政治理论课教育教学必须将科学性与价值性有机统一起来。

1. 思想政治理论课的科学性

思想政治理论课的科学性就是强调思想政治理论课教育贯穿的真理性、规律性。思想政治理论课教育建立在马克思主义科学理论基础上，而马克思主义理论又是经过了理论与实践的论证和检验的理论，它揭示了社会发展的客观规律，具有真理性。同时，它遵循思想政治理论课教育自身具有的科学规律。坚持思想政治理论课教育的科学性原则，要求掌握马克思主义基本原理，特别是历史唯物主义的基本原理。只有这样，才能真正做到思想政治理论课教育的科学化。

2. 思想政治理论课的价值性

马克思说："'价值'这个普遍的概念是从人们对待满足他们需要的外界物的关系中产生的。"思想政治理论课的价值性是指思想政治理论课教育对社会全面进步和大学生的健康发展的作用。首先，它能够满足社会全面进步的需求。主要表现在思想政治理论课教育服务社会发展，就是促进社会政治、经济、文化的发展，服务于党的中心工作。其次，它能够满足人的全面发展的需求。主要表现在思想政治理论课教育的育人功能和开发功能上。思想政治理论课教育遵循人的全面发展的理论，不仅要培养人们的思想政治素质，而且要促进或带动人们科学文化素质的提高，实现又"红"又"专"。要最大限度地调动人的主观能动性和最大限度地发掘人的内在潜能。

3. 实现思想政治理论课科学性与价值性的统一

思想政治理论课教育的科学性和价值性具有辩证的统一性。没有科学性，就谈不上价值性；同样，没有价值性，也就失去了任何科学性。所以，思想政治理论课一定要坚持科学性与价值性的统一。

那么，如何做到科学性和价值性的有机结合呢？思想政治理论课教育坚持正面教育为主的原则，就体现了科学性与价值性的结合。正面教育为主，就是正面引导和说服教育为主，强调在教育的过程中坚持用马克思主义的理论进行必要的灌输，同时坚持根据思想政治理论课教育的自身的规律进行正面的疏导，表扬优点与批评缺点、肯定正确与否定错误相结合，促使教育对象积极主动地克服消极因素，发扬积极因素。正面教育为主体现了对绝大多数教育对象的信任和尊重，有利于调动人们受教育的积极性，为思想政治理论课教育教学增加了动力。

当前我国高校思想政治理论课教育教学面临经济、科技迅速发展所开辟的新领域和所带来的新情况与新问题。如全社会乃至全球的经济、科技的激烈竞争；世界经济和区域经济一体化的发展和开放条件下文化观念的互相渗透与激荡；媒介环境的强化和信息网络的拓展；社会生态问题突出等等。一方面这些新情况、新领域的出现和发展，广泛深刻地改变着社会的面貌和人们的思维方式，推动社会和人的发展。另一方面，也折射出大量的思想道德问题，使人们特别是青年学生，产生价值取向上的困难和思想上的困惑，社会正呼唤着新形势下的合理性，呼唤着在这些新领域中的精神寄托和道德追求。但思想政治理论课与这些新情况、新领域的发展相比，还相对滞后，涉及层面不深，作用力度不够大。高校思想政治理论课必须与时俱进，实行现代化教育教学，充分吸收和利用现代教育观念和技术手段，实现不断改革与创新，只有这样才能激发学生的学习兴趣，提高教学效果，充分发挥思想政治理论课在大学生思想政治教育中主渠道、主阵地的作用。

第五章　大学生思想政治教育与心理健康教育

第一节　心理健康教育在高校思想政治教育中的价值

一、加大心理健康教育，可以有效地增强思想政治教育的科学性

大学生的心理健康是指大学生对自我、他人和客观世界的正确认知和评价，有较高的自我调控能力，具有良好和谐的人际关系，没有人格缺陷和障碍，心理与行为和谐统一。高校思政教育往往侧重于大学生的思想层面，多注重动机、态度、理想、信念等意识方面的研究，注重对大学生的世界观、人生观、价值观的教育，而心理健康教育偏重于潜意识人的心理活动研究，这就弥补了忽视人的心理活动而单独通过灌输说教解决大学生思想问题的传统观念，有助于从大学生的认识、情感、意志、态度的全过程施加作用，引导他们保持健康的心理状态，为接受正确的思想教育创造良好的心理条件，使教育手段更具科学性。

高校思政教育要依据大学生的思想活动规律来进行，而大学生的思想活动规律又是受制于心理活动及其规律的。传统的思政教育由于未重视对人全面深入研究，忽视大学生的发展需求，忽视大学生的主体性、忽视人的心理素质对思想品德的影响，难以使大学生产生心理共鸣。而心理健康教育是研究人们心理活动和生理机制的一般规律，能够增加思政教育的科技含量，提高思想教育的实际效果。在思想教育中突出发挥心理教育功能，引人心理教育原则和方法，灵活运用心理健康教育的目标性、发展性、差异性、主体性、活动性、保密性等原则和心理疏通法、意志激励法、改变氛围法等方法，并用这些原则和方法来指导实践，有益于增强思想政治教育方法的科学性。

二、加强心理健康教育，可以有效地增强思想政治教育的预见性

当前的思想政治教育预见性差，主要表现在两方面：1. 认识偏差。对思想教育重视不够，是导致预见性差的非常重要的原因。有的把思想政治工作视为"救火"或"求稳"；有的认为思想政治工作是"耍嘴皮，空对空"，不需投入，无须建设；有的虽不否认思想政治工作的重要性，在社会出现不稳定因素的关键时刻也感需要，但形势一好，又觉得可以不要。由于认识上的偏差，导致思想政治工作的重要性仅停留在口头、文件或会议上，难以落到实处，防患于未然。2. 超前性差。一是教育内容上，缺乏连贯性、完整性和系统性，头痛医头，脚痛医脚；二是教育方式上，重形式，轻内容；重灌输，轻疏导；重言教，轻身教，工作方法单一、陈旧，改革创新不多；三是在教育对象上，重视大学生党员的发展和学生干部的培养教育，忽视中间层学生的教育，尤其是对后进学生的思想转化工作缺乏应有的力度；四是"两课"教学重理论、轻实践，缺乏吸引力和说服力，课堂讲授内容与现实生活存在较大差距。

要把思想政治教育工作落到实处，关键的就是要了解和掌握大学生的思想和心理行为，把心理健康教育融于思想政治教育的全过程。人的心理活动是由客观事物引起的，人的行为和表情是人对某种客观事物的特定反应，是受人的心理支配和调节的。思想政治教育者只有深入学生中，避免"空对空"，运用心理学知识及规律对大学生的心理状态和心理特点进行研究，区分思想问题和心理问题，及时抓住其思想和行为的苗头，有针对性地进行辅导，给有心理困惑、心理障碍的学生及时必要的帮助，才能增强思政工作的预见性和主动性。

三、加强心理健康教育。可以有效地增强思想政治教育的针对性

传统思政教育方式针对性不强，主要体现在：忽视特殊群体的研究。缺乏对不同年级大学生的心理特点的研究，因为不同年级的学生将表现出不同的心理问题。如：大学新生集中表现为新环境、新生活适应问题，毕业生则以择业、未来发展问题为主，兼有恋爱等问题。在同一学龄层次上忽视分类研究不同群体（如高校男女不同性别群体、各类社团组织等）、不同历史时期中大学生的思想心理特点。忽视特殊心理的把握。大学生是一个完整的人、丰富的人和全面的人，不同人在气质、性格、能力上存在个体差异，忽视该差异，不因人施教，思想教育收效甚微。大学生中逆反心理的产生多是由于教育者教育中语言偏激，宣传、批评某人某事过头，使人产生反感，教育方

法简单粗暴，居高临下，说理不足，使学生产生厌倦。与此同时，对"挫折心理"个性化研究严重缺乏。因而个别大学生一旦受到挫折，缺乏适时引导，往往控制不住自己的情绪和行为，焦虑不安，甚至发生精神失常，行为过激，严重影响大学生健康成长和顺利成才。

加强心理健康教育，就是要从根本上解决当前思想政治教育中针对性不强、"一刀切"问题，就是要从心理学的角度研究大学生个性心理差异，只有了解和掌握每个人的个性心理特征、气质特征和能力特征，才能因人而异，因材施教，才能做到一把钥匙开一把锁，帮助学生找到自己个性才能发展的独特领域，达到较好的教育效果。要深入大学生中，把握大学生思想、心理特点，客观公正处理每一事件，讲道理，以理服人。要提高教育的艺术水平，掌握科学的教育方法，谈话的艺术，增强感召力。要多与大学生进行心理交流和沟通，态度诚恳，感情真挚，讲话富有人情味，才易于被接受。根据不同挫折状况，从心理健康角度入手，采取不同矫正"挫折心理"思想政治教育方法，创设一种心理情境，增加心理的透明度，让他们毫无顾忌地倾诉自己的烦恼、忧虑。可采取谈话、征求意见等方式，为受挫者提供抒发受挫情绪的场所和机会。教育者引导时要有针对性，要从受挫者的心理、思想实际出发，做到有的放矢，把"理"说到他们的心坎上，使心灵上受到感染，心悦诚服地接受忠告、劝导和建议。

实施心理健康教育是党和国家的要求，是形势的要求，更是现代教育的要求。因此，应高度重视心理健康教育在大学思想政治教育中的重要价值，充分发挥其理论性强和实践性高的特点，主动出击发挥其积极的作用，这是提高高校思政教育实效和实现学生全面和谐发展的重要途径。

四、高校思想政治教育中心理健康教育作用发挥策略

高校思想政治教育中心理健康教育作用要想充分发挥，就要从实际的教育工作需要出发，笔者就此提出几点策略：

（一）用理论丰富思政教育内容

思想政治教育当中，丰富教育的内容是促进学生综合素质提升的重要保障，在将心理健康教育的理论在思想政治教育当中应用后，就能起到丰富内容的作用效果。心理健康教育理论是多样的，如个体差异理论，通过因材施教因人而异的方式应用，就能提高思政教育的整体质量和效率，使得思想政治教育的针对性也更强的呈现。将心理健康理论当中的认知发展理论以及行动层次的理论加以应用，也能丰富思想政治教育的内容和方式，这都是促进

教育质量的重要举措。

（二）通过心理健康教育提高思政教育效率

思想政治教育是高校学生学习的重要课程内容，在教育过程中要注重改革发展，从学生心理健康教育方面着手实施，和思想政治教育相结合。从具体的措施落实方面来看，就要强化心理健康教育机构的建设工作，学校统一对各院系的心理健康教育机构建设加强重视，加强对学生心理健康的重视，对心理健康教育方法也要能科学有效的运用，通过团体辅导以及咨询方式开展思想政治教育，这是新的思想政治教育的工作方式。通过心理咨询的方式来了解学生的生活以及学习的困境，聆听学生的需求，针对性地进行展开辅导和教育，这是提高思想政治教育质量以及发挥心理健康教育作用的重要途径。

（三）营造良好心理健康教育环境

心理健康教育和思想政治教育相结合，要积极创建良好的心理健康教育环境，学校要从宣传工作方面进一步强化，通过微信公众化以及宣传栏等方式进行宣传心理健康教育的重要性。让全校师生都能意识到心理健康教育和思想政治教育工作的重要性，通过心理健康教育和思想政治教育的有机结合，保障学生的健康发展。

第二节 大学生思想政治教育与心理健康教育的关系

一、大学生思想政治教育与心理健康教育的内涵

（一）大学生思想政治教育的内涵

大学生思想政治教育是运用哲学思想、政治思想、法律思想、道德思想等意识形式进行的教育，是社会主义意识形态的教育。大学生思想政治教育是将马克思列宁主义、毛泽东思想、邓小平理论、"三个代表"、可持续发展观和"中国梦"重要思想作为理论基础，深入进行树立正确的世界观、人生观和价值观教育。

（二）大学生心理健康教育的内涵

1946 年第三届国际心理卫生大会提出，心理健康是指身体、智力、情绪调和；适应环境，能够在人际关系中彼此谦让；有幸福感；在工作和职业中能够充分发挥自己的能力，过有效率的生活。大学生心理健康教育主要培训

大学生掌握心理调适的技能，使大学生树立积极的交往态度，掌握人际沟通的方法，学会协调人际关系，增强适应社会生活的能力；使大学生自觉培养坚忍不拔的意志品质和艰苦奋斗的精神，提高承受和应付和应对挫折的能力。

二、大学生思想政治教育与心理健康教育的关系

大学生思想政治教育与心理健康教育在本质上是一致的，都是意识形态的教育活动，都是指教育者通过一定的活动对大学生施加影响，从而使大学生的思想观念、政治方向、心理活动符合社会发展规律，并能良好适应社会的活动。但两者在多个方面又有着区别和联系，通过多个方面交叉表现出来。

（一）大学生思想政治教育与心理健康教育同属于意识形态的教育，但理论基础各有范畴

大学生思想政治教育与大学生心理健康教育同属于意识形态的教育。大学生思想政治教育属于社会意识形态范畴，处于理性认识阶段，是将马克思列宁主义、毛泽东思想、邓小平理论、"三个代表"、可持续发展观和"中国梦"重要思想作为理论基础，旨在帮助学生树立科学的世界观、人生观和价值观，具有鲜明的阶极性。心理健康教育属于心理学范畴，以认知主义、行为主义和精神分析等心理学理论为基础，其价值取向相对中立，没有像思想政治教育那样鲜明的政治性。

（二）大学生思想政治教育与心理健康教育的教育目标在本质上一致，但各有侧重

大学生思想政治教育与心理健康教育的终极目标都是培养身心健康的合格的建设中国特色社会主义建设者与接班人。思想政治教育旨在通过思想教育、政治教育、道德教育，提高大学生的思想觉悟与意识，政治上自觉维护中国共产党的领导，坚定地走中国特色社会主义道路，成为高素质的社会主义人才，具有很强的社会性特征。大学生心理健康教育的目标旨在指导学生学会调节个体情绪，保持浓厚的学习兴趣和求知欲望，保持乐观的情绪和良好的心境，对未来充满信心和希望，适度地表达和控制情绪，做到胜不骄、败不馁、喜不狂、忧不绝，具有较强的个体性特点。

（三）大学生思想政治教育与心理健康教育的教育内容彼此交叉，又各有千秋

为大学生开设的思想政治教育的课程主要有《马克思主义基本原理概论》《毛泽东思想和中国特色社会主义理论体系概论》《思想道德修养与法律基础》

《中国近现代史纲要》等理论课程，侧重于对大学生思想意识形态的影响。大学生心理健康教育的主要内容是普及心理学相关知识，培养大学生良好的情绪调节能力和心理适应能力，包括预防教育和优化教育两方面。其中预防教育主要内容包括心理卫生知识的传播教育、挫折教育以及心理疾病防治教育等方面；优化教育主要包括环境适应教育、健康人格教育等方面。两者在教育的具体内容方面各有千秋，大学生思想政治教育的内容为世界观、人生观和价值观、法制观和道德观以及理想信念和民族精神的知识。

（四）大学生思想政治教育与心理健康教育的教育方法相互融合，又各有特色

大学生思想政治教育的方法主要包括理论教育法、比较教育法、典型教育法、实践教育法、批评与自我批评法、激励与感染教育法等。思想政治教育注重的是教师的施教，主要通过课堂讲授的方式进行教育，以"说"为主的方法进行宣传，学生基本上是被动的接受教育。大学生心理健康教育常用的方法有理论教育法、榜样教育法、强化法等，主要是引导大学生宣泄不良情绪，教师及时进行疏导，强调学生主动寻求帮助，鼓励学生倾诉，教师以"听"为主，主要通过心理训练、心理测量、心理咨询、心理健康知识普及等方式来帮助指导大学生。与思想政治教育的方法相比，心理健康教育更加重视学生的主体性，强调以尊重、平等、协商、合作的方式进行互动。

（五）大学生思想政治教育和心理健康教育的教育对象基本一致，但存在差异

大学生思想政治教育的教育对象是高校的所有大学生，无论是担任着高校思想政治工作的辅导员，还是担任着思想政治教育理论课程的教师，教育对象都是全体在校大学生。大学生心理健康教育的教育对象包括有良好心理适应能力的大学生，而更主要针对的是那些对大学生活适应不良的新生和即将大学毕业有着各种焦虑的毕业生，还有在大学生活中因不能处理好各种关系而有着巨大心理压力的大学生。

（六）大学生思想政治教育和心理健康教育的教育者的专业背景不一样，但有一定的融合

大学生的思想政治教育主要由思想政治课教师和思想政治辅导员来担任。担任思想政治教育课教师的专业背景一般以哲学、历史、思想政治教育等专业为主，政治辅导员的专业背景更加多样化，师资配备基本充足。大学生心理健康教育的教师的专业背景一般以心理学为主，师资配备相对薄弱，而专

业的心理咨询教师严重缺乏。大学生思想政治教育与心理健康教育既有区别又有联系。教育学家苏霍姆林斯基认为，教学的效果与学生内在的心理状态有着密切的关系。大学生健康的心理是进行任何教育的基础和前提，对同为意识形态教育的思想政治教育尤为重要。。在多元文化传播如此之广的现代社会，各种思想意识形态给大学思想政治教育带来了极大的冲击，同时也在一定程度上影响着大学生的心理健康。大学生的思想政治教育与心理健康教育有诸多共性，却又相互影响，各有特色。如若能将两者有机地结合起来，必定能产生互补的教育效果。

第三节 大学生思想政治教育与心理健康教育的有效结合

我国高校现今作为我国社会经济发展过程中重要的参与部分，当前在社会总体创新改革发展的情形下，高校针对大学生的思想政治教育工作也在不断的创新和发展，在一定程度上其思想政治教育工作水平和质量得到了明显的提高。但是，基于高校思想教育水平和质量提高的趋势，当前我国大学生思想政治教育工作面临的社会经济条件发生着巨大的变化，其中以网络化的发展在一定程度上严重冲击大学生所接受的正统的政治教育观念，给大学生的心理健康形成了很多的负面影响，所以现今大学生思想政治教育的进行必须结合心理健康教育进行具体的教育开展工作。所以，针对现今大学生心理健康教育存在的问题，创新大学生思想政治教育和心理健康教育结合进行的教育路径对于现今开展教育工作有着非常必要的现实意义。

一、大学生思想政治教育与心理健康教育相结合的可行性研究分析

（一）两者之间的关系介绍

大学生思想政治教育与心理健康教育之间有着相互区别和相互联系的关系，两者是一种辩证的关系。高校之所以对大学生进行思想政治教育，主要目的是促使大学生形成健全的思想人格，但是大学生作为一个健全的独立的个体，其健全的思想人格的形成离不开大学生拥有健康的心理素质和心理状态。简言之，大学生思想教育是作为心理健康教育的一个被升华了、高尚的组成部分，大学生健康的思想品格的形成是在学生认知、情感、需要和动机等多种心理素质的共同促使下形成的。综上所述，大学生思想政治教育和心理健康教育两者之间的关系是在区别的基础上联系的，但实际教育的过程是

联系的基础上又有所区别。

（二）两者有共同的教育主体

首先从教育机构来讲，两者都是同属于高校德育工作的范围内，都是高校教师和政工干部必须同时关注和开展的工作。其次两者共同教育的对象都是高校在校学生，且都是通过语言性的力量，从主观上帮助学生形成正确的心理观念和行为观念，都是帮助大学生形成正确的认知、情感和行为意识。

（三）两者相结合的理论依据——思想政治教育心理学

思想政治教育心理学从字面上看，其就是指的是高校在面向学生进行思想政治教育工作和心理健康教育工作的时候所根据的学术理论基础则为思想政治教育心理学，其也就是高校在思想政治教育学的基础上根据教育目标和实际教育工作的开展有条件的结合心理学的相关理论和观念而形成的一门学术理论。思想政治教育心理学作为现今大学生思想政治教育和心理健康教育结合进行教育工作的重要的学术基础，其具有高度的综合性、应用型和强有力的实践操作性。这一学术理论基础的存在对于大学生思想政治教育工作和心理健康教育工作的结合开展提供了相互借鉴和相互提高的空间和途径。

二、思想政治教育与心理健康教育结合的意义

大学生思想政治教育与心理健康教育结合的机制分析将心理健康教育融入高校大学生思想政治工作，是高校精神文明建设的重要组成部分。

（一）心理健康教育是总结德育规律的有效方法

心理健康教育通过心理测试、个别心理咨询等手段，着重了解学生心理和思想实际，进而分析其深层次的心理状况。这样有利于针对性地解决学生因学业、社交、恋爱、职业等产生的各种心理困扰和心理障碍，促进学生健康发展。因此，心理健康教育是总结德育规律的有效方法。

（二）心理健康教育是促进思想政治工作取得成效的基础

思想政治工作的任务是培养学生正确的理想信念和高尚的道德品质，心理健康教育的任务是培养学生健康的心理和良好的情绪、意志、性格等方面的素质。因此，心理健康教育是帮助学生适应环境，取得学习进步的必要条件，是提高学生思想道德素质的前提，是促进思想政治工作取得成效的基础。

（三）心理健康教育是保证思想政治工作具有科学性的重要环节

心理健康教育是在对人的心理发展规律进行研究的基础上，以系统的科学理论作为指导而进行的。因此，将心理健康教育纳入学生思想政治教育体系中，借助心理教育的科学方法，对于改进传统的思想政治工作模式，弥补思想政治工作的不足，促进思想政治工作的科学化具有积极的作用。

三、大学生思想政治教育与心理健康教育结合的现状分析

（一）忽视心理健康教育

两者在面向高校大学生进行实际教育工作的开展中，过度的重视思想政治教育，而忽视了心理健康教育，促使两者的结合流于形式上的存在。具体而言，首先大学生正常进行的教育工作基本上包括思想政治教育、科学文化教育，道德素质教育方面，却唯独没有心理健康教育的存在，而且最终的评价方式和评价结果的呈现也没有将大学生心理健康的评判合理的包含在其中。其次，贯穿在整个大学生思想政治教育过程中的教育环节缺乏心理健康教育的开展，大学阶段的学生正是明确确立社会主义核心价值观和三观的关键阶段，而这一阶段的教育环节的实施过度的重视社会对大学生所要求的各种思想道德规范，整体环节的安排缺乏系统性，忽视大学生环境应变能力和心理适应能力等心理方面环节的设置和实施。最后，现今高校缺乏相对应理健康教育思想人员，基本上现今所进行的高校心理健康辅导人员无法为学生进行深层次的、系统的心理健康教育。

（二）两者结合过程中对现代化网络作用的忽视

现代化网络技术的发展为大学生思想政治教育和心理健康教育的结合进行提供了便利化和及时性强的教育资源，同时为结合途径的使用提供了创新途径和手段。但是现今高校在进行大学生思想政治教育与心理健康教育的过程中无法正视网络作用，缺乏对现代化网络技术的积极利用。具体而言，大学生思想政治教育和心理健康教育工作者无法改变落后的教育观念，由于网络在进行教育的过程中，大部分大学生无法抵抗网络所带来的诱惑，导致不良社会现象的发生。教育工作者缺乏利用网络信息处理思想政治教育和心理健康教育工作的能力。现今部分大学生思想教育工作者虽然能够意识到网络作用的重要性，但是在网络作用的发挥中却往往忽视了大学生正常的心理干预工作，无法保持网络作用在两者结合使用过程中的平衡度。

（三）两者结合过程中大学生人本理念的淡化

具体而言，现今高校在进行大学生在进行思想政治教育工作和心理健康教育工作的开展中，单纯的围绕社会所要求的大学生应有的思想道德标准进行具体的教育工作，而忽略了对大学生思想政治教育工作和心理健康教育工作开展实际需求的调查和分析，在教育工作的开展中逐渐淡化了"教育以学生为本"的现代化素质教育理念，导致教育工作的开展无法满足大学生个体发展的需要，具体的教育工作的开展无法激发大学生的积极性、创造性和主动性，缺乏对大学生进行教育的吸引力，这也是现今高校进行思想政治教育工作和心理健康教育工作到课率非常低的主要原因之一。

四、大学生思想政治教育和心理健康教育的结合途径

扎实有效地开展大学生思想政治教育和心理健康教育，要联系大学生生活实际，帮助大学生及时有效地处理成长成才过程中遇到的各种困惑，提高他们的思想认识和精神境界，增强大学生情商、逆商教育，促使大学生养成良好的心理素质和高尚的道德品格，促进大学生健康快乐成长。

（一）运用网络宣传，课堂教育，对大学生进行思想政治教育

1.网络平台相结合

网络平台是高校大学生思政教育和心理健康教育共同不可或缺的阵地。首先，要及时转变教育观念，创新工作方法，更新教育内容，发挥网络优势，主动占领网络平台，完善网络管理体制，加强网络道德建设，提高网络思政教育与心理健康教育水平，形成"线上线下"相结合的高校大学生思政教育与心理健康教育体系。其次，可加强主题网站建设，比如开辟"心理咨询网站""思政网站"等，向学生推送国内外政治、军事专家对国际形势、政治热点问题的分析见解等，帮助大学生客观正确认识当代中国；还可以推送一些国内外知名心理咨询网站，帮助学生拥有更多维护、救助自身健康的途径；另外，还可以开辟热线电话、留言版、信箱等板块，使学生可以通过多渠道多形式与专业老师进行沟通交流，进一步完善大学生思想政治教育与心理健康教育网络体系。

2.课堂教学相结合

课堂教学是开展集体咨询、渗透思想政治教育的另一重要平台。首先，思想政治教育工作者要充分发挥第一课堂的主阵地作用，在《思想道德修养与法律基础》《形势与政策》《毛泽东思想、中国特色社会主义理论体系概论》等课堂教学过程中，进行详尽系统研究探讨和集体备课。以解决大学生在"三

观"以及学习、生活、思想等方面暴露出来的困惑和问题。其次，也要积极发挥第二课堂的作用，邀请专家学者开设专题讲座，比如理想信念教育、女大学生心理健康与成长、大学生的适应与发展、人际交往、恋爱与婚姻、情绪控制等与大学生健康成长相关的内容。另外，可以将团体心理辅导和思想政治教育的方法相结合，提高教育效果。

（二）改进教育方式方法

高校大学生思想政治教育和心理健康教育的目的都是为了促进青年大学生的成长成才，在教育过程中不仅要遵循大学生思想政治教育的规律，而且也要遵循青年大学生心理发展的规律。及时准确地掌握大学生的思想心理动态，把问题消灭在萌芽中，就需要思想政治教育和心理健康教育工作者注意工作方式方法，根据心理测试、问卷调查及心理咨询等结果，总结出共性的问题然后加以深入分析，再以青年学生喜闻乐见的形式为载体，运用到教育教学过程中。

（三）培训师资队伍

目前，各高校基本都设立了专门的心理健康教育机构。但随着大学生心理问题的日益突出，仅靠几位专职的心理健康教育老师做工作，力量是远远不够的。时代的发展迫切需要培养一支兼职心理健康教育工作者队伍，学校学生工作处、团委的工作人员、院（系）分管学生工作的党总支副书记、辅导员、班主任等一批专兼职从事学生思想政治教育的老师是最合适的第二梯队人选。高校领导必须在财力、物力和人力上高度重视这支队伍的建设和培训，直至在制度上予以规定。

要想为高校培养一支业务强、素质高的具有心理健康教育与思想政治教育"双重背景""双重角色"的师资队伍，就要将两支师资队伍紧密结合起来。通过集体备课、研讨、听课等措施帮助教师发现问题、解决问题，提高两支师资队伍的教育教学水平；通过相互多交流、多学习、多分析当前青年大学生中存在的思想和心理问题，使两支队伍能够相互取人之长、补己之短，最终形成一支高素质的思想政治教育和心理健康教育紧密融合的师资队伍。只有将大学生思政教育和心理健康教育真正有机结合起来，才能使两者相得益彰，才能更好地促进大学生健康快乐成长成才。

（四）必须注重高校思想政治教育对大学生的人文关怀，树立思想政治教育新理念

高校思想政治教育的人文关怀，是思想政治教育改革的重要内容和取得

实效的关键因素，是推动学生学会关心、实施人文关怀式教育的重要途径，也是对教育的理论逻辑向生活逻辑转化的具体诠释。

高校思想政治教育的人文关怀主要包括两个层面的要求：一方面，教育要依据大学生的实际活动范围和活动方式，从学生的日常生活入手，倡导学生在各种人际关系的互动中体验人文关怀、践行人文关怀，准确把握并遵守道德和法律的规范与准则；另一方面，教育要依据大学生的实际活动内容和目标，主动贴近学生的生活实际，及时发现他们学习和生活中所遇到的困难与困惑，帮助他们正确分析和有效解决这些实际问题。因此，人文关怀不仅是现代教育的理念和原则，也符合大学生的成长要求，思想教育工作者不仅要深入学生，了解和掌握大学生的思想动态和行为表现，更要运用心理健康教育的知识对大学生的心理状态和心理特点进行研究，这样才能使学生的思想认识问题尽早解决，使得大学生有一个健康而向上的心理。

总之，大学生思想政治教育和心理健康教育是高校学生工作的重要组成部分，其目的都是为社会主义现代化建设培养合格的接班人。正确的思想政治观有利于大学生保持良好的心理品质，心理健康问题的解决也有助于正确思想政治观念形成。将两者有机地结合起来，通过运用大学生心理健康教育，遵循思想政治教育和大学生心理发展规律，促进大学生全面成长成才。

第六章 传统文化与大学生思想政治教育融合

第一节 中国传统文化与思想政治教育的关系

一、传统文化是思想政治教育的历史场景

古代典籍曾指出，"传者，相传继续也""众丝皆得其首，是为统"，无论是"传"，还是"统"都具有时间上的延续性以及前后相继的关系。今天，我们之所以能清晰地了解到两千年前的社会生活状况，能清晰的把握文化在每一个阶段的发展变化，能通晓每一个汉字的音形演变过程，正是由于传统文化发挥了记事、载道、化人的作用。每个人都生活在传统之中，谁也不能脱离传统而生存，因为我们还在胎儿的时候，已经有一些传统文化的因素影响了我们。当我们能够独立开展社会实践的时候，传统文化已经通过社会化教育的方式进入我们的思维习惯中了。马克思说："人们自己创造自己的历史，但是他们并不是随心所欲地创造，并不是在他们自己选定的条件下创造，而是在直接碰到的、既定的、从过去承继下来的条件下创造。"中华传统文化就是这些"既定的、从过去承继下来"的历史条件。它是当代思想政治教育的重要文化背景，思想政治教育要实现科学化的发展就不能不重视传统文化的作用。

当代思想政治教育必须重视传统文化的一个重要原因是其核心内容——社会主义核心价值观也来自中国优秀传统文化。习近平同志在中央政治局第十三次集体学习时的讲话中指出："牢固的核心价值观，都有其固有的根本。抛弃传统、丢掉根本，就等于割断了自己的精神命脉。"社会主义核心价值观的 3 个层面 12 个方面在传统文化中都有着鲜明的体现。比如千百年来，中国人一直把对小康社会和大同理想的追求当作自己的奋斗目标之一，这是"富强"的思想底蕴；"民惟邦本""民贵君轻"的思想则为民主的内涵；"文以载道，文以化人"，对文明的追求是人区别于动物的根本标志；"和实生物，同

则不继"的和谐思想是传统文化最明显的标志，等等。可以说，中华优秀传统文化是社会主义核心价值观的源头活水。传统文化不是静止不变的，而是跟着时代的变化而变化，在不同的阶段有着不同的特点，特别是近代以来，中国传统文化在接纳马克思主义的基础上，其内涵得到了丰富和完善，呈现出新的气象，形成了新的传统。郑永廷等人指出"民族文化不仅是指中国古代文化，还包括现代以来的革命传统文化"。也就是说，中国古代传统、马克思主义中国化的传统和中国革命传统共同构成了我们开展思想政治教育的文化背景。

二、传统文化与思想政治教育的价值契合

思想政治教育作为晚于广义文化而出现的文化子系统，本质上是基于对传统文化反思、甄别、借鉴而形成的价值观教育，涉及人们的理想、信念和信仰的确立或改变。作为社会共同体得以存续和文化传承的重要渠道，对凝聚社会共识、引导主流观念、抵制错误思潮具有重要作用，它在当代的核心问题是如何实现在马克思主义的指导下实现传统性与时代性的统一。从根本上讲，这种统一有着内在的逻辑基础，毕竟它们两者作为"思想"的上层建筑或"观念"的上层建筑，都是由物质生产关系所决定的，二者存在诸多相关性。这些内在的联系为思想政治教育借鉴传统文化提供了历史的基础和现实的可能。

（一）在教育对象上，都注重人格塑造

传统文化的"化"和思想政治教育的"教"在价值目标上都是一致的，即通过有意识的教育，培养符合一定时代要求的理想人格主体。在中国传统文化中，理想的人格主体是具有君子人格的人。"对于君子人格的设计蓝图，历代中国人接受最广、吸收其他人格模式优点最多、在中华文化广袤沃土中扎根最深、与中华文化思想精华和道德精髓重叠面最大。"君子人格之所以异于别的人格，在于君子"以仁存心，以礼存心"。这样的人能够"坦荡荡""贫穷而志广，富贵而体恭"，能够"好人之好，而忘己之好"，能够"尊德行而道问学，致广大而尽精微，极高明而道中庸"，能够"穷则独善其身，达则兼济天下"。这种君子人格基于中国文化传统和历史社会现实而形成，具有实现的可能性，君子人格在今天也同样需要，它是人的现代化在道德上的体现。

（二）在教育内容上，两者存在一致性

用什么样的内容开展思想政治教育是文化育人和开展思想政治教育的关

键环节。古往今来，中华优秀传统文化中三个方面的内容，即核心思想理念、传统美德、人文精神始终是具有超越时空的价值，不但在古代社会得到大力弘扬，在当代中国也极为需要。传统文化的核心价值理念中的革故鼎新、实事求是、天人合一等，传统美德中的精忠报国、见贤思齐、礼义廉耻等，人文精神中的求同存异、和而不同、俭约自守等对于我们建构当代中国人的精神家园和安顿人的心灵、抵制西方消费主义的诱导和市场经济所带来的负面影响、形成理性平和的社会文化氛围具有重要的作用。这些内容曾广受批判和轻视，经过一个时期的发展，当我们对"道德滑坡""价值失落"等社会问题进行理性反思时，才发现中华民族最可贵的文化基因正隐藏于此。

（三）在教育方法上，都强调以文化人

随着时代的发展，人们逐渐意识到用纯政治的形式来看待思想政治教育，或者把思想政治教育等同于"政治教育""政治思想教育"不但无助于思想政治教育任务的完成，而且会有损思想政治教育本身及其工作者的声誉。因为思想政治教育并不是板起面孔的生硬说教，而应该是内涵丰富的文化滋养。当前，学界普遍认识到，思想政治教育应更多地回归文化性，用文化的方式来濡化人们的思想才容易被理解和遵守。文化的方法，主要包括内外两个方面，内在的是"悟"，即"见贤思齐焉，见不贤而内自省也"，通过道德理性来自觉自察，实现内在超越；外在的是"化"，通过柔软的方式以文化人、以情动人、以理服人，使教育者主动认同价值观念。不管是内在的"悟"还是外在的"化"，都需要锲而不舍地"积"，最终实现由少成多、由小变大，由量变达到质变。

三、以优秀传统文化提升思想政治教育实效性

中华优秀传统文化作为沉淀在中国人心中的集体意识，以潜在的方式时刻影响着中国人的价值取向、思维习惯、生活观念、行为方式等各个方面。当代思想政治教育作为培养人们形成符合社会主义要求的世界观、人生观、价值观的学科，要切实发挥其对人的价值共识凝聚、精神状态提振、和谐心理培育的作用，就不能不重视传统文化作用的发挥。当前，推进中华优秀传统文化创造性转化创新性发展，实现传统文化与现代文化的内在统一，把优秀传统文化育人的内容、方法等诸多方面融入当代思想政治教育是提升其有效性的重要路径。

（一）用中华优秀传统文化来增强文化自觉文化自信

文化自觉文化自信是一个民族基于对本民族文化认识而形成的心理状态，

是一个国家文化软实力的重要组成部分。近些年，中华优秀传统的重要作用日益受到关注，但相对于强势的西方文化，我们还需要拓展传统文化的价值理念、伦理道德、话语体系等。很多人"以洋为尊""以洋为美""言必称希腊"，动辄就是外国学者怎么说的，对自己的珍宝却不认识、不熟悉或了解不多，真可谓"抛却自家无尽藏，沿门持钵效贫儿"。如何重构当代中国人的精神世界、建设我们共同的精神家园是当代思想政治教育的重要任务。思想政治教育应把优秀传统文化当作自己的重要内容，并通过对其弘扬、传承，让中国人意识到优秀传统文化是我们的突出优势，是我们最深厚的软实力，认识到中国优秀传统文化不仅为中华民族伟大复兴的中国梦提供精神支持，对世界其他国家也具有重要的启发意义。深受传统文化浸染走出来的中国人一定能以更加开阔的视野、更有抱负的胸襟、更加积极的心态来应对各种挑战。

（二）用优秀传统文化中的红色基因来强化理想信念教育

红色文化是中国共产党领导全国各族人民在长期革命、建设、改革进程中创造的以中国化马克思主义为核心的先进文化，是古代优秀传统文化在近代和现代的创造性发展，集中体现了中华民族在实现伟大复兴中国梦道路上的价值追求和精神风貌。红色文化在不同的历史阶段形成了不同的表述，如红船精神、井冈山精神、苏区精神、遵义会议精神、长征精神、延安精神、抗战精神等，它们的共同特征是忠于信仰、坚定理想、顾全大局、甘于牺牲。邓小平说："我们这么大一个国家，怎样才能团结起来、组织起来呢？一靠理想，二靠纪律"。拥有坚定的理想信念，中国革命才取得了巨大的成功，今天在实现中华民族伟大复兴的道路上，同样需要坚定的理想信念。红色文化离我们很近，从其萌芽至今只有 100 年时间，它以其历史真实性激励着我们不忘初心，勇于前行。我们要把这种红色精神变成对马克思主义信仰的坚定和走社会主义道路的自信。

（三）用中华优秀传统文化涵育社会主义核心价值观

作为思想政治教育重要价值指引的社会主义核心价值观不能仅仅停留在理念上，更重要的是落实在实践中。要把社会主义核心价值观落细、落小、落实，使其影响像空气一样无所不在、无时不有，还要依靠优秀传统文化的力量。正如习近平总书记指出的，"要认真汲取中华优秀传统文化的思想精华和道德精髓，大力弘扬以爱国主义为核心的民族精神和以改革创新为核心的时代精神，深入挖掘和阐发中华优秀传统文化讲仁爱、重民本、守诚信、崇正义、尚和合、求大同的时代价值，使中华优秀传统文化成为涵养社会主义核心价值观的重要源泉"。中华优秀传统文化不仅是社会主义核心价值观的重要来源，而且是培育社会主义核心价值观的载体。由于传统文化是以"日用而不知"的方式作为社会存在的，用它来引导人们认识社会主义核心价值观，对接受者来说具有天然的亲近感，有利于接受和认同。

第二节 中国传统文化在大学生思想政治教育中的当代价值

现在，越来越多的大学生进入了社会，成了社会主义建设中的中流砥柱，他们的思想道德状况直接影响着社会的进步和民族的未来。中国的特色社会主义事业正在蓬勃发展，随着改革开放的不断深入和市场经济的发展，再加之西方文化浪潮，对当代大学生的价值取向带来极大的冲击。因此，研究并解决我国当代大学生思想品德存在的问题，已经成为德育界关注的重要课题之一。现今的高等教育思想政治教育体系中缺乏中国优秀传统文化板块，为了传承文化和完善大学生人格，丰富和加强大学生的精神内核，在思想政治教育中添加中国优秀传统文化是很有必要的，中国优秀传统文化对于思想政治教育的价值也就成为一个热门的课题。

一、中国传统文化及其特点

中华民族的古老文明绵延五千年，始终保持着文明基本内核的连续性，这在世界史上堪称奇迹。所谓传统文化，是指"在长期的历史发展过程中形成和发展起来，保留在每个民族中间具有稳定形态的文化，它是一个民族的历史遗产在现实生活中的展现，有着特定的内涵和占主导地位的基本精神，它负载着一个民族的价值取向，影响着一个民族的生活方式，聚拢着一个民族自我认同的凝聚力"。她历经外来文化的冲击而屹立不倒，显示出强大的生命力和活力，千百年来历经无数次的演绎与扬弃，代代相传，构筑成了中国人的思想意识和行为规范，更渗透到经济、政治、军事、医学等各个领域，内化为中国人日常行为中不可规避的思维模式。投射到思想政治教育领域，中国传统文化有以下特点值得思考：

（一）中国传统文化是伦理政治型文化，具有思想政治教育的特质

与西方世界不同，西方文化发源于海滨，与自然抗衡、战胜恶劣的环境是生存下来的条件，"力量"显得尤为重要。因而西方文化中强调个人能力的发展，重视个体，在方法论上表现为还原论、在自然观上表现为天人分离、在经济上表现为自由贸易、在政治上表现为民主思想的外向型文化。中国传

统文化则诞生于内陆，依附于自然，与环境和谐共存是发展的根本，以"德"为内化的"礼"显得尤为重要，因而中国传统文化强调伦理价值，是一种在自然观上表现为天人合一、在方法论上表现为整体论、在经济上表现为自给自足、在政治上表现为"家国一体""以德摄政"的内向型文化。这种在"礼"的基础上的尊重自然、尊重他人、以扬善抑恶为核心，以真善美相统一为目的，以文化教化为手段的特质无疑与现在的思想政治教育目标是一致的。

（二）中国传统文化具有两重性，应批判地继承

中国传统文化以儒家和道家思想为主体，又兼容法、墨等诸子百家，唐后又受佛家思想影响，形成了自成一体的民族特色。其中"儒家文化、道家文化对中国的政治、心理结构、生活习俗、思维方式、行为模式、哲学、宗教、文学、艺术等，都处于支配地位，起主导作用"。但是，中国传统文化诞生于中国的长期的封建社会中，她既包含着璀璨的"中国智慧"的精华，也混有"封建性的糟粕"。江泽民同志在庆祝中国共产党成立七十周年大会上的讲话中曾经指出："我们的文化建设不能割断历史。对民族传统文化要取其精华、去其糟粕，并结合时代的特点加以发展，推陈出新，使它不断发扬光大。"这与马克思主义辩证的否定观是一致的。我们既不能把传统文化当作过时的东西抛弃，也不能全部照搬照抄，而是应结合我国当前社会实际情况用科学的方法去粗取精，去伪存真，为旧的形式赋予新的内容，让传统文化重新焕发出生机和活力，才能在当代大学生的思想政治教育中实现其价值。

二、优秀传统文化在大学生思想政治教育中的价值体现

中国优秀传统文化体现着以儒家思想为核心，以"仁义礼智信"为基础表征的理念，影响着每一代中国人的价值观念。时至今日，其核心观念与社会主义核心价值体系相契合，影响着中国人的思维方式、价值观念。在大学生思想政治教育中，中国优秀传统文化理应发挥其积极作用，影响高校的思想政治建设工作。

（一）爱国主义精神

国家利益大个人利益，民族得失大于个人得失。陆游有着"位卑不敢忘忧国，事定犹需待阖棺"的责任担当，顾炎武有"天下兴亡、匹夫有责"的民族大义。这种意识流传至今，始终影响着中华民族的价值观念。在当代高校思想政治教育中仍以爱国主义精神为核心，突出家国意识的核心地位。学习中国优秀传统文化，就一定能体会到其中所渗透的爱国主义思想，影响到每一个大学生的思想观念。

（二）自强不息精神

自强不息精神是中国优秀传统文化的核心理念之一，千百年来，中华民族世世代代的奋斗，深化了自强不息精神的内涵，如今已经深深融入到中华民族精神之中。"天行健，君子以自强不息"成了无数华夏儿女的精神圭臬。大学生思想政治教育工作包括自强不息精神的教育，教导学生在任何时候都要奋发图强，自强不息。无论遇到什么困难，都要不畏艰险，勇于挑战，培养独立坚毅的人格。

（三）道德修养建设

中国优秀传统文化以儒家思想为核心，强调个人道德修养，"仁义礼智信"是对于个人道德修养的基本要求。在大学里，学生正处于价值观、世界观、人生观形成的重要阶段，融入中华优秀传统文化有助于加强学生的道德修养建设，树立正确的三观。不断加强自身道德水平，意识到自己的责任与使命，热爱祖国，热爱人民，投入到伟大的社会主义事业之中。

三、弘扬传统文化是开展大学生思想政治教育的客观需要

（一）传统文化是大学生思想政治教育的背景

文化具有连续性，是一个民族无法拒绝的历史传承。人创造了文化，文化一经诞生，就对人发生作用，以潜移默化的方式对个人产生持久深远的影响。个体社会化的过程，就是不断接受文化熏陶，形成与特定文化一致的行为方式和思维方式的过程。大学生在进入大学之前，经过家庭、学校、社会的教育，或多或少接触到传统文化理念，已经初步完成了社会化，具有朦胧的价值判断标准和思维行为取向。大学生的思想政治教育，是在其已形成的思想基础上进行的。

（二）传统文化是抵制不良文化渗透的屏障

社会不良文化是侵蚀、腐化人们思想，对社会发展进步起阻碍、破坏作用的文化。我国正处在社会转型时期，社会主义市场经济还不成熟，存在这样那样的不足，改革的过程中出现了一些问题和矛盾，社会不良文化具有存在传播的土壤。社会不良文化对大学生的影响主要表现在：诋毁党和社会主义制度，动摇马克思主义信仰；宣传物质享乐，奢靡浮华；讲求个人中心，崇拜权势和金钱；放弃道德操守，崇尚不择手段的马基雅维利主义。抵御不良文化对大学生的渗透，最根本的是弘扬发展社会主义先进文化。

（三）传统文化具有思想政治教育的丰富资源

大学生思想政治教育，是用马克思主义武装大学生的头脑，归根结底是培养什么人的问题。中国传统文化是伦理性文化，核心部分是如何做人、做什么样的人，具有明显的育人功能。它关爱肉体，关心生命，不自虐，不极端，讲中和，讲奉献，设置了提高自身修养，为国家集体服务的人生价值。传统文化认为，个人生命由父母给予，同时承担延续祖宗生命的重任。因此，个体是生命链条中的一环，是生命之树上的枝叶，其价值在于更好地促进大树繁茂。中国传统文化的精华与思想政治教育的任务契合，具有内在统一性。

四、弘扬传统文化在大学生思想政治教育中的重要作用

（一）有利于大学生爱国主义教育

与欧洲文化中的个人主义相对，中国传统文化提倡集体主义。集体是价值的主体，集体利益高于个人利益。原有宗法制集体主义存在各种弊端，完全无视个人利益的极端集体主义已经被否定，但集体主义不会过时，它滋养了中华民族"天下兴亡，匹夫有责"的社会责任意识和"精忠报国"的爱国主义精神。中国历史上涌现出许多爱国志士，流传着许多可歌可泣的爱国故事，是大学生爱国主义教育生动的素材。

（二）有利于大学生基本道德规范培养

儒家文化的最高理想是"和"，最高理想的实现，依赖每个社会个体知礼守规，道德提升。中国传统文化中先后形成了"五伦""五常""四维""八德"等道德标准。依据《公民道德建设实施纲要》，我国现阶段公民基本道德规范的内容是：爱国守法，明礼诚信，团结友善，勤俭自强，敬业奉献。脱胎于传统文化，扬弃了传统道德中等级、忠君等封建糟粕，发扬了爱国、勤俭等内容。传统文化为大学生提供了道德的生动解释，以"诚信"为例，流传着许多关于诚信的名言和故事。

（三）有利于大学生健康人格养成

心理学上的"人格"是一个人区别于他人的稳定而统一的心理品质，可以笼统地称之为"个性"。目前对于健康人格的评价标准一般为：和谐的人际关系；良好的社会适应能力；乐观向上的生活态度；正确的自我意识；良好的情绪调控能力。大学生处于人格形成的关键时期，"刘洋泼熊""马加爵行凶"等校园案件，凸显了当前大学生群体人格障碍问题。大学生中常见的不

良人格倾向有妒忌、偏激、自卑、自我中心、孤僻等。中国传统文化塑造了现实完美人格的典型"君子",为大学生提供了目标。

五、中国优秀传统文化在当代大学生思想政治教育中价值实现的途径

(一)营造良好的社会环境

个人是社会的个人,每个人只有在社会中才可以找到自己的方向。人来自大自然,但是又独立于大自然,这种独立性就造成了良好的环境会改变一个人的想法。周边的社会环境有着极强的引导性,加上大学生思想的可塑性,社会环境对于大学生的成长是不言而喻。良好的社会环境能够对大学生中国优秀传统文化教育和其个人的顺利成长起到潜移默化的熏陶作用,而同时形成的完善的人格会影响周边的环境。这样的相互作用使得大学生的思想政治教育状况飞速改观。

(二)营造和谐民主的家庭氛围,营造一个和谐安宁的家庭环境

家庭,作为社会的基本细胞,不是脱离社会的孤立存在物,而是所有社会组织中反映社会生活变化最敏感、最迅速的单元,其结构以及相应的家庭文化诸如伦理关系、道德规范等就必然会随着社会的变革发生巨大变化,从而极大地影响其成员的成长、发展以及思想状况。因此,在家庭德育中营造良好的家庭氛围,对塑造大学生子女的全面健康的思想品德具有重要意义。

(三)坚持正确的思想导向,营造一个良好的校园环境

在思想政治教育中,还是以学校的教育为主。坚持正确的思想导向,营造一个良好的校园环境。

1. 在现行的思想政治理论课的课本中添加中国优秀传统文化

思想政治理论课包括:马克思主义基本原理概论、毛泽东思想和中国特色社会主义理论体系概论、思想道德修养和法律基础以及中国近现代史纲要。这些思想政治教育课本中虽有中国优秀传统文化的内容,但是内容较少且浅显。为实现中华民族的伟大复兴,让大学生作为中国优秀传统文化的传播者,应该将中国优秀传统文化作为必修课,以此来熏陶大学生的人格,为长远打算,可以传承中国优秀传统文化,激励民族精神,提升爱国热情。

2. 开展中国优秀传统文化活动

兴趣是学习最好的老师,在教育的过程中,怎样让受教育者心甘情愿或者说主动地学习,一直是教育工作者的一个难题。在现在的大学校园中有各

式各样的社团，我们在宣传和弘扬中国优秀传统文化的时候，应该充分利用这样的资源，对相关的社团进行分工合作，如：书法类和文学类社团主攻书法和文字，音乐类社团主攻古乐赏析等等，发扬中国传统的琴棋书画等。开展多种活动吸引大学生的兴趣，培养一种习惯和情操。

3. 建设一支职业化、专业化的中国优秀传统文化教师队伍

作为传播者和引导者，教师的中国优秀传统文化素养要提上来，所以要加强教师队伍的建设。首先应该培养一批传授中国优秀传统文化的专门人才，国学的兴起，使得对于中国优秀传统文化国人又重新燃起了兴趣；再次我们要把培训在职的老师作为一项重点工作，在没有专门人才的这段时间，不能让这项行动停滞。教师的准则是"身正为范"，在实际的工作中，要去教导学生，这就要求教师自身的品德和行为要优秀，这样才能感召学生，进而影响学生。

4. 加强高校中国优秀传统文化教育的制度建设

制度是一个完备的系统所不能缺少的，教育也是一样。各级教育部门应出台关于加强中国优秀传统文化教育的文件，加强中国优秀传统文化教育制度，对中国优秀传统文化教育在大学教育中的地位以及如何具体落实作出规定并要求各高校严格实施，推动和促进中国优秀传统文化能够顺利地进校园、进课堂，并制定高校中国优秀传统文化教育课程建设、教学研究、师资培养、经费投入、政策配套等内容的具体实施规划，确保此项工作的顺利推进。在制度上对学校和学生做出责任的约束，鼓励传播中国优秀传统文化。

每一个社会个体的价值取向和人生追求，伴随着历史的沿革和社会的发展，都发生了翻天覆地的变化，特别是当代大学生的价值观念和行为准则也随着出现了很多新特点、新问题。对于大学生思想政治教育来说，中国传统文化是取之不尽，用之不竭的重要资源。我们必须弘扬和传承传统文化的精华，将传统文化中有价值、有意义的理论成果、思想认识与当代大学生的思想政治教育相结合，与世界同在，与民族共融，依此增强我们思想行政治教育的实际效果，实现高校思想政治教育工作的创新。

第三节 中国传统文化与大学生思想政治教育的融合

一、传统文化与思想教育内涵

（一）传统文化的内涵

传统文化是由"传统"和"文化"两个子概念构成的。"传统"是从历史

上沿袭下来的思想、文化、道德、风尚、艺术、制度以及行为方式等，是一种世代相承的具有根本性的东西，并在生活的各个方面表现出来，比如民族传统、道德传统、风俗习惯等。它虽然产生于过去却深深影响着人们的思想与行为。"文化"广义上指人类在社会历史实践中所创造的一切物质财富和精神财富的总和；狭义上指社会的意识形态以及与之相适应的制度和组织结构。文化作为一种社会意识形态，是一定的经济与政治的反映，又作用于一定社会的经济与政治。通过对以上两个子概念的梳理，我们可以将传统文化界定为：中华民族在古代社会形成和发展起来的并被中国人民世代传承下来的影响人们过去、现在和未来的物质、精神、制度、行为等方面的活动及其成果。中华优秀传统文化，即如习近平总书记所说，在思想上有大智，在科学上有大真，在伦理上有大善，在艺术上有大美，是中国传统文化中的精华部分。中华优秀传统文化是中华民族宝贵的"文化遗产"。

（二）思想政治教育的内涵

思想政治教育是社会或社会群体用一定的思想观念、政治观点、道德规范，对其成员施加有目的、有计划、有组织的影响，使他们形成符合一定社会所需要的思想品德的社会实践活动。换言之，思想政治教育是指导人们形成正确思想行为的科学，是致力于未来的一种"文化自觉"。如何有效利用中华优秀传统文化为中国特色社会主义事业培养合格建设者和可靠接班人，关键在于找到中华优秀传统文化与大学生思想政治教育的契合点，以此来实现中华优秀传统文化与大学生思想政治教育的有效融合，进一步增强大学生思想政治教育的实效性，实现立德树人的目的。

二、中国优秀传统文化在大学生思想中缺位的原因

时代的进步和社会的发展，使得传统的道德受到了前所未有的冲击，加上多元文化的流行，严重影响了大学生的成长和发展。中国优秀传统文化在大学生思想政治教育中缺失的原因的探讨也就成了每一个思想教育工作者的任务。

（一）社会环境的影响

1.市场经济的负面影响

我国的社会主义市场经济建立是我们的党和政府在长期的事件中摸索出来的，是符合我国国情的。但是随着市场经济的发展，负面影响也随之出现，尤其是对于年轻一代，首当其冲就是大学生，我们的市场经济的方方面面都需要完善和改革。现今社会的不良现象逐渐增多，人际关系功利化，权力腐

败，违法未必得到惩处，社会所谓的"富二代""官二代"的出现，社会分配的不均衡等等，都对学生的人生观，价值观产生着冲击。上述的现象，现今媒体曝光的越来越多，大学生对自己心中一直坚持的信念有了疑惑，这就很容易让一部分学生认为这就是对的，这就是社会主流。

2. 社会思潮的多样化

现在的社会正处于社会转变过程，各种思想泛滥，各种非主流的思想蔓延在高校，毒害了大学生。随着科技的发展，信息传播的手段越来越多，大学生能够接收到各种各样的信息，但同时这是把"双刃剑"，道德的与不道德的，传统与现代的，积极的与消极的各种思潮涌入高校，从各个方面影响大学生的成长，社会的思潮多样化正在为他们带来越来越多的困惑。

（二）学校缺少中国优秀传统文化教育

在一个人成长的过程中，教育的作用是至关重要的，在高校的思想政治教育水平与客观现实并不完全适应，教学方式、教学内容都需要创新，既要满足社会的需求还要考虑学生的接受状况。许多学生认为思想政治教育的课本内容缺少趣味性，并且思想政治教育老师的授课方式过于老套，不能够适应当代学生的要求。但是毫无疑问，思想政治教育中的内容都有不同程度的理论性，这就要求在传达理论的同时还要注意方式方法，采用较易让学生接收的教学方式。

（三）大学生自身因素的影响

大学生是一个特殊的群体，他们的思想较为前卫，有很高的可塑性。但是我们高等教育的现状是，我们的大学生不能够很好地与社会相衔接，学生毕业普遍存在阅历少，经验不足等状况，而且我国社会当下处于一个转型的时期，社会诱惑大等等一系列原因导致大学生自我评价不够成熟，不少的学生出现道德认知的偏差和道德行为的不正当。

作为大学生思想形成的外部条件，社会和家庭都是围墙，而作为内部条件，学生自身的状况则是思想政治教育的本体。因此，思想政治教育不仅仅是社会的责任或是学校的责任，这是社会，学校和家庭，以及自身协同发展的结果，我们只有认识了这点，大学生的思想政治教育问题也就迎刃而解了。

三、中华优秀传统文化融入大学生思想政治教育的价值意蕴

文化自信是中国特色社会主义道路最根本、最深沉、最持久的力量，习近平总书记在国内外众多场合的讲话中引经据典、妙语连珠，成了中华优

传统文化的代言人，在宣传和传承中华优秀传统文化的同时，彰显了对中华优秀传统文化的自信，向世人展现了中国政府与人民的精神风尚。中华优秀传统文化是中华民族的精神基因，潜移默化地影响着中华儿女的思维习惯和行为方式，因此将优秀传统文化融入大学生思想政治教育有着重要的现实意义。

（一）有利于引导大学生树立文化自信，形成正确的价值观念

伴随着全面深化改革的进程，和西方一些经历过社会转型期的国家一样，由于我国一些领域改革尚不完善，经济发展长期积累的深层次矛盾加剧，对我们的意识形态造成了一定的冲击，人们的思想观念产生了不同的变化。受西方社会思潮渗透的影响，当前社会文化呈现出多元化和多样化趋势，尤其是正处于象牙塔中的大学生的思想观念变化更大。大学阶段是其世界观、人生观、价值观形成的关键阶段，面对西方的文化入侵，部分学生表现得不知所措，还有的出现盲目崇拜西方的价值观念、行为方式，忽视甚至反感对中华优秀传统文化的学习。部分大学生的价值观念产生了危机，出现享乐主义、极端个人主义、拜金主义、历史虚无主义等错误思想倾向。面对大学生思想领域产生的问题，要通过认识中华优秀传统文化的历史地位，将其蕴含的道德情操、价值取向、爱国情感等思想政治教育资源传递给大学生，使其融入到对大学生的日常教育活动中，引导大学生树立文化自信，提升文化素养，树立正确的价值观念。

（二）有利于激发大学生的爱国情怀，培养民族精神

社会主义核心价值观是当今中华儿女需要共同遵循的价值准则，其中爱国是公民最基本的道德规范，高校思想政治教育工作需要大力弘扬以爱国主义为核心的民族精神，激发学生的爱国热情。在我国的优秀传统文化中就蕴含着丰富的爱国主义教育题材，爱国主义作为中华优秀传统文化的精华，在历史长河中感染和激励着一代代人，不同的历史阶段涌现出了许多民族英雄的典范。如：屈原在《国殇》中表现出的"身既死兮神以灵，子魂魄兮为鬼雄"的民族气概；陆游在《病起书怀》中流露出的"位卑未敢忘忧国"的深厚的民族情感；范仲淹在《岳阳楼记》中展示出的"先天下之忧而忧，后天下之乐而乐"的爱国忧民的情怀等。这些都生动体现了生命个体对国家的忠贞和对人民的热爱，成为爱国主义精神的经典写照。中华优秀传统文化中的爱国主义精神在中华民族的发展过程中历久弥新，表现出了强大的向心力和凝聚力。高校在思想政治教育工作中融入优秀传统文化中的爱国爱民思想，可以使以培育爱国主义为核心的民族精神更加生动化、具体化、形象化，有

利于培养学生的民族意识，强化民族精神，更加坚定大学生在实现中华民族伟大复兴的中国梦中的理想信念。

（三）有利于提升大学生的道德修养，养成良好的道德品质

中华优秀传统文化对个人道德修养的养成始终有着重要影响，其蕴含着丰富的道德教育思想。如："己所不欲，勿施于人"的为人处事原则；"静以修身，俭以养德"的立身立德之道；"勿以恶小而为之，勿以善小而不为"的自律品质；"言必信，行必果"的诚信美德；"老吾老以及人之老，幼吾幼以及人之幼"的大爱境界等。这些都对大学生养成良好的道德品质具有重要的促进作用。在大学生的思想政治教育过程中融入传统文化中的道德教育素材有利于大学生将中华民族的传统美德内化于心、外化于行，形成良好的道德品质。

（四）有利于提升思想政治教育的亲和力和针对性

近年来，高校在加强和改进大学生思想政治教育工作方面采取了一系列措施，取得了良好的成效，大学生的思想政治素质明显提高。但是，新形势下高校在思想政治教育工作实践中仍然存在一些短板。例如：教师队伍人文素养不高、教育方式单一、工作实效性不强、学生对思想政治教育工作认同度不高等。在我国的教育体系中，在基础教育阶段就融入了中华传统文化教育的内容，中华优秀传统文化凭借其丰富的、形象生动的教育资源，借助文学人物、历史故事等载体，激发了一代代学生的学习兴趣。在高等教育中，更应以恰当的、有针对性的教育形式将优秀传统文化展现出来，应在内容上选择贴近大学生生活实际的案例、故事等，使得思想政治教育从空洞的理论说教回归学生的日常生活实践，这会有利于提高思想政治教育的亲和力和针对性，进而达到以文育人的目的。

四、中华优秀传统文化与大学生思想政治教育融合的现状

中国传统文化博大精深，学习和掌握其中的精华，对树立正确的世界观、人生观、价值观很有益处。但从目前的大学生思想政治教育实践来看，大学生思想政治教育中对中华优秀传统文化的运用是很不充分的。

（一）大学生思想政治教育中融入中华优秀传统文化的效果不尽如人意

首先，目前高校所开设的五门思想政治理论课虽然涉及中华优秀传统文化的内容，但都比较笼统概括，使优秀传统文化的价值尚未得到极大的体现。

同时，学生对思想政治理论课固有的认知决定了学生并不会对其投入太多精力学习，所以课本上所包含的优秀的传统文化，学生根本无心体会，达不到大学生思想政治教育的目的。其次，作为思想政治理论课的任课教师虽然有着比较深厚的专业知识，有较高的思想政治理论素养，但是有些教师在中华优秀传统文化知识层面的素养上有欠缺，不能很好地将优秀传统文化的精髓传授与学生。最后，日常思想政治教育中的学生工作者也由于自身优秀传统文化知识的短板，只是对学生提出一些日常的规范和要求，很少能够主动地、有机地将中华优秀传统文化融入学生日常的学习与生活中，弱化了文化化人、育人的效果。

（二）大学生自身对中华优秀传统文化吸纳的效果不尽如人意

学史可以看成败、鉴得失、知兴替；学诗可以情飞扬、志高昂、人灵秀；学伦理可以知廉耻、懂荣辱、辨是非。中国优秀传统文化对培养"四有新人"有积极意义。在大学生思想政治教育中融入中华优秀传统文化，有助于教育和引导大学生确立积极的人生态度和远大的理想抱负。但就目前来看，大学生对优秀传统文化的理解和运用效果还是不尽如人意的。学而不用、知而不行，某些大学生的世界观、人生观、价值观在某种程度上是畸形的，在廉耻、荣辱、是非观中存在着问题。

五、中华优秀传统文化融入大学生思想政治教育的实践路径

高校要结合当代大学生的实际情况，努力探寻优秀传统文化与大学生思想政治教育的契合点，采取有针对性的措施将优秀传统文化中的思想精髓全面融入大学生思想政治教育的各个方面，提升思想政治教育的实效性。

（一）推动优秀传统文化进教材，促进文化传承

课堂教育是推动中华优秀传统文化传承的主渠道，也是提升大学生思想政治教育的重要手段，将优秀传统文化融入大学生思想政治教育最关键的环节是高校要认真贯彻落实国务院《关于实施中华优秀传统文化传承发展工程的意见》，将优秀传统文化写入教材、引进课堂、融入学生头脑，使之成为提升大学生人文素养的必修课，让大学生在大学阶段依然可以通过课堂渠道更深入地感受优秀传统文化的魅力。

在高校推动优秀传统文化教育要做到：首先，要进行优秀传统文化教材建设，在哲学社会科学及相关学科专业教材编写中组织优秀传统文化领域的专家、学者，使其结合大学生思想政治教育规律以及成长成才的规律，编写

科学化、规范化、专业化的、以弘扬优秀传统文化主旋律为内容的教材。其次，在课程体系建设上要充分挖掘中华优秀传统文化的本质内涵和时代价值，要将优秀传统文化中具有生命力的话语体系、精神内容与大学生政治素养、道德品质、人格修养、爱国情怀等密切相关的教育内容合理运用到大学生思想政治教育中，充分利用优秀传统文化的资源优势，提高思想政治教育的实效性。最后，在教学方式上要勇于创新，要改变传统的"灌输式""填鸭式"的教学模式，充分发挥学生的主体性，要通过"体验式""互动式""问题导向式"教学，调动大学生学习优秀传统文化的兴趣，激发其民族自豪感、自信心，真正做到思想政治教育入脑入心，进而转化为实际行动，促进中华优秀传统文化的传承与发展。

（二）繁荣校园文化，营造以文化人氛围

校园文化是大学生思想政治教育的重要载体，通过将中华优秀传统文化融入校园物质文化建设、精神文化建设、制度文化建设等，能够借助校园文化平台充分发挥优秀传统文化在大学生思想政治教育中的"春风化雨、润物无声"的独特优势，营造以文化人的氛围。

首先，校园物质文化是彰显学校人文精神内涵的重要平台，推动中华优秀传统文化融入校园物质文化建设，可以在校园标志性建筑、宣传栏、路标、书法石碑、草坪中融入传统文化中具有爱国、修德、勤学等教育意义的名言佳句，通过这些显性的物质文化对优秀传统文化起到宣传作用。其次，在校园精神文化建设上可以通过举行诗词和成语大赛、优秀传统文化朗读活动等，以及借助中华传统节日、民俗日，将感恩思想、爱国思想、孝道传承思想等融入其中，加强学生对优秀传统文化的体验和认知，引导他们自觉弘扬和传承中华优秀传统文化。最后，在校园制度文化建设上推动中华优秀传统文化融入校园制度文化，发挥优秀传统文化内在的调节人的行为规范和价值导向功能，挖掘传统文化中的"仁义礼智信"等体现平等、公正、严谨等思想内容，规范引导学生的思想和行为。

（三）借助新媒体技术，传播传统文化

随着网络信息技术日新月异的快速发展，以"两微一端"为代表的新媒体技术以其方便快捷、功能丰富等优点迅速受到了人们的欢迎，尤其是对于95后的大学生，他们兴趣广泛、个性独特、好奇心强，日常生活深受网络影响，如通过智能手机玩微信、刷微博、浏览新闻网页等成了大学生活的一部分，属于网络"原住民"。

新媒体给新时期的大学生思想政治教育工作提供了新的平台和技术手段，拓宽了中华优秀传统文化融入大学生思想政治教育工作的渠道。高校要主动占领网络思想政治教育阵地，结合学生的阅读习惯和兴趣爱好，打造"互联网＋中华优秀传统文化"教育的新模式，通过将中华优秀传统文化以大学生喜闻乐见的新媒体形式进行传播，才能提高思想政治教育的针对性和有效性。具体可以借助校园网站、学校官方微信和微博等平台开设优秀传统文化栏目，将优秀传统文化中的经典事例和精髓内涵以图片、文字、音频、视频等生动形象的方式进行推送，实现立体化传播格局，让大学生在潜移默化中受到优秀传统文化的思想熏陶。

（四）提升教师文化素养，发挥引领作用

中华优秀传统文化融入大学生思想政治教育的关键是教师。传道者，首先自己要信道、明道，只有高校教师主动担负起弘扬和传承中华优秀传统文化的历史使命，掌握丰富的中华优秀传统文化知识，积极学习并遵守传统道德规范，才能真正发挥引领和示范作用。广大教师要按照"四有"好老师的标准争做中华优秀传统文化的积极传播者、模范践行者，不断提升个人的文化素养，在教育教学过程中努力探寻教育内容与优秀传统文化的契合点，更好地让学生接受优秀传统文化的熏陶。高校要努力提升思想政治教育的主要力量——学校党政领导干部、团委老师、心理健康教育老师、辅导员和班主任的传统文化素养、价值观念和道德品质，加强教师的中华优秀传统文化素质教育，努力打造一支结构合理、素质优良、数量充足、具有深厚传统文化底蕴的师资队伍。

六、高校思想政治教育过程中对中国传统文化的创新

在改革开放和社会主义现代化建设的新形势下，需要继承和发扬中华民族优秀文化传统。为此，在传承中国传统文化的同时，立足于社会主义现代化建设的实践，对中国传统文化做一番提炼和扬弃，取其精华，去其糟粕，推陈出新，将有助于高校思想政治教育理论体系的创新。创新高校思想政治教育理论，应以中国思想政治教育的时代性为语境，针对高校思想政治教育中的新问题，寻求高校思想政治教育理论建设的新发展。

（一）活化传统德育资源，塑造民族共同价值观

纵观当今世界，面对全球化的挑战，各国更加注意审视人类实践的伦理学前提，道德和道德教育的理论取向也随之发展。正如国际 21 世纪教育委员

会向联合国教科文组织提交的报告里所指出的："面对未来的种种挑战，德育看来是使人类朝着和平、自由和社会正义迈进的一张必不可少的王牌。"中国传统文化包罗万象、文化根基极为深厚，所涉及的思想范畴涵盖面极广，并且自身随着社会历史的发展变迁也发生着变化，其自身具有强大的生命力。在思想政治教育过程中，应寻求从中华民族传统文化中吸取有益于当前社会发展的精神内涵，与国际上先进的教育理念相结合，促使思想政治教育取得更好的实践效果。

当今世界各国更加注重挖掘民族文化遗产，进行道德重建，克服个人利己主义及文化相对主义。许多西方学者在反思西方文化的局限性时曾大声呼吁"光明自东方来"，并开始探讨以儒家文化为主体的亚洲价值观在推动地区繁荣和进步中起到的规范作用。1991 年新加坡政府公布《共同价值白皮书》提出"国家至上，社会为先，家庭为根，社会为本；关怀扶持，尊重个人；求同存异，协调共识；种族和谐，宗教宽容"的价值观。他们把儒家精神加以现代意义上的转换与升华，形成了完整的民族道德价值体系。近年来，中国一些地方也进行了类似的探索，要求将具有一定导向意义的道德价值转化为人们处世立身的生活实践。比如，在湖北省随州政府立项扶持的反腐倡廉千字文动画片，将传统文化中提取的精髓用动画片的形式表达，反映了新时期德育理论思维构建过程中产生的对传统文化与时代精神的认同意识和创新性探索。

（二）与时俱进，更新思想政治教育观念

中国传统文化经历数千年的历史发展，每一个历史时期的社会背景、文化背景、历史背景都有不同，即使是孔孟的儒家学说，老庄的道家学说，在历经数朝数代的沿革与发展过程中也都在不断的发展、丰富。现今社会主义的现代化建设需要物质文明的同时，更需要精神文明的思想支撑和动力支持，与时俱进准确体现了实事求是的科学客观规律与积极的主观精神。在思想政治教育过程中，不能故步自封、停滞不前，在继承传统的基础上，还要结合时代的发展、社会的变革不断完善和丰富，更需要做到与时俱进，结合现代科学技术高速发展、全球化合作不断加强的契机，积极开拓思想，吸取先进的教育理念，发展高校思想政治教育工作的教育目标、教育形式。也就是说，不仅仅要学习儒家学说的"修身齐家治国平天下"的内修之道，更要学习由中共中央印发的《公民道德建设实施纲要》，将为人民服务的核心宗旨贯穿深入到教学过程的始终。由此，使高校思想政治教育取得实效、落到实处，取得更多成果。

（三）注重实效性，创新教育方式与方法

中国自改革开放以来，不仅迎来了社会经济高速发展，科学技术取得众多成果，而且在文化思想领域，一大批优秀学者开始一场全面的探索与研究。以甘阳、李泽厚为代表的中青年学者开始认真思索中国文化发展的进程与出路，研究这一新时期思想政治教育的理念与有效路径，高校的思想政治教育也迎来了更好的发展机遇。新一代人拥有新的机遇，但同时也迎来了全新的挑战。由于信息时代的发展，西方世界的各种意识形态与思想观念从各种信息渠道涌入中国社会的各个角落，年轻人特别是大学生开始面对庞杂喧嚣的信息，这 一时期的思想政治教育对教育方式、方法和教育理念提出了更高的要求。在大学生的成长过程中，自身的道德修养和行为，以及对社会的观点看法很大程度上取决于思想政治教育过程的科学性、实效性。从整体看来，目前已经取得很多可喜的优秀成果，但在社会的快速发展过程中，更需要增强思想政治教育实践的教学效果，努力从整体的教育观出发，引领高校德育教育工作者以中国传统的思想文化为基础，积极面向社会，取得更多可喜的教学成果。

在社会主义现代化建设进程中，中国传统文化对于加强人们的世界观、人生观和价值观教育具有重要的时代价值。要积极继承和弘扬传统文化中的精华，使之在推进社会主义现代化建设中发挥积极作用，用传统文化精神克服市场经济的负面影响，积极探索新的思想政治教育路径与方法，使之成为教育大学生的强大精神武器，以增强中华民族的凝聚力和向心力，迎接中国新时期发展的机遇，构建社会主义和谐社会的道德精神家园。

第七章 大学生思想政治教育的发展现状

第一节 大学生思想政治教育的现状和对策

加强和改进大学生思想政治教育工作是一项贯穿于中华民族伟大复兴事业的战略任务。当前之所以要特别强调加强和改进大学生思想政治工作，一个很重要的现实背景就是国际国内形势的深刻变化，使大学生思想政治教育面临着严峻的挑战。国际敌对势力与我们争夺下一代的斗争更加尖锐复杂，大学生面临着大量西方化思潮和价值观念的冲击，某些腐朽没落的生活方式对大学生的影响不可低估。随着对外开放不断扩大，在各种思想文化相互激荡的环境中，尽管我国大学生的思想状况主流是积极、健康、向上的，但是大学生思想活动的独立性、选择性、多变性、差异性明显增强，受到各种思想文化的影响明显增多。某些大学生不同程度地存在着政治信仰迷茫、理想信念模糊、价值取向扭曲、道德修养和自控能力较差、立志成才意识不强、诚信意识淡薄、社会责任感缺失、艰苦奋斗精神淡化、团结协作观念欠缺、心理素质欠佳等问题。

一、当代大学生思想状况浅析

（一）当代大学生思想道德状况主流是好的，是积极健康向上的

大学生是思想最为活跃、接受新事物最为迅速的高智能知识群体，其思想活动和行为方式会有更深刻的时代烙印，呈现出更为鲜明的时代特征。当代大学生思想道德状况的主流是好的，是积极健康向上的，主要表现在以下几个方面：

1.热爱祖国，关心集体

当代大学生中绝大多数人有着强烈的爱国热情。平时他们的爱国情感表现不是很明显，一旦有个突发事件，他们的爱国热情会像火山一样迸发出来。

他们大多数目光远大，积极向上，高度重视知识和工作能力的培养，希望学成之后能够报效祖国和人民，对中国的发展充满信心。他们注意维护国家和集体的利益，特别是在汶川和玉树大地震发生以后，许多大学生捐款捐物，主动献血，有些特困生，自己每天的生活费都是勤工俭学才维持最低生活水平，但他们还是慷慨解囊，表现出关心集体，乐于奉献的美德。

2. 居安思危，具有责任感

一些学生刚上大学，就会考虑以后的出路在何方。如我们学校的专科学生，知道凭专科毕业证找工作是有困难的，所以入学不久，他们就开始考虑两年以后该干什么，想升本科的同学开始发奋读书，补外语；想工作的同学开始考各种资格证书，还利用一切机会出去打工，勤工俭学，为自己积累工作经验。

3. 关注自我价值，强调个人尊严

他们比较关注自己的利益，为了自己的利益可以去争，可以去找。如在评助学金、三好生等方面，他们是寸步不让的。我常常看到有些学生为评助学金的问题，找班主任谈话。对于这些现象，有人说他们计较个人利益，应给予批评，而我认为这一点恰恰是他们注重自我价值的表现。古人云："君子爱财，取之有道。"他们注重自我价值，注重公平，恰恰是对我们的监督，促使我们公平、公正、公开地做好工作，这又何乐而不为呢？

（二）当代大学生在思想道德素质中还存在着一些道德缺失的成分

1. 理想信念模糊，世界观、人生观、价值观有些扭曲

在一些大学生中不同程度地存在着还没有树立远大的革命理想，社会主义信念不够坚定的现象，不知道自己身上肩负着社会主义建设者和接班人的重任。同时，他们也没有树立正确的世界观、人生观和价值观，在学习和生活中个人利益考虑的较多，缺乏社会责任感和全心全意为人民服务的意识，表现为得过且过，缺少积极向上的奋斗精神。高中时的目标是上大学，一旦上了大学，便失去了努力的方向，失去了奋斗目标，无由地感到空虚"郁闷"。"郁闷"是大学生常说的话，为什么会"郁闷"呢？主要原因是没有了奋斗的目标和激情，缺少远大的理想。

2. 社会公德意识较差

大学生道德水平的高低和他们文化的分数不是成正比例的。一般来说，文化知识层次越高，社会公德意识越强，这是社会的共识。作为文化知识层次较高的大学生，应该有较强的社会公德意识，然而有些大学生却不然，他们信奉小节无害，缺乏诚信和法律意识。有的考试时违纪作弊，打小抄、打

手机、找人替考等，已不是个别现象。还有的做"枪手"替别人考试等，助学贷款欠款不还，也屡见不鲜，更甚者为一点小事就大打出手。他们对日常生活中的细节重视不够，甚至美丑颠倒，把彬彬有礼看作是虚伪，把粗暴无理看作是实在，缺乏检点，不爱护公共财物，不讲卫生，随地吐痰，乱扔垃圾，损坏公共图书。清华大学生用硫酸泼熊，马加爵为一点小事杀害同学性命，西安音乐学院的药家鑫事件等都严重影响了当代大学生的形象。

3.学习目的不明确，缺乏学习热情

在某些大学生中，表现出学习目的不够明确，不知道是为谁来学习的，没有学习的动力和热情，甚至有的是认为到学校来学习是父母逼来的。不是我要学，而是父母要我学，到学校后是老师要我学。因而，经常出现上课迟到早退，课堂上不注意听讲、睡觉，甚至出现随便逃课现象，写作业也是随便应付差事，大量的时间用于上网，逛街等。曾有的同学说："我愿意上学，不愿意学习。"实际上他愿意上学是假的，真的原因是喜欢在学校里有这么多的同伴可以随意地玩，结果是学习成绩门门挂科，最后被学校勒令退学。

4.互联网信息传媒影响

当前，网络正在极大地改变着高校学生的生活方式、学习方式、交往方式、娱乐方式，甚至是语言习惯，对青年学生的学习、工作、生活和思想观念都产生着深刻的影响。网络无限开放的虚拟空间及其互动性，常常成为大学生交流真实思想情感的场所。信息的超载，常使学生对信息缺乏理性的分析和思考，道德自律和自我约束往往控制不住，甚至脱离现实，沉溺网络，晚上彻夜上网，白天蒙头睡觉，整天精神恍惚，结果荒废学业。

5.追求物质享受，害怕艰苦奋斗

由于条件的变化，过去是新三年旧三年缝缝补补又三年，宣传艰苦奋斗。近些年来我们宣传要用消费拉动生产，用明天的钱办今天的事，好像艰苦奋斗过时了，使得艰苦奋斗的精神在当代大学生中有些淡化，似乎是谁有钱谁光荣，谁受穷谁狗熊。有的大学生盲目攀比，生活不够节俭，铺张浪费，花钱大手大脚，在校吸烟酗酒，穿名牌服饰，配豪华手机，组织生日宴会派对等。

6.不善于交往，情感问题的困扰

大学生在校除了学习，与他们最密切相关的就是人际关系。大学生的性格日趋成熟和稳定，在很多问题上都表现出自己独特的观点。因而，部分学生由于种种原因，不能融入到一些实际活动中去，不能形成正确的自我评价，故在具体的交往活动中表现出团结协作能力较差，心理素质问题较为突出，出现各种交往不适症，造成社交恐惧、抑郁症等；个人情感问题一直困扰着部分大学生，他们处理不好学业与恋爱，朋友与爱情等许多问题，导致一些未婚同居，未婚先孕，为情斗殴、自杀、他杀等事件在高校时常发生。

二、产生问题的原因

（一）家庭因素的影响

家庭环境和教育，父母及亲友的基本素质，对学生的影响极为深刻，对其人格的成长和形成具有重要的影响。在美国，家庭教育是以培养孩子自食其力为出发点，父母培养孩子懂得劳动的价值，让孩子自己到外面参加一些力所能及的体力劳动，即使是富家子弟也要学会自谋生路。从某项调查来看，中国目前高校中独生子女大学生已成为大学新生的主体，独生子女大学新生与非独生子女大学新生相比，智力上有一定的优势，但在其信心和情绪的稳定性、亲和力、独立性、耐心、社会责任感等非智力因素上处于劣势，这其中家庭的因素原因占了很大一部分。有些由于家庭呵护太多，缺乏生活锻炼，遇事不知怎么处理，情绪波动大，稍不顺心便会乱发脾气，养成了喜怒无常、情绪不稳定的不良性格。有些家庭的消极影响，例如父母的离异、变迁、错误的价值观和不当的言行，使孩子形成与众不同的错误价值尺度，对人对物总有自己的一套方式或观念，结果形成了一些不良的个人行为，这些都是在相当程度上是其上大学以前较长岁月中所形成的人格的影响和延续。因此，家庭因素的影响，对青年学生的健康成长极为重要。

（二）社会因素的影响

社会因素，也就是社会环境的影响，特别是社会上的一些不良风气，对青年学生影响极大。改革开放这30年来，我们国家在经济体制、政治体制及意识形态方面都发生了巨大的变化，这些变化必然引起人们思想上的变化。大学生是思想最为敏感的群体，有些思潮来了，他们良莠不分，自以为正确，结果却犯了错误。同时由于当今社会上以权谋私、权钱交易等等不正之风，那些有权有钱人家的孩子，虽说学习成绩平平，但凭着父母的本事，可以轻而易举地找到好工作，而老百姓家的孩子虽然学习成绩优秀，也很难找到理想的工作，好像是学习成绩与自己的前途没有直接联系。这些不正之风严重地影响着大学生的思想，他们一方面在愤恨这种不合理的现象，一方面放松了自己的奋斗精神。

（三）学生本身因素的影响

18—20岁的青年学生正处于青年期，这一时期是人的一生中心理变化最大、心理发展最为曲折、充满着变幻与矛盾的时期，是从幼稚走向成熟、从未定型到定型的急剧变化时期，有些心理学家称之为"心理断乳期"，许多人生和生活问题都要在这个时期养成。面对新的学习、生活、工作环境，面对各种复杂的人事关系，许多学生在认知、情绪和意志等方面都未成熟，这些学生中以往积累的"心理资源"已经不能满足应付眼前的现实，必然产生一些心理问题，这是一个人正常成长的必经阶段。而有的青年学生不能正确认识和处理这一正常的变化，产生过分的烦恼和急躁、恐惧、不稳定等心理，有一种无法适应的现象，这对于人生的思想、行为、形象的塑造必然产生不利的影响，为今后奠定人生道路设置了无法回避的"路障"。

（四）学校管理因素的影响

学校的管理模式是多样的，而且随着教育体制的不断改革和深化，对学生的管理也要不断创新。现在党中央号召我们构建和谐社会，我们学校要构建和谐校园，对学生的管理不能出了问题就处分，发现问题就处理，有些问题不是处分或处理就能解决的，对待学生，也应该有严肃的一面，有宽容的一面，也就是人性化管理，让学生感到宽松、放心、舒心、安心，而不是人人自危，惶惶不可终日。目前我校的学生有走读的，有住校的。走读的学生比较松散，而住校的学生则是半军事化的管理模式，按时起床、就餐、上课、早晚自习、休息等等。有些学生自由惯了，不习惯这样的管理，发生的违纪事件较多。对这样的管理方式，绝大多数学生是习惯的，家长也放心，学校也好管理。对极少数学生的问题，还是要采取说服、教育、批评等方式，进行人性化管理，晓之以理，动之以情，在管理上采取宽、严结合的办法，让学生养成自觉遵守校规校纪的良好行为。

三、大学生思想政治教育工作的特点及存在问题

党的十九大精神是指引我们新时代大学生不断前行的一盏明灯，因此深刻学习掌握十九大精神，并将其落实到学生的学习生活当中是青年大学生的一项重要任务。因此积极探索创新大学生思想政治教育的创新方法，充分利用高校现有的教育资源和平台，将党的十九大精神融入到专题教育活动中去。当前大学生的思想政治教育工作在时代背景、社会环境和大学生自身素质等方面都呈现出与以往不同的特点。

（一）开放性

当前大学生生长在我国全方位实行改革开放的年代。他们所接触的社会，不是一元的，而是多元的；他们所接受的教育，不是一维的，而是立

体的。不论是敞开的国门、信息高速公路，还是无孔不入的现代网络世界，都给富于猎奇心理的青年大学生带来巨大的诱惑与冲击。各种各样的思想、观念、文化、信息纷至沓来，五花八门，色彩缤纷。其中既有学术信息、娱乐信息、经济信息等等，堪称信息时代；又有形形色色的黄色、暴力等信息网站、垃圾场和糟粕堆。青年大学生们要从这些光怪陆离的思想、观念、文化、信息中进行比较、鉴别，自主选择和淘汰。在开放的社会环境中，学校教师在思想政治教育中的权威地位发生了动摇，作为社会主梁道的思想政治教育的固有的优势，也受到了挑战，它不再能垄断学生获取信息和接受教育的渠道，相反，它只是学生进行比较、鉴别、自主选择和淘汰的对象之一。

（二）主体性

青年期原本就是自我意识发展和自我需要扩张的时期，青年渴求独立、自主的意愿更甚于处于其他年龄段的群体。随着市场经济的发展，知识经济时代的即将来临与科学技术进步带来的生产力的巨大发展，使知识、人才成为今日社会的明星。重视人才，重视人才的价值，进一步唤醒了青年的主体意识。当代青年大学生追求自我价值的实现，自我的成功："人不应该做他人的影子，而应该做回真正的自己"。这种自我价值的追求体现了个体成长发展的内在需求，是人的独立性、自主性的外在表现，是人的自立、自强、自尊的道德价值的体现，是有着进步意义的。在这种对个性发展、个体权利以极大的空间与合理关注的社会环境下，青年大学生在观察问题、思考问题时往往采取批判和标新立异的态度。在这种自我意识极强的氛围下，如何对青年大学生进行社会主导价值观教育，并使之被青年大学生心悦诚服地接受，是当前高校思想政治教育所面临的又一新特点。

（三）差异性

高校的大学生来自四面八方，学生由五湖四海聚集到一起。由于各地经济发展水平的不同，造成了学生的差异性。如何针对不同特点、各具差异的学生进行思想政治教育，使之达到理想的教育效果，是高校思想政治工作面临的又一新问题。尽管青年大学生思想政治教育出现了开放性、自主性、差异性的特点，但青年作为人自幼年步入成熟阶段的一个阶梯，仍具有极强的可塑性。一方面，我国经济体制改革方兴未艾，我国经济发展速度举世瞩目，我国政治体制改革步步深入，我国科学文化日益繁荣，我国人民生活水平日益提高，凡此种种奠定了我国青年价值观朝向健康轨道发展的大趋势。另一方面，裹挟在历史进步大趋势中的青年所特有的先锋性、进取性，也决定了青年价值观的健康走向。只有高校思想政治教育工作坚持正确导向，增强教育的现实性、针对性、科学性，青年大学生的思想政治教育工作一定会收到良好的效果。

四、大学生思想政治教育工作的对策

根据当前大学生思想政治教育工作面临的新特点、新问题，高校学生思想政治教育应该把思想政治教育融入到第二课堂各项活动中，强化三观教育；加强校园文化建设，全面提高学生素质；加强大学生社会实践环节，增强学生社会责任感；加强学工队伍建设，提高思想政治教育效果等方面着手加强和改进高校思想政治工作。

（一）发挥主渠道作用

学校思想政治教育的核心是进行爱国主义、集体主义和社会主义价值核心价值观教育，引导学生树立正确的世界观、人生观、价值观。针对学生思想政治教育的新特点、新倾向，应该充分发挥第二课堂，把思想政治教育工作融入到第二课堂里，从文化价值、利益原则、理想信念三个方面对学生进行社会价值导向，强化世界观、人生观、价值观教育。理想和信念是人生的精神支柱，是群体团结的基础和纽带。以马克思主义理论为引领，组织青年学生深入学习马克思列宁主义、毛泽东思想，深入学习邓小平理论、"三个代表"重要思想、科学发展观，习近平新时代中国特色社会主义思想、深入学习党的十九大报告精神，不断领悟，不断参透，做到学有所得、思有所悟，注重把握好广大学生的世界观、人生观、价值观问题。理想信念是青年学生思想行动的"总开关"。习近平总书记反复强调，理想指引人生方向，信念决定事业成败，广大青年一定要坚定理想信念，没有理想信念，就会导致精神上缺"钙"。

（二）加强校园文化建设

校园文化是以师生为主体，以校内文化活动为主要内容，以校园精神为主要特征的一种群体文化。广义的校园文化涵盖十分广泛。它既包括物化的校园环境，诸如校园建筑的文化底蕴校园纪念性标志物的历史昭示，校园景观的审美意味等等；又包括精神的文化氛围，诸如普遍认同的价值观念、道德风范；还包括学校的制度建设，诸如大学生行为规范，校园文明规则等等。校园文化既可以是有形的，以各种各样的建筑、景观、文化活动、行为规范等形式表现出来；又可以是无形的，体现在一个学校的学风、教风、校风之中。校园文化是高校中长期形成的，贯穿于学校生活的方方面面，具有各自特色的物质文化、精神文化和制度文化的综合体。

1.建设优良校风

加强校园文化建设，首先要树立勤奋、严谨、求实、创新的良好校风。校风，指一所学校的风气，是学校师生员工在共同目标指引下，经过长期共同努力而逐渐形成的一种特有的风尚，由价值观念，思维方式和行为作风等要素构成。一个学校的校风，体现了这个学校师生员工的理想、情操、文化素养和德、智、体、美诸方面的综合素质，是衡量该校教育质量和精神面貌的重要标志。优良校风一旦形成，就具有巨大的同化功能、导向功能和激励功能，对青年大学生的思想观念，价值取向产生潜移默化的影响，在无形中支配和控制大学生价值判断、行为取向，使其朝着共同的方向和目标努力。因此高等学校应该把加强校风建设作为思想政治工作的重要内容，作为校园文化建设的核心。

优良校风的基本内容是勤奋、严谨、求实、创新。勤奋、严谨、求实、创新是创新人才所应具备的基本素质，高校应该塑造勤奋、严谨求实、创新的风气，为人才脱颖而出创造条件。

培育优良校风进行正确价值观导向，在校园里形成健康的价值氛围，使学生的认识、评价、行为选择具有较高的自觉性。培育优良校风，要有宽松的民主的氛围，使学生能形成开放性思维模式，敢于创新，勇于求实。培育优良校风，还要有严格要求，严明纪律，使学生养成良好的行为习惯。培育优良校风是一个长期的任务，是一项系统工程，需要全校师生员工同心协力、共同努力、代代相传。

2.积极开展社会主义精神文明创建活动

积极开展社会主义精神文明创建活动，引导青年大学生积极参与社会实践活动，是高校思想政治教育的重要途径。社会主义精神文明创建活动，要坚持以马克思主义深入学习马克思列宁主义、毛泽东思想，深入学习邓小平理论、"三个代表"重要思想、科学发展观，习近平新时代中国特色社会主义思想为引领，社会主义精神文明创建活动要广泛吸收青年大学生参与。

社会主义精神文明创建活动，要有丰富多彩的内容。社会主义精神文明涵盖面极广，要深入开展大学生社会实践活动，让学生深入社会的角角落落，得到充分的锻炼。

社会主义精神文明创建活动，要采取灵活多样的形式，诸如努力建设优美文明的校园环境，开展丰富多彩的业余科技文化体育活动，创建文明班级、文明教室、文明宿舍，做文明大学生等等。

（三）加强教职工队伍建设

高校思想政治工作的主要载体是学工干部队伍。要加强学工队伍自身建设，提高他们的政治素质、思想素质和人格魅力，成为受学生欢迎的良师益友。

高校思想政治工作的另一主体是教职员工。思想政治工作的真正威力在于它的渗透性。要寓教于乐、寓教于智、寓教于管，思想政治教育才能收到事半功倍的效果。能担当此重任的正是广大的教职员工。深入开展教书育人、管理育人、服务育人的"三育人"活动，正是调动教职员工参与思想政治工作的好途径。不能片面认为思想政治工作只是学工干部的事，而要把三育人作为全体教职员工的根本任务。

深入开展三育人活动，首先要充分发挥教师的"三育人"主力军作用。要加强师德师风教育，调动教师教书育人的积极性，鼓励教师不仅要关心学生的学习，而且要关心学生的思想，不仅要育智，而且要育人，教育学生学会生存，学会学习，学会做人。

开展三育人活动，要全员参与、各司其职、各尽其责。学校的管理、服务方方面面都要承担起育人的职责。要提高管理人员和员工的素质，以高尚的情操、良好的职业道德和敬业精神感染和教育学生。要造成一种育人的氛围，使"三育人"活动深入人心。

（四）注重日常思想政治工作

高校思想政治工作既要有总体规划和宏观管理，又要做好日常思想政治工作。青年大学生的差异性，决定了个案教育的重要性。通过学工部门、辅导员、任课教师抓好学生日常思想政治工作，培养青年大学生的高尚品德和健康人格，是高校思想政治工作永恒的主题。

加强日常思想政治工作，培育高尚品德和健康人格，首先要引导青年大学生树立正确的自我意识。以点带面加强学生思想政治教育工作全覆盖。

1.通过建立党员工作站，发挥党员的"四个作用"

充分发挥党员的"四个作用"为充分发挥学生党员凝聚带头、示范激励、渗透教育、桥梁纽带的"四个作用"，带动大学生思想素质的提升，切实起到"开展一项活动、带动一片教育"的活动成效，达到了"传帮带"的真正目的。

2."以点带面"开展有特色的志愿者服务

不断拓宽志愿者服务渠道，通过让学生走出校园走进社会、将思想政治教育的内容寓于活动之中，使青年学生在活动的参与过程中受到教育，提高觉悟，学生们通过参与志愿服务充分发挥了学生在志愿活动中的主体性作用，给学生们提供了想要锻炼自我和服务社会的内心需求，志愿者根据自身志趣和特长选择服务内容，极大地调动了学生参与的热情和积极性。

3. 关注学生心理状况，提升学生心理素质

加强日常思想政治工作，培育高尚品德和健康人格，还要加强青年大学生心理素质教育。日常思想政治工作必须坚持解决思想问题同解决实际问题相结合。要倾听学生心声，了解学生情绪，关心学生生活，多做得人心、吸人心、稳人心的工作，把好事办实，增强教育实效。心理健康是保证学习良好进行的首要保证，通过把握毕业季和新生入学季两大时期，积极开展媒体宣传、排查干预、知识讲座等心理健康知识教育工作，强化心理健康知识；开放心理谈心室，安排专人值班，畅通宿舍—班级—学院、学生干部—辅导员—学院领导信息反馈渠道，帮助学生进行心理健康咨询，强化敏感时期学生思想状况调查和特殊人群思想动态掌握，实行院领导带班辅导员值班制度，及时了解和解决了学生群体中存在的实际困难。

学校的学生思想政治教育工作是一个系统工程。它不仅需要构造校内的系统，而且需要社会大环境的支持。加强经济法制建设，加强政府宏观调控，严格规范市场行为，及时排解普遍性社会问题，严惩腐败之风，抵制邪恶风气，在全社会形成正确的舆论导向，是青年大学生健康成长的必要条件，全面加强新时期大学生思想政治教育工作。

第二节 大学生思想政治教育有效性的实现途径

随着我国改革开放的全面深入，思想文化交流日益频繁，在这样的经济、政治、文化和技术等社会背景下，大学生的思想不断受到多方面的复杂的影响，因而，高校思想政治教育必须切实进行变革以适应新形势的要求，要不断增强大学生思想政治教育的吸引力、感染力和有效性。本文试图对大学生思想政治教育有效性的影响因素及实现途径作一探讨。

一、大学生思想政治教育有效性的科学内涵

要增强大学生思想政治教育的有效性，必须准确把握思想政治教育有效性的科学内涵，而把握思想政治教育有效性的科学内涵，首先要弄清思想政治教育和有效性这两个基本概念。

思想政治教育泛指"人类所有阶级社会共有的从思想政治品德上培养教育人的活动"，即"社会或社会群体用一定的思想观念、政治观点、道德规范，对其成员施加有目的、有计划、有组织的影响，使他们形成符合一定社会或

一定阶级所需要的思想品德的社会实践活动。"特指"无产阶级从思想政治品德上培养教育人的活动。"

有效性作为一种价值属性的体现，是指"特定实践活动及其结果所具有的相应特性，且这种特性又是实践活动及其结果在与相应价值主体构成的价值关系，即对相应主体需要的满足关系中所表现出来的。离开了实践活动及其结果的特定属性，有效性便没有了得以确立的根基；离开了特定的价值关系，有效性也同样无从谈起。"因而，大学生思想政治教育有效性则是指在一定的时空条件下，在大学生思想政治教育实践中产生效力和效用的特征，亦指大学生思想政治教育产生与出现正向结果的效能属性，主要表现为大学生思想政治教育活动对其预设目标的实现程度，其教育内容对大学生思想观念影响的深刻性、持久性，以及对大学生思想意识判别、选择、理解力等诸方面所产生的强化作用。

因此，在衡量大学生思想政治教育的有效性时，我们既要考察其达到思想政治教育者、社会所期望的教育目的程度，也要考察其符合满足大学生成才内在需要的程度，使目的性和需要性相统一。

二、大学生思想政治教育有效性的影响因素

（一）社会消极思想文化因素

当今世界政治多极化、经济全球化、文化多元化的发展趋势以及我国的经济社会发展特点共同形成的现实社会基本特征，对当代大学生这一成长中的社会群体带来巨大影响，高校思想政治教育面临更加复杂和开放的社会环境。首先，随着社会主义市场经济体制的建立，我国社会经济成分、利益分配、组织形式、就业方式以及人们生活方式日益多样化，人们的选择性、多变性和差异性日益增强，人们对现实政策的评判、对社会与个人前途的期望，也会随之发生巨大的变化。大学生是一个极易受外界影响的群体，对市场经济的负面作用分辨能力不强，价值观念中的趋利性比较明显。其次，随着我国对外开放的不断扩大和经济全球化进程的日益加深，各种思想文化相互激荡和资本主义意识形态大肆渗透，对处于具有强烈好奇心理和一定逆反心理年龄阶段的大学生产生了极其复杂的影响，使大学生的价值观念趋向于现实与功利；国内封建迷信思想也沉渣泛起，蛊惑与毒害广大大学生的思想与灵魂。这些消极影响在当代大学生思想中，主要体现为政治心理的不成熟和对传统道德观念的消解作用。

（二）思想政治教育观念因素

在对大学生进行思想政治教育的过程中，人们必需要对思想政治教育的对象、内容、价值、地位和如何实施等一系列问题进行理性的思考，并形成科学正确的观念。只有对这些问题有了正确的认识，形成了正确的观念，才能够科学有效地开展大学生思想政治教育活动。如果形成了错误的观念，高校思想政治教育的地位只会削弱，大学生思想政治教育的作用只会降低，大学生思想政治教育的实效只会丧失。每一次高校思想政治教育实效的丧失，总伴随着社会时代精神的低迷。观念意识是实践的先导，开展高校思想政治教育实践，必须有科学正确的思想政治教育观念。

（三）思想政治教育工作者素质因素

高校思想政治教育工作者是指高校思想政治教育工作的领导者、管理者与实施者。他们的工作方法、原则、能力、态度和理论水平直接关系到大学生思想政治教育的成败。也就是说高校思想政治教育工作者的素质关系到大学生思想政治教育的实效。高校思想政治教育工作主体的素质，包括思想道德素质、政治素质、业务素质、文化素质、身体素质，直接决定了他们对于高校思想政治教育的目的、任务的正确认识，对高校思想政治教育规律的掌握，对高校思想政治教育责任的承担，对科学工作方法的运用，对高校思想政治教育对象的尊重与关爱，对高校思想政治教育精力的投入。这一切恰恰是实现高校思想政治教育实效的必备条件。

（四）大学生自身的人生价值观念因素

大学生思想政治教育过程实际上是高校思想政治教育者与教育对象之间信息互换和互动的过程。这一过程优化的结果，实际上也是高校思想政治教育实效实现的结果，就是教育对象接受并认同了思想政治教育者所传输的科学、正确的信息；或是教育对象通过受教育而提高了道德接受能力，从而能够自觉地摒弃各种错误甚至反动信息。这个优化过程的条件，一是思想政治教育者所要传输的信息必是先进和科学的；二是教育对象本身所具备的人生价值观念必须是积极的和进步的。大学生思想政治教育是一项特殊的社会实践活动，其特殊性在于教育对象同样具有主体性，在思想政治教育实践活动中，大学生往往根据自身所具备的人生价值观念对教育者传输的信息进行选择、评判、认同、接受，或者因为自身价值观念的迷失而产生抵触情绪与逆反心理，从而引起对思想理论的拒绝和教育结果的背离。忽略教育对象本身所具备的人生价值观念的思想政治教育实践必然缺乏针对性，很难体现实效性。

（五）思想政治教育方法的整合性因素

思想政治教育方法，就是为了实现教育目标、传递教育内容，是教育者对受教育者所采取的思想方法和工作方法。长期以来，经过广大思想政治教育者的共同研究和探索，思想政治教育形成了一系列方法，比如：灌输法、疏导法、激励法、自我养成教育法、心理咨询方法等等。但在思想政治教育实践中，思想政治教育方法没有进行有机整合，结果造成在对一种方法的进行肯定时，则对其对应的方法进行简单的否定；在批判某种方法不足的时候，结果造成对该方法的全盘否定。因此，在大学生思想政治教育中，问题不在于坚持和采用了多少与什么样的教育方法，关键在于能否发挥教育者和教育对象的主体性，能否将所坚持和采用的方法有机整合起来。

（六）思想政治教育有效性的不确定性因素

从思想政治教育有效性的存在方式看，思想政治教育的有效性往往体现为显性效果与潜在效果同有，直接性与间接性并存，而间接、潜在的思想政治教育效果向显性效果的转换，其界限和时机是不确定的，因此，思想政治教育的有效性表现为一种不确定性的存在；从思想政治教育有效性的产生方式看，思想政治的"教育"与"效果"之间并非总能一一对应地及时体现出来，往往因果关系错综复杂，因此，思想政治教育的有效性表现为一种不确定性的发生；从思想政治教育有效性的程度看，思想政治教育的有效性体现为一个为渐次递进的效果区间，这个区间的下限是受教育者认同接受了教育者所传授的基本观点和相应知识，其上限表现为受教育者对这种思想政治观点所包含的世界观、人生观、价值观在行为上的自觉实践。因此，高校思想政治教育的有效性对大学生个体而言，是一个"效果区间"，而不是某一固定点，其有效性是流动的，也是不确定的。

三、增强大学生思想政治教育有效性的实现途径

（一）以人为本，确立以学生为主体的教育观念

要使大学生真正把教育者的思想政治观点内化为自身的品质，就要确立以学生为主体的教育管理观，使学生真正成为学习的主体，充分发挥学习的主体性，以人为本，确立学生在思想政治教育中的价值主体地位。思想政治教育要关注、研究和解决学生的思想心理矛盾，寻找有针对性的教育主题，协调和保持大学生思想多样性的平衡，为学生成长提供全方位的服务，满足学生的需求。人本性特征既是政治性特征的内在要求，又是它的延伸和具体

化，是对政治性特征的必要补充与展开。必须突破思想政治教育政治性特征传统认识的瓶颈，从理论和实践两个层面上把思想政治教育的政治性特征和人本性特征有机统一起来，从根本上解决思想政治教育价值取向的矛盾，使大学生思想政治教育焕发出生机与活力。

（二）构建全员育人的机制

进一步强化"全员育人""全程育人"理念，把大学生思想政治教育贯穿于学校教育和工作的全过程和各方面。广大教师要以高度负责的态度，率先垂范，言传身教，以良好的思想、道德、品质和人格给大学生以潜移默化的影响。把思想政治教育融入到大学生专业学习的各个环节，渗透到教学、科研和社会服务。建立平等、和谐的师生关系，实现情感育人，让教师成为学生的良师益友，成为学生在人生路上的明灯和充满人格魅力的精神导师。深入学生的微观心理世界，对他们的个人生活、人际关系问题进行个性化指导，引导他们养成积极向上的生活态度，培养健康的心理素质。了解学生，理解学生，信任学生，及时解决学生的实际问题，才能进一步增强思想政治教育的有效性。

（三）科学确立大学生思想政治教育内容

首先，大学生思想政治教育内容要与大学生的日常生活及利益需要相契合。在教育内容设置上尊重、关心大学生的利益需要，并满足大学生合理的个人需要。这就要求大学生思想政治教育的内容一方面要体现大学生的价值认同，大学生思想政治教育追求的是一种道德行为和道德境界，这是价值认同最崇高的阶段。另一方面要以"价值认同"制约"利益认同"，使大学生思想政治教育的最终目的落实到价值的实现上来。

其次，大学生思想政治教育的内容要与大学生认识理解思想信息的次序相契合。思想政治教育对大学生提出的要求是大学生的外在东西，这些要求只有被大学生所内化才起作用。任何一个大学生，对思想信息的接受总有其内在的序列。因为大学生的成长成才是一个不断发展的过程，在不同的成长阶段和不同的成长环境中，大学生所表现出来的接受特征和所适宜的接受序列是不同的，因此，教育者要根据大学生的具体接受特征将教育内容以一种最佳的结构组织起来，这样才易于被大学生所接受，教育才是最有效的。

（四）加强思想政治教育理论课的建设

高校思想政治理论课教学是大学生思想政治教育的重要组成部分，是对大学生进行系统马克思主义理论教育的主渠道和主阵地，它关系到为谁培养人和培养什么样的人的问题。加强和改进教学，提高思想政治理论课育人的针对性、吸引力、感染力和有效性，充分发挥思想政治理论课在育人中的作用，意义重大。改进教学，要突出以人为本的理念，不仅是为了知识而教学，而是为了人的发展而教学。学生在课堂中应有自己思维与活动的时间与空间，学生在学习中将体验与兴趣结合起来，将自己的方法、价值观与知识的获取结合起来。寻求改变课堂教学的新模式，在不断更新教学内容的同时，革新教学方法，用灵活的教学形式、教学手段来组织教学。加强思想政治理论课实践教学，扩大课堂空间，引导学生学会分析问题，掌握正确的立场、观点和方法，主观能动地认识社会、认识人生，提高思想政治修养和实现自我教育的目的。

（五）把思想政治教育和解决大学生实际问题相结合

思想教育要取得实效，必须把解决思想问题和解决实际问题结合起来，把思想教育贯穿于为学生办实事的过程之中。目前大学生正面临严峻的就业问题，往往会在思想上产生困惑、感到迷茫，以致行动上不知所措。因此，大学生思想政治教育必须同学生的成才需要相结合，抓好对学生的就业指导与就业教育，把学生的就业教育与学生的整体素质教育结合起来，使他们在面对纷繁复杂的社会现象时，能保持清醒的头脑，提高正确地分析形势和认识问题的能力，把握时机，实现自我；完善大学贫困生的助学制度，关心贫困生的学习、生活和心理健康，为他们的成才和发展提供强有力的帮助；加强心理健康教育，要注重培养大学生良好的心理品质和优良品格，增强克服困难、经受考验、承受挫折的能力，引导大学生健康成长，提高思想认识和精神境界。

（六）加强网上思想政治教育阵地的建设

网上思想政治教育阵地的建设最重要的是要坚持思想政治教育的正确舆论导向。一是要加强思想政治教育网站建设，通过网络的互动信息平台，建设网上政治教育阵地。使大学生可以就政治认识、政治评价和政治态度方面发表自己的观点和看法，并针对某些问题展开进行讨论，在讨论中我们表明正确的立场、观点，宣传党的路线方针政策，解决大学生的思想问题。二是加强网络引导与教育，提高大学生的信息识别能力。让大学生懂得在互联网这个知识宝库中到底能做些什么，如何挖掘宝藏，如何与自己的专业相结合等。提高大学生处理信息、分辨信息、选择信息、综合利用信息的能力。提高大学生的网络素质与网络技能，引导大学生真切感受充满挑战和机遇的网络世界，激发学生的上进心和创造性。促使大学生自觉树立网络自律意识，遵守网络道德，培养和提高大学生自觉抵制有害信息的意识和能力。同时，还必须加强对大学生进行网络法制的教育，使其具备网络法制意识、树立正确的网络法律政治观念。在大学生的网络引导教育中，做到理论上指导、思想上启迪、生活上关心，使大学生走积极、健康的成才之路。

第三节 大学生思想政治教育中的传统文化因素分析

一、传统文化现状及当代大学生文化缺失现状

当今，中华民族的传统文化正受到猛烈的冲击，主要表现在：经济发展迅速，物质发展达到了一个空前的高度，特别是我国改革开放的三十多年来，中国正逐步走向一个经济大国的道路。我国人民普遍存在这样一个缺陷，就是文化的缺失，人们对物质的追求日益激烈，然而却对自身的修养漠不关心，人们从意识上就已经淡漠了传统文化，更别提主动去求取中华民族传统文化的精华所在了。

据统计，现在有很多大学生，不管是在心理上，还是在思想上，都普遍对我们中华民族的传统文化具有认同感和赞美感，并且在日常学习生活中，也很愿意遵循传统文化。但是，大学生对传统文化的认知大多数是来源于课本之外以及父辈祖辈的教导。由此可见，针对大学生思政教育中关于传统文化的部分还没有得到落实。而且，虽然大学生在心理上和思想上普遍认同中国传统文化，但是在实践的学习中依然显得关注度不够，很多学生表示愿意接受传统文化的洗礼，但是却不能够主动的以一个积极的态度去主动学习，当代大学生在传统文化的认知上还存在一些偏差，另外有很大一部分大学生对自己的人生没有规划，也不能深刻体会到传统文化对自己身心发展甚至自己人生规划的一个积极的影响，这些都是当代大学生的一种文化缺失的表现。

二、当代大学生思想政治教育优秀传统文化缺失的原因

（一）多元化价值观念与市场经济的冲击

随着社会的迅猛发展，人们的生活条件发生了巨大变化，市场经济的发展为人们带来了丰厚的物质条件；社会开放程度的提升，使人们的视野更开阔；网络技术的开发，让全世界的距离缩短成为"地球村"，信息流通加速，人们可以足不出户了解天下大事。

但是，在社会发展为人们带来好处的同时，也带来了负面影响。由于经

济全球化的发展，世界各国各种观念和文化涌入中国，加上便利的传播途径，很容易冲击人们原有的价值观念。大学生正处于思想不成熟阶段，看问题不够全面，容易被新鲜事物影响，形成偏激的想法，导致大学生忽视我国传统文化的优势，在价值观上发生扭曲。市场经济的发展，使贫富差距拉大，物质至上的观念在大学生中横行，物欲淹没了良知，中国的传统文化被多元化的思潮挤压的没有生存空间。

（二）新兴媒体的影响

当今时代是网络时代，大学生获取知识和信息离不开网络，新兴媒体的快速发展为大学生提供了一个新的学习和交流的平台。新生代大学生往往站在科技信息时代的前沿，接受各种信息的冲击，由于缺乏辨别能力，就有可能出现是非混淆的情况。

总之，新媒体的发展给大学生的学习和生活方式带来极大的改变，大学生通过新媒体接触到了各种思想和观念，但是传统文化的教育并没有搭上"新媒体"这辆直通车，没有适应通过先进的传播方式对大学生进行教育，导致新兴媒体发展后，传统文化教育缺失加重。

（三）高校对优秀传统文化的忽视和思想政治课教育模式弊端突出

随着科技的快速发展，"科学技术是第一生产力"的论断更是让高校对大学生的教育从侧重人文教育逐渐向科技教育转化。高校的主要教学目标就是就业率，所以更倾向于培养适应时代需要的科技人才，在课程设置和培养方向上，都会存在倾斜，对大学生人文学科的教育不够重视。即使开设大学生传统文化课程和思想政治理论课，也没有在改进教育模式上下功夫，高校教师也多以照本宣科和灌输式的教学法进行教学，让一门与时代发展紧密相连、与学生生活密切相关，关系到大学生的健康成长的学科成为摆设，不能引起大学生的兴趣，更不能起到应有的作用。

（四）优秀传统文化融入大学生思想政治教育的方法陈旧

对大学生进行优秀传统文化教育的关键在于对其认同感的培养，但是目前部分高校在对大学生进行传统文化教育时，因为没有深入考察其概念、范畴、观点的实质内涵，而且"说教式"教育方式难以调动大学生对中国优秀传统文化学习的积极性、主动性。具体表现在：首先，由于学习活动载体设计方面缺乏针对性，不能密切联系学生学习、生活实际，严重地制约了参与优秀传统文化学习活动的热情；其次，由于没有深入调查研究而缺少亮点、重复率高，在具体活动开展过程中重承诺、轻实践，创造性不够，导致教育效果不佳。

（五）大学生自身对优秀传统文化及思想道德教育的认识不够

除了外在原因，大学生自身对优秀传统文化的态度也存在问题，大学的主要任务是学习专业知识和增加自身修养，在社会就业压力较大的今天，多数大学生往往只关注前者，认为更加务实，自觉忽略后者。但是，大学生走上社会面临的是复杂的社会形势，没有坚定的理想信念、政治素养和合作精神就很容易在社会中碰壁，影响自身的发展和进步。可见，加强大学生优秀传统文化教育及思想政治教育十分必要。

当前，我国正处在社会转型期，特别容易被各种复杂的外部因素所影响，随着带来的种种问题，越来越凸显。这些问题严重危害着大学生身心健康，努力提升大学生与优秀传统文化的融合就变得尤为重要，需要全社会的共同努力。只要我们共同奋斗，就能塑造出具有优秀传统文化的当代大学生。

三、大学生思想政治教育与中国传统文化结合的必要性

（一）传统文化具有积极的育人功能

中国传统文化源远流长，博大精深，深深影响着我们民族的社会生活和人民的精神风貌，对中国人人格的塑造起到重大的作用。需要指出的是，文化虽然为人类所创造，但它反过来却有塑造人、培养人的功能。从根本上说，人类所受的教育，也就是文化的教育，中国传统文化也不例外。孔子早就熟悉到这一点。《论语》载：孔子尝独立，其子孔鲤趋而过庭。孔子问道，学诗了吗？孔鲤回答说，还没有呢。孔子说，不学诗，你就无法与人沟通。于是孔鲤退而学诗。另一天，孔子又独立，孔鲤趋而过庭。孔子又问：学礼了吗？孔鲤回答说，还没有呢。孔子说，不学礼，你就无法立身。于是孔鲤退而学礼。诗、礼都是我国古代重要典籍，孔子深知它对于塑造人格品德的重要性，故一再指点孔鲤学诗学礼。利用中国古代的文化典籍教人育人，这可以说是孔门道德教育，亦即今天所说的思想政治教育的一个特征。此后的儒家皆继续孔子这一以中国传统文化育人的做法，于是便形成了中华民族十分重视以传统文化教人育人的传统。也正是我们民族文化的健康、积极、向上，它才孕育了我们伟大的民族精神和向上的国民品格，故中华民族虽历经磨难而不屈，受尽曲折而后强。

（二）传统文化是思政教育的重要资源

当前我国正处于社会转型时期，在社会主义市场经济体制下，伴随着世

界经济全球化、西方工业文明进步带来的种种冲击，当代大学生思想政治教育靠以往政治化、激进化、简单化、口号式的宣传说教已无济于事，必须创新，而这种创新则要将其植根于中国传统文化的土壤之中，培养本土化的国风和民俗，因此说从中国传统文化中挖掘思想政治教育资源是趋势使然。

首先，中国传统文化的人生理想着眼于理想人格的塑造，可以为我们培养健康向上的人生理想提供深刻的启迪。在中国传统文化中注重自我完善，反对人为物累，提倡以苦为乐，主张义利统一、情感欲望与理性精神统一等都可以为当前思想政治教育提供有益的借鉴。

其次，中国传统文化的人生态度以乐观主义人生哲学为基础，提倡自我精神，有利于我们建立健康的生活方式。传统文化认为人完全可以靠自身的善性和能力不断超越自我，这种强调主体意识、积极向上的人生态度正是我们今天提倡自主精神的社会所需要的。

最后，中国传统文化在道德修养上，肯定主体自觉，强调道德践履，这为现代思想政治教育在方式、方法上的创新提供了借鉴。

（三）传统文化是中国特色社会主义文明的重要根基

思想政治教育为何要继承和发扬民族优秀传统文化，也是因为我们所要建构的社会文明是有中国特色的社会主义文明，它必须具有自己独特的文化底蕴和内涵。民族的形式，社会主义的内容，这就是我们所要建构的社会主义文明。众所周知，中国特色社会主义现代化建设是中华民族的共同理想，而中国特色的现代化建设与中华民族传统文化的继承和发扬密不可分，这已为所有实现现代化国家的历史所反复论证。世界历史表明，任何国家的现代化都不可能从一个社会的外部向内部作直接的嫁接和移植，它只能从自身文化背景的创造性转移中有机地、合乎规律地生长出来。正如恩格斯所说："没有希腊文化和罗马帝国所奠定的基础，也就没有现代的欧洲。"如果说古希腊和罗马传统文化的复兴是西方现代化的起点反映了历史发展必然的话，那么中国的现代化，必将唤醒以儒家文明为中心的中国传统文化的复兴为逻辑起点和强大后盾，这也是历史的必须和必然。¨ј正如江泽民同志曾经指出，"我们的文化建设不能割断历史。对民族传统文化要取其精华、去其糟粕，并结合时代的特点加以发展，推陈出新，使它不断发扬光大。"

四、大学生思想政治教育与中国传统文化结合的可行性

（一）学习传统文化中政治思想，深化大学生对当代政治的认知

创新大学生思想政治教育，要力求把握党的指导思想的历史性与传承性，

从历史和文化的角度帮助学生正确认识科学发展观的时代背景、实践基础、基本内涵和历史地位。组织学生借鉴传统文化中"民为贵，社稷次之，君为轻"的民本思想、"等贵贱，均贫富"的平等诉求，"天下为公"的政治理念、"以和为贵"的和谐意识、帮助学生深刻理解科学发展观所倡导的"以人为本""全面、协调、可持续发展"和"建立和谐社会"的历史和文化内涵；坚持把历史教育和思政教育融合起来，引导学生深刻认识只有在中国共产党领导中国人民进行为民族求解放、为大众谋利益的革命和建设过程中才真正实践和升华了这些政治思想；不断深化学生对当代政治的认知、引导他们更深入地理解党的路线、方针和政策，把爱祖国、爱人民同爱党、爱社会主义统一起来，自觉抵制西方敌对势力"西化""分化"的政治图谋。

（二）发挥传统文化的熏陶功能，以经典讲授为途径，找准思政教育切入点

中国优秀传统文化可以作为大学生思政教育的切入点，将其寓于教育之中，充分发挥文化渗透性强、影响持久以及形象、生动等特点，这样会使思政教育更加生动活泼，更能贴近大学生的思想和生活实际，更易为青年学生所接受，使学生在受到传统文化熏染的同时，更能接受到良好的道德修养和高尚的理想情操教育，有效提高教育工作的吸引力和有效性，扩大思政教育影响。比如：大学新生进入大学后往往暴露出很多问题，面对宽松的环境，有些学生丧失了学习的计划性，有些学生不懂得处理人际关系，难以面对集体生活，有些同学会因为学习方法不适应、压力大引发心理问题等等，如何解决好这些问题，让新生尽快适应大学生活是大学思政教育的重要课题。积极尝试将优秀传统文化带人大学新生课堂，将《三字经》《论语》《孟子》等经典篇章讲授给学生，把其中蕴含的人伦教育、人格教育、价值取向、思维方式、行为准则讲授给学生，让中国优秀传统文化的魅力取代单纯的道德说教，让学生在进入大学校园后心里树立一个做人的"规矩"，做大学生的"规矩"，引导大学生更好地适应大学生活。这样既弘扬了优秀传统文化，又增强了大学思政教育的实效。

（三）传统文化坚持的人文导向，强化学生主体意识，创新思政教育方式方法

中华文化追求"至善至美"的理想人格，为理想而"上下求索"的奋斗精神，"富贵不能淫，贫贱不能移，威武不能屈"的"大丈夫"气节，"先天下之忧而忧，后天下之乐而乐"的志士情怀，构成了我们民族的人文取向，为大学生提供着理想人格的目标或典范。同时古代知识分子在提高人文道德

修养上注重"内省",主张通过自身的体验而体验到快乐。"顺自然而以人为本,顺人伦而以和为本,重体验而以乐为本"正是传统人文精神的体现。因此,我们在思政教育实践中要传承和弘扬这些优秀的民族文化,从文化价值和精神层面加强深层教育,重视学生的主动性和创造性,唤起学生的主体意识,培养个体的独立人格,提高受教育者的参与程度,由消极被动地接受教育转变为积极主动地自我教育,增强学生的自律能力,培养学生"穷则独善其身,达则兼济天下"的济世情怀,塑造学生健全人格,匡正学生行为规范,不断提高自身的思想、道德修养。

(四)秉承传统文化的教育功能,以节庆仪式为载体,构建思政教育实践平台

节庆仪式教育是一种独特的社会性学习过程,它所体现、承载、传递的特定价值观念,可以对仪式参与者产生明显的价值导向作用。高校思政教育的根本目的,就在于培养大学生形成符合时代要求的、成熟的价值观和行为习惯,帮助大学生完成社会化,因此,高校可以通过节庆仪式的策划、组织、实施,开展大学生思政教育,这无疑具有特殊的作用。那么与传统文化相联系的节庆教育又有哪些呢?如春节、元宵节、清明节、端午节、中秋节及重阳节等,另外一些少数民族特有的文化习俗和传统节日也是节庆文化的重要组成部分,以这些节庆为主体开展仪式文化教育,有目的地引导学生从最初的模仿、学习、自我约束,再到以后学习成长道路上的继续升华和强化,这样既弘扬了爱国主义精神,也塑造和培养了大学生的健全人格和积极的社会责任意识,为构建和谐校园文化、推进民族情感交流、凝练时代主体精神及建设社会主义核心价值体系等方面都发挥着不可替代的作用。

总之,随着我国经济的起飞,综合国力的日渐提高和人民生活水平的改善,重视传统文化已成必然。从历史的维度看,也没有一个经济上处于强势的国家是蔑视自己国家文化传统的,英法是这样,俄罗斯也是这样,再者我国自改革开放以后,弘扬传统文化也已成为从中央到地方的共识,在这种情况下,承担大学生思想政治教育工作的我们假如不能解放思想,依然把中国传统文化同国家的现代化加以对立,不能把中国传统文化的教育纳入我们新时期的思想政治教育中去,那我们就要犯历史性的错误,罪不容恕的。

第四节 新媒体环境下大学生思想政治教育的发展

目前，社交网站、聊天室、博客、微博等新媒体深受大学生的喜爱和关注，电脑和手机等网络终端已成为大学生日常生活的必备工具。网络搜索成为大学生解决学习问题和获得学习资料的最佳途径，QQ、MSN、人人网、微博等网络社交工具已经成为最热衷的网络交往形式。通过新媒体营造的虚拟空间已成为大学生的第二生存空间。新媒体不再仅仅只是一种工具，而是已经演化为一种环境。新媒体正在通过虚拟空间日益影响和改变着大学生的认知方式、生活方式、思维方式和思想观念，这无疑会给高校大学生思想政治教育带来新的挑战。同时，新媒体所具有的个性化、群体化、同步化、交互化等典型特征，也为进一步加强和改进大学生思想政治教育提供了全新的视角和机遇。

一、新媒体环境对大学生思想政治教育的影响

伴随着新媒体的迅速发展，社会当中的各个方面所受到的影响越来越深。大学生群体作为新媒体的一代忠实粉丝，其所受到的影响自然无可避免。大学生年龄特点决定了该群体已经形成了基本的道德观和价值观，生活方式也已经摆脱了早期教学体制的束缚，相对来说生活的自由度更高。人际交往作为大学生生活的重要组成部分，在新媒体环境下有利于通过隐私的保护更好地释放情绪或者展示自我，进而从中寻找到一种成就感，提升对生活的信心。同时，新媒体工具的便利性也为当代大学生的学习开辟了更多的信息渠道。从整体来看，新媒体的影响是多方面的，而就当代大学生思想意识方面来看，该部分作为高校思想政治教育工作的重要构成，如何趋利避害而对大学生的思想意识进行合理化引导，也就成了促进大学生身心健康发展的必由之路。对此，本文认为应当切实立足于新媒体环境当中，从正反两个方面剖析新媒体环境对大学生思想政治教育的影响，以此为大学生思想政治教育载体的构建提供可供参考的理论依据。

（一）新媒体环境对大学生思想政治教育的积极影响

从以上的分析中能够看到新媒体技术为当代大学生生活与学习所带来的诸多便利，大学生的思想政治教育工作也借此拥有了更为丰富的形式以及更

多的载体。作为高校思想政治教育的工作者，应当对新媒体进行精准的定位和透彻的分析，从根本上把握住新媒体积极的作用，牢牢抓住新媒体时代所赋予的发展契机，以此推动高校大学生思想政治教育工作的开展。

1. 有利于大学生思想政治教育渠道的拓展

大学生思想政治教育，是一个潜移默化的内化教育。教育的实践并非像学科教育般的理论化教学，而是一种借由信息的交互而实现的一种影响性教育，通过积极的价值引导，使受教育者被熏陶出正确的价值观及精神状态。而根据新媒体的特点可知，其本身就是一个蕴含着海量信息的平台，若将其中的信息高效提炼，无疑是对传统思想政治教育渠道的有效拓展。传统的思想政治教育内容主要来源于传统媒体，而传统媒体的限制已无须赘述，信息量以及信息传播的时效性和广泛性等等均具有明显的局限性，大学生思想政治教育的顺利开展时常因信息的断档而难以为继。而新媒体则能够有效打破传统媒体的限制格局，在思想政治教育工作中精准、快速地嵌入所需信息，并使传统的抽象价值观念教育具体化、生动化，从而有利于提升大学生思想政治教育的质量。

2. 为大学生思想政治教育方式的创新提供了可能性

思想政治教育并非一种无头绪的教育工作，而且思想政治教育工作本身所具有的复杂性决定了科学化教育方式实施具有至关重要的现实意义。因此，思想政治教育应当立足于科学发展观，在基于人们思想意识与行为习惯的基础之上、秉持人类社会进步的发展规律，以切实满足人们的发展需要作为根本目的。传统的高校思想政治教育模式基本以教材为主，方式执行的亦是课堂理论灌输式，大学生对思想政治学科的认识也就止步于此，更多地将其视为一门需要死记硬背的枯燥学科。而新媒体环境下则拥有了更多的信息共享渠道，大学生能够利用互联网收集到更多的思想政治相关知识，教师更能够通过对新媒体的有效应用将课堂的氛围激活，学生不必再拘泥于传统的书本理论，可以随时随地通过移动通信终端接受思想政治教育，并借助新媒体平台和教师随时互动，拥有了更多的机会表达自身的想法和认识。如此，有利于使教师更清晰地明确学生的思想政治水平与价值观导向，从而为教学方向的调整提供依据。

3. 为发挥大学生思想政治教育中主体性提供了条件

大学生的年龄层次决定了该群体拥有独立思维与判断能力，因此其对于行为方式的选择更乐于从主观角度出发。从此方面来看，传统思想政治教育的实施，大学生仅处于被动位置，而这样的情况对于大学生学习效能必然会产生一定的不良影响。新媒体环境下，思想政治教育相关内容也有了更为广阔的扩充范围，在浩瀚的思想政治知识海洋当中，大学生可以从主观兴趣出发，自主择取自身感兴趣的内容，体现出了更高的主体地位，学习氛围也就由此而显得更加轻松。对此，高校思想政治教育工作者应当及时并准确地更新思想政治教育相关信息，为大学生思想政治的学习提供更多的选择，同时有利于通过新媒体的开放性特点实现信息资源之间的共享，从而有效保证大学生自主学习意识的提升，形成良好的思想政治精神。

4.有利于提升大学生思想政治教育效果

思想政治教育的核心在于对人们思想意识的教育。作为一种潜移默化的内化教育，加强双方之间的有效沟通实为保证教育效果的必要之举，只有通过有效沟通才能更确切地把握住大学生的思想动态以及情绪情感导向，进而寻找到大学生成长规律的差异性，为思想政治教育工作的针对性实施提供参考依据。传统的思想政治教育实施的手段均以课堂教学为主，所有教学内容的讲解仅仅具有普遍性，却难以保证针对性，学生一堂课下来往往云里雾里，很难满足不同学生的不同需要。而新媒体环境下，则能够借助信息交互平台的优势为学生提供更好的意见表达空间，思想政治教育工作者则能够借此时机掌握学生的思想动态，从而给予具有针对性的解答。经过长时间的积累，思想政治教育工作者能够利用该方式获得更为有效的学生思想问题，从而对教学内容进行有针对性的改革，使情感交流有着更清晰的方向，进而强化大学生思想政治教育的效果。

（二）新媒体环境下大学生思想政治教育工作面临的挑战

有新生事物的产生和发展，均完全遵循着马克思主义原理，即需要一定的历程，无法一蹴而就。新媒体亦是如此，作为传统媒体发展而来的产物，它的完善性自然有待加强，且需要经历一定的时间。就当前的情况看来，新媒体的优势显而易见，诸多不利因素的存在也难以避免。因此，新媒体环境对大学生思想政治教育工作带来机遇的同时，其挑战也不容忽视。

1.对高校思想政治教育意识和教育模式要求有了明显的提高

新媒体环境为高校思想政治教育工作带来了诸多的便利，但不可否认其在很大程度上使高校思想政治教育工作者的地位弱化，传统的权威性主导地位不复存在。鉴于大学生对新媒体的依赖，很多思想政治内容往往更早地被大学生所了解，这对于高校思想政治教育工作者的工作积极性来说无疑是一个不良影响。由此也就致使部分思想政治教育工作者的综合素质下滑。从而导致教育意识难以与时俱进紧随新媒体发展之步伐，更有部分教育工作者不具备应有的技术水平。种种教育意识和能力等障碍均对新媒体环境下大学生思想政治教育工作造成不良影响。另一方面，基于上述教育意识与教育能力的落后，大学生思想政治教育的模式也就依然会停留在传统的教学模式当中。而新媒体环境对当代大学生思想政治教育模式提出了全新的要求，新媒体环境中的海量信息对大学生的意识行为等无疑会产生巨大的影响，因此高校思想政治教育工作者应当从中合理筛选出对大学生具有价值的信息，这对于思想政治教育工作者来说是一个挑战。

2. 新媒体环境的复杂性加剧了对大学生思想观念的冲击

当代大学生作为年轻一代，对于新生事物的接受能力极强，因此成了新媒体的主要受众群体。在新媒体环境中海量信息的作用下，大学生的好奇心和求知欲能够得到有效的满足，因此新媒体为大学生提供了一个信息资源平台。而鉴于新媒体环境下信息资源储备量的巨大，其中信息的复杂程度也就可想而知。除了有价值的高质量信息之外，还存在着各种腐朽的思想观念，拜金主义、奢靡之风甚至反社会等理念也大量充斥其中。大学生正值价值观形成的关键时期，一旦遭受不良思想的影响，则有可能使未来的身心成长偏离正轨。同时，所有事物均具有两面性，网络虽具优势，但对于大学生思维的独创性发展势必产生一定程度的抑制作用。新媒体环境主要依靠互联网与数字技术的支撑，对于推动全球一体化发展所起到的促进作用不容忽视。基于此，西方一些国家往往在国际范围内大肆传播消极与反动信息，我国国内也有一些图谋不轨人士在互联网平台当中广泛散布歪理邪说蛊惑人心，加之暴力、色情等思想蔓延，对大学生的影响愈演愈烈，高校思想政治教育的环境急转直下。由此也就为当代高校思想政治教育提出了新的挑战，即如何消除新媒体对大学生思想观念的负面冲击。

3. 当代大学生在新媒体环境下的心理失衡与行为异化问题日益严重

新媒体环境促使现代信息技术全面普及，除了其所囊括的海量信息之外，新媒体的娱乐性也成了广大大学生所重点关注的焦点，大学生在新媒体环境中实现了交友、购物、游戏娱乐等等，可见新媒体已经成为当代大学生生活中不可分割的一部分。这种基于网络的生活一旦过度，则会严重影响大学生的身心健康。而大学生的身心尚未完全成熟，因此较容易在新媒体环境下导致心理失衡或者行为异化，究其根源，主要来自所谓的"网瘾"。关于网瘾的危害已有诸多研究，本文且不做探讨。而就大学生思想政治教育工作的开展来说，大学生一旦沉迷于网络，则会陷入自我的世界里难以自拔，现实生活中也就极其容易出现人际关系淡漠等不良情况，所有的心理压力只能借助于虚拟网络平台而发泄，并且逐渐形成恶性循环，使大学生在此路途渐行渐远。从此角度来看，亦为当代大学生思想政治教育工作提出了难度更高的挑战。

二、新媒体环境下高校思想政治教育创新发展

利用新媒体拓展思想政治教育的有效途径新媒体正以意想不到的速度占领大学生群体，技术的变革应该引起教育模式的变化，大学生思想政治教育必须正确认识这一新趋势，积极研究、利用好新媒体，主动应对当前新媒体背景下思想政治教育所面临的挑战，充分抓住其带来的新机遇，使新媒体为思想政治教育工作服务，深入挖掘新媒体的思想政治教育功能，不断开拓育人的新空间。

（一）主动抢占新媒体阵地

新媒体日益受到大学生的青睐，思想教育工作者应当迅速占领这一贴近教育对象的新阵地，多层次、全方位地展开工作。高校要增强阵地意识，要创新思维方式和教育观念，从经费、环境、体制上提供服务和支持。充分发挥互联网的作用，重构校园网络平台，建立思想政治工作网络系统，建设专门性的思想政治教育主题网站，旗帜鲜明地宣传党的思想，弘扬中华民族的优秀文化和时代主旋律。要利用好大学生喜爱的QQ、飞信、博客、微博、论坛等新媒体资源，进行精心策划和布局，逐步构成多维度、多层次的立体思想政治教育信息传播途径。要把虚拟世界与现实主流校园活动结合起来，开展融思想性、知识性、趣味性于一体的网上校园文化活动，调动学生参与的积极性，营造健康和谐、积极向上的新媒体校园文化氛围，在活动中进行隐性教育。

（二）建立一支素质过硬的新媒体思想政治教育队伍

新媒体技术的迅速发展，对高校思政教育工作者提出了新的要求。思想教育工作者要不断提高自身理论水平，具备扎实的理论基础、深厚的人文修养，熟悉教育基本规律。要迅速适应新媒体时代的发展变化，转变教育观念，要对自己重新定位，放下老师的姿态和学生平等交流，与学生积极互动。要能够熟练运用新媒体工具，熟练运用网络语言和网上舆情分析、引导技巧，努力掌握网上交流的主动权和话语权。要能够及时把握学生思想动态，主动出击，利用QQ、MSN、博客、微博、网络论坛等网络媒体形式和大学生进行开放、平等的交流沟通，通过新媒体大规模地、主动地、快速地对大学生进行思想政治教育和舆论引导。要积极借助新媒体平台，开展生动活泼、喜闻乐见的网络思想政治教育活动，形成网上网下思想政治教育的合力。

（三）积极推进辅导员博客、微博等新媒体建设

辅导员是开展大学生思想政治教育的骨干力量，是大学生健康成长成才

的领航者、引路人。信息时代，能够驾驭新媒体、引领网络文化也成为辅导员所必须必备的能力。博客这一新媒体平台因其特有的平等、开放、共享的发布机制打破了传统的信息孤岛，形成了一个开放、互动的交流社区。微博的出现更加使交流便利化、即时化，随时随地可以与朋友交流沟通。博客、微博正因其便捷性、沟通的无限性，受到大学生的广泛喜爱。高校辅导员应及时占领博客、微博这一新媒体阵地，建立自己的博客和微博。要在博客上记录自己的教育心得，听取学生的意见和建议，不断反思和改进自己的工作方法。把思想政治教育内容寓于博客之中，引导学生积极参与，和学生就某一话题开展平等对话和互动交流，拉近师生间的距离，使思想政治教育更生动活泼，更具吸引力，更容易被学生接受。

（四）提高大学生的新媒体素养

大学生思想开放、求知欲望强、喜欢接触新事物，但他们人生阅历不足，判断能力不强，而且不可能随时处于思想教育工作者的视野之中，新媒体环境下不良信息很容易使他们的世界观、人生观、价值观发生偏离。因此，高校思想政治教育工作者要努力培养和提升大学生的新媒体素养。高校要把新媒体素养教育纳入思想政治教育内容，开设新媒体教育课程，开展新媒体知识普及教育，引导大学生理智、科学地使用新媒体，提高他们对新媒体信息鉴别能力，使大学生具备理性对待新媒体信息的能力。要培养大学生网络安全意识和责任意识，强化大学生的网络道德意识和法制观念，促使大学生自觉提高自我素养，自觉遵守新媒体行为规范。

（五）有效开展高校网络舆情工作

营造一个良好的网络环境，促进学生更加健康成长成才，是高校思想政治教育工作和高校稳定工作的关键。大学生自身缺乏社会阅历，对是非真伪辨别力差，也极有可能被反动势力和不法分子所蛊惑，因此加强网络监管和开展高校网络舆情工作非常重要。为了构筑健康的网络新媒体环境，高校应建立健全高校思想政治教育信息监督机制，尽可能运用技术手段构筑起强大的"防火墙"，并对一些有害的信息及时进行"解毒"和"消毒"工作，要及时捕捉新媒体平台上大学生思想政治动态，发现苗头及时予以解惑和引导。在做好网络信息监管的同时，还要构筑常规的由辅导员、学生党员、学生骨干组成的舆情监测系统，形成网上网下有机结合的高校舆情监管反馈体系，构筑和谐的新媒体教育环境，为学生健康成长成才保驾护航。

第五节　大学生思想政治教育价值发展的当代趋向

一、个体价值由工具性向目的性发展

当今，大学生思想政治教育以发展大学生本身为目标指向，在发展集体价值的同时充分发展个体价值，凸显了个体价值的时代地位。个体价值由工具性向目的性发展是当代大学生思想政治教育价值发展的重要方向之一；当代大学生思想政治教育通过引导大学生政治方向、激发大学生精神动力、规范大学生思想行为、塑造大学生健全人格等全面发展其个体价值。

（一）引导大学生政治方向

所谓政治方向，是指政治的价值取向、阶级指向，是政治理想、政治信念、政治立场、政治态度、政治品质等的综合体现。政治方向对个人的政治思想和政治行为发挥精神支柱作用，是个人政治素质的核心组成部分。大学生思想政治教育引导大学生的政治方向是大学生自身成长的客观需要。"广大青年学生有爱国心和正义感，满腔热情，对新事物十分敏感，这是你们的长处。但同时也应看到，你们身上也存在缺乏实践锻炼和政治经验的弱点。"这即是说，青年大学生政治上不够成熟，在其成长中需要加以方向引导。引导大学生政治方向，理想信念教育是根本。

（二）激发大学生精神动力

大学生"是具有意识的、经过思虑或凭激情行动的、追求着某种目的的人"，"他的行为的一切动力，都一定要通过他的头脑，一定要转化为他的愿望和动机，才能命令他行动起来"。这种"愿望是由激情或思虑来决定的。而直接决定激情或思虑的杠杆是各式各样的。有的可能是外界的事物，有的可能是精神方面的动机，如功名心、'对真理和正义的热忱'、个人的憎恶，或者甚至是各种纯粹个人怪癖"。这就是说，大学生行为受物质或精神的动机与愿望支配，受内在精神动力的驱使。青年时期是人生的特殊发展阶段，处于青年时期的大学生需欲求异彩纷呈，理性认知活跃敏锐，情感世界丰富多彩，参与行为充满青春活力。大学生有多方面的物质需要，同时也渴望智慧与理性，还富有激情，无论是物质的需要还是智慧、理性或激情的渴望，都

是"加工"大学生精神动力的上等"原材料"。坚持物质激励，是因为"人们奋斗所争取的一切都和他们的利益有关"。"如果只讲牺牲精神，不讲物质利益，那就是唯心论"。并且，"思想一旦离开'利益'的需要，就会使自己出丑"。坚持精神激励，在于马克思主义是真理。以马克思主义的真理说服大学生，武装大学生，发动大学生；同时充分融入关心爱护大学生的真挚情感，为大学生树立榜样与目标，实施激励，教化感化大学生，对催生大学生巨大的精神动力发挥着关键作用。

（三）规范大学生思想行为

大学生思想政治教育对大学生的思想、行为具有规范性：肯定符合大学生思想政治教育方向、目标的思想和行为的正确性；界定偏离大学生思想政治教育方向、目标的思想和行为的不合理性；排除冲击大学生思想政治教育方向、目标的思想和行为的干扰性。大学生思想政治教育之所以具有规范大学生思想行为的价值，在于大学生思想政治教育本身具有方向性、规范性。为了培育人才，实现教育目的，在教育实践中对大学生提出一系列规范性要求，开展理想教育、道德教育、法纪教育等具有规范意义的教育，促进大学生思想与行为健康发展。大学生接受思想政治教育，参与社会实践，进行社会化的过程实际上就是在坚持社会导向的前提下，认识、理解、接受社会规范，掌握社会"游戏规则"的过程，实际上就是大学生思想政治教育实现规范大学生思想行为价值的过程。

（四）塑造大学生健全人格

人格就是指做人的资格，是指人在世界万物中的格位，是人之为人的格式与标准。马克思曾深刻地指出："一特殊的人格的本质不是人的胡子、血液、抽象的肉体的本性，而是人的社会特质。"根据马克思主义的观点，人格是在一定社会实践过程中的人的个人心理和行为特质的总和，它包括政治、道德、心理、情感、智慧等诸多方面，渗透着意识形态、价值观念、文化传统、社会生活等因素的影响。健全人格主要指一个人人格所包含的诸多方面得到全面、充分的发展，构成协调、健康的系统，符合时代发展要求和人的本质发展需要。塑造健全人格关系大学生的全面发展，关系大学生对社会进步的意义与价值。历史与现实都一再表明，大学生要实现人生理想，有所作为，必须全面发展，不能单向度地发展"智体"的工具理性，还必须重视"穗"的价值理性，也就是必须具备健全的人格。健全人格的塑造靠教育，大学生思想政治教育以其"内化—外化"的知行转化机制为机理，通过推动大学生把社会要求的思想政治品德规范内化为信念、外化为行为的反复实践，塑造大学生健全人格，体现出显著的价值性。

二、集体价值由一元向多元发展

伴随着社会多元化的发展，当代大学生群体的社会组织方式日益多样，大学生群体的成员组成更加复杂，开展集体教育的方式方法更加多元。这就是说，当代大学生思想政治教育所面临的社会环境、集体氛围、个体心理等与过去相比都发生了深刻变化。这些变化客观上要求改变大学生思想政治教育固定在集体中开展的模式，以更加多样的形式开展工作，实现大学生思想政治教育实践的当代发展。立足大学生思想政治教育的实践发展，当代大学生思想政治教育价值改变过去实现集体目标的一元化存在，在实现集体目标之外进一步发展了指导大学生群体心理、调节大学生群体行为、丰富发展大学生群体的青年文化等方面，呈多元化格局。

（一）指导大学生群体心理

所谓大学生群体心理，是指大学生群体成员在群体活动的相互作用中形成的整体心理氛围，它包括大学生群体的需要、情感、情绪、动机、信念等。了解和把握大学生群体心理，是有效开展大学生思想政治教育的前提和基础。大学生思想政治教育之所以具有指导大学生群体公理的价值，关键在于当代大学生思想政治教育实现集体目标的方式方法发生了变化。当代大学生思想政治教育不再局限于灌输、说教等传统方式，而是在教育中遵循以大学生为本的原则，创新教育方法，充分尊重大学生的需要、愿望、兴趣、心理等。当代大学生思想政治教育的实践表明，从一定意义上讲，谁把握了当代大学生群体心理，谁了解当代大学生群体的需要，谁代表了当代大学生群体的利益，谁就能影响当代大学生群体的思想和行为。因此，当代大学生思想政治教育迫切需要运用心理学等有关理论知识，把握和指导大学生群体心理，实现大学生思想政治教育的应有价值。

（二）调节大学生群体行为

思想是行为的先导，行为是思想的外在表现；思想是"隐在"的，而行为是"显在"的；有什么样的思想状况，就会有什么样的行为表现。在一个大学生群体中，大学生个体的思想状况往往千差万别，反映到行为上就参差多态。当代大学生思想政治教育培养教育大学生，不仅要培养塑造大学生的正确思想，而且要规范调节他们的行为，实现大学生思想行为状况与社会、集体要求之间的协调一致、良性互动。从普遍的意义上讲，调节大学生群体行为，重点在于把握好统一大学生行为导向、增强行为动力、加强行为规范控制等关键环节。统一行为方向，就是通过教育帮助大学生增强对党和国家的路线、方针、政策的理解与领悟，引导群体成员心往一处想，劲往一处使。增强行为动力，就是运用说理、激励等多种手段充分调动群体成员的主观能动性。加强行为规范控制，就是要对正面积极行为进行鼓励，对负面消极行为进行规范，确保协调一致。

（三）丰富发展大学生群体的青年文化

"青年文化从本质上讲是主体文化的有个性的附属，是与传统主体文化相连的分支文化，是介于青年与社会，社会与主体文化之间的桥梁。"青年文化由一代代青年人创造、发展，同时也哺育着一代代青年。青年文化是对青年价值观念、思想行为的生动表征。通过青年文化，能架起联系、沟通青年的桥梁。当代大学生思想政治教育在发展中充分重视运用青年文化推动大学生思想政治教育的实践发展，这种实践反过来又进一步丰富和发展青年文化，有利于大学生思想政治教育集体价值的实现。在现实中，很多高校把开展思想政治教育与校园文化建设有机结合起来，以优秀的校园文化、良好的思想政治教育培育青年大学生，提升他们精神境界和素质。实践一再表明，大学生思想政治教育与青年文化之间互动发展。

三、社会价值由片面向全面发展

改革开放以后，大学生思想政治教育得到健康发展，政治、经济、文化价值得到全面的发挥和提升。

（一）社会政治价值的发展

在新旧历史时期，政治的时代内涵不尽一致。就国际政治而言，冷战时期集中表现为社会主义与资本主义两大阵营之间的矛盾对抗与相互斗争，在和平与发展成为时代主题的新时期集中表现为全球范围内资本主义与社会主义两种制度、不同国家的并存竞争，即在经济、文化等方面既全面交流合作，又矛盾斗争。就国内政治而言，改革开放后，我国政治的集中表现是以经济建设为中心，发展社会生产力，是一种建设的政治、经济的政治。大学生思想政治教育为社会政治服务，实现社会政治价值。这必然要求大学生思想政治教育政治价值实现价值发展。新时期，大学生思想政治教育政治价值主要在于帮助青年大学生正确理解、坚持、贯彻党的基本路线和方针政策，投身以经济建设为中心的现代化事业，为现代化建设作出贡献。实现这样的价值，大学生思想政治教育要坚持"建设的政治、经济的政治"的时代取向，为贯彻党的路线方针政策，建设中国特色社会主义发挥政治保障；要坚持教育大学生，以和平与发展时期的新型政治观引导大学生成长为当代"政治人"；要坚持解放思想、实事求是、与时俱进，紧跟时代发展的步伐，不断提升价值品位。

（二）社会经济价值的发展

所谓大学生思想政治教育的经济价值，就是大学生思想政治教育服务于经济建设，促进经济发展的价值。改革开放前，人们一度在认识上对经济与政治的关系有一定的偏差，未能很好地处理经济建设和政治的关系，大学生思想政治教育的经济价值没有得到很好体现。其实，"物质可以变成精神，精神可以变成物质"，"代表先进阶级的正确思想，一旦被群众掌握，就会变成为改造社会、改造世界的物质力量。"大学生思想政治教育向大学生传播的思想理论、道德观念，作为一种精神力量，为大学生参与物质文明建设提供思想保证、精神动力，从而转化为建设社会主义的物质力量。同时，大学生思想政治教育通过引导大学生树立与市场经济发展要求相适应的观念与意识，帮助大学生化解一些关于经济生活的思想矛盾与困惑，创设良好的舆论环境和社会风气等，参与社会经济调节，促进经济发展。总之，大学生思想政治教育通过传播先进理论，倡导高尚道德，为经济发展提供正确的价值导向、良好的社会环境，充分调动青年大学生参与经济活动的积极性、主动性和创造性，从而在促进经济发展中实现经济价值。改革开放以来，随着经济建设的蓬勃发展，大学生思想政治教育服从和服务于社会主义现代化建设需要，其经济价值得到了空前的发展。

（三）社会文化价值的发展

在建设中国特色社会主义的历史进程中，大学生思想政治教育以提高青年的思想道德素质与科学文化素质为目标追求，通过文化选择、文化传播、文化创造体现其文化价值。所谓文化选择，是指大学生思想政治教育以其特有的政治导向、价值识别功能对社会文化进行过滤、筛选，对与社会主导意识形态价值导向相一致的给予肯定、接受，纳入自身的内容体系与教育轨道；对于与社会主流意识形态不相符合的文化内容给予排斥、抗拒，清除其对大学生的侵害。所谓文化传播，是指大学生思想政治教育在把社会所要求的思想观念、道德规范等传播、教育给大学生，以促成大学生形成合乎社会需要的思想品德的过程，本身也就是在传播文化。因为一定的思想观念、道德规范本身就属于一定的政治文化、伦理文化。并且，当代大学生思想政治教育在实践中倾向于与社会文化活动同台共戏，相互渗透，融为一体，从而进一步突出了其文化传播的时代价值。所谓文化创造，是指大学生思想政治教育对于促进社会亚文化、特别是青年文化的发展有重大作用。大学生思想政治教育作用于青年大学生，通过引导他们的思想文化观念，规范他们的行为，创设良好的文化交流，整合价值取向，增进文化认同等等，为青年文化及社会文化的新生和发展创造条件。

第八章 大学生思想政治教育模式研究

第一节 当前大学生思想政治教育模式存在的问题及成因分析

一、当前大学生思想政治教育模式存在的主要问题

（一）教育理念滞后

受传统习惯、经验主义的影响，在当前的大学生思想政治教育过程中仍然存在"重教育，轻自我教育""重管理育人，轻服务育人"等教育理念层面的问题。换言之，面向大学生开展思想政治教育多于帮助大学生进行思想水平、政治素质与道德修养等方面的自我教育；"教育学生"和"管好学生"往往是大学生思想政治教育者的口头禅。在这种教育理念指导下，大学生在不自觉中变成不能独立思考、无法进行自我教育的孩子，从而不利于人格的完善与个性的发展。

事实上，大学生思想政治教育应当重视并真正确立大学生教育实践中的主体地位，满足大学生进行自我教育、自我管理和自我服务的愿望，在强调外在教育干预、不断完善大学生规章制度管理、强调他律重要性的同时，进一步加强大学生自我教育、自我管理与自我服务的有机结合，让学生在知识的海洋中自主地吸取营养，学会探索并发现真理，从而取得对思想、政治与道德的深刻认识；逐步引导大学生主动从学校走向社会，积极参与社会实践，从而在社会实践的锻炼中学会分辨"真""善""美"与"假""恶""丑"，实现人格的不断完善。

（二）教育内容片面单调

当前大学生思想政治教育在内容上存在单调片面的倾向，即片面强调国史国情等层面的政治理论教育，从而在一定程度上忽略了心理教育、情商培

养、实践能力、团队意识与职业道德等层面的教育指导。此外，大学生思想政治教育实践过程中，往往习惯于遵守"千篇一律、千人一面"的教育规定和目标要求，从而极易忽略不同特点的大学生在各个成长阶段的不同发展特点；常常会因为一时一事的要求调整教育内容或内容的侧重点，在一定程度上忽略了大学生成长成才的全面需要，是造成学校教育与社会现实彼此割裂的重要因素之一；社会上出现的一些不良现象或舆论有时会对大学生的思想产生大于思想政治教育的影响力，极易使大学生思想政治教育内容在现实面前缺乏应有的说服力和感染力。

（三）教育方法僵化

在当前的大学生思想政治教育实践中，教育者往往忽视双向交流和学生能动性的发挥，尽管比早期有了一定的改进，但基本上还是习惯于采用传统的灌输、说教和管理方法和手段，导致政治话语、文件话语、权力话语大量充斥在大学生思想政治教育过程之中，教师往往把讲解变为独白，而大学生却通常只能被动地接受教师的知识和思想，从而在一定程度上造成了思想理论知识与大学生的实际生活经验和具体生命体验之间的彼此割裂，大学生被动地沦为了储存信息的容器。

QQ、微博、微信、网络等新媒体是当前最受大学生欢迎的思想政治教育方法。然而，受科技的高速发展和年龄等主客观因素的影响，部分思想政治教育者往往会因为不能及时掌握最新的网络技术，无法有效利用微博、微信等网络新媒体进行大学生思想政治教育，从而容易使思想政治教育方法表现出单一、枯燥的僵化状态，极易使大学生对思想政治教育萌生抵触情绪和心理，引发青年群体对教育内容的排斥和反感，导致教育感染力和实效性差，教育效果难以真正内化为大学生的日常行为造成了事倍功半的结果。

（四）教育体制落后

从当前的大学生思想政治教育实践看来，我国大多数高校的思想政治教育体制中融合着强烈的行政色彩，即在大学生思想政治教育体系中既包含着思想教育，又包括学生管理，是由思想教育系统与学生管理两大系统构成的统一体，而负责相关教育工作的不仅包括思想政治教育理论课教师，而且还包括主管学生思想工作的副书记和学生管理工作的副校长的共同运作。在这个庞大的体制中，看似职责明确、机构健全，但实际从事思想政治教育的人员经常会感觉分身无术、多头施教。出现这种局面的深层次原因在于高校在计划经济体制下一直按照事业单位的管理体制设置职能部门，追求大而全，实行党政分管。随着社会的发展和各项体制改革的逐步推行，高校也应根据教育系统的特殊规律，重新构建符合社会发展的思想政治教育体制。

（五）队伍专业化水平不高

思想政治教育队伍的教育水平必然对大学生思想政治教育实效性的实现具有重要作用。而且随着素质教育的全面推行，大学生思想政治教育开始强调全面性、层次性和现代性，这就更加要求不断提升大学生思想政治教育队伍的专业化水平，使大学生思想政治教育者应具有更完备的学科知识和更现代化的管理手段。

具体说来，这一滞后性主要体现为思想政治教育的基础理论和教育方法研究相对滞后，要么专注事务，忽视研究；要么敏于思考、疏于研究；要么脱离实际、空谈研究；要么方法单一、不会研究，既没有随着经济、文化、信息的不断发展转变必要的工作观念和思路，也没有随着大学生的思想动态变化而更新必要的教育语言和方式，限制了思想政治教育的持续发展。此外，调查研究可以看出，当前大学生对思想政治教育者最为看重的不是教学水平，而是师德水平和人格魅力。因此，思想政治教育者专业化水平的提高，不仅要强调思想政治教育的理论化水平的提高，而且要强调自身的品德修养和人格魅力的提升。

总体来说，我国大学生思想政治教育模式当前存在的主要问题可以概括为传统的大学生思想政治教育模式与现实条件之间的四个"不相适应"，即教育理念与当今社会现实不相适应、教育内容与大学生的实际需求不相适应、教育方法与当今信息手段不相适应、教育队伍与思想政治教育地位不相适应。尽管大学生思想政治教育状况在逐步改观，但这些现实存在的问题仍然应该引起我们的高度重视。

二、思想政治教育模式存在问题的成因分析

（一）教育本质的认知异化导致教育理念的滞后

教育从本质上来说即是培养人的活动，而促进人的全面发展则是马克思主义教育理论体系的核心内容，也应该是指导我国大学生思想政治教育的认知基础。从中西方教育实践的历史进程上来看，中国古代强调以包含礼、乐、射、御、书、数的"六艺"塑造圣贤之才，而西方的传统教育也强调以包括数学、几何、天文、音乐、语法、修辞、逻辑的"七艺"培养和谐之士。

然而，在我国高校的教育实践过程中，过分注重对知识、经验和技术等的传授和训练，从而在人才培养的过程中时常出现重知识、轻价值，重技能、轻理想等倾向。追根究底，在于人们忽视了教育的育人本质，而更加关心教

育会带来什么。随着人们对于教育本质认识的异化，大学生思想政治教育也逐渐沦为对学生进行简单加工的工具片面强调教育好、管理好学生，而忽略了教育对大学生发展的需要，是教育理念滞后的重要原因。显然，这种教育的最终结果就是制造了大量技能意志、品味一致、特点一致的学生，根除了学生的自我，禁锢了他们的个性和自由发展，教育变成了加工厂，生产出大量的"标准件"，而不是一个个全面健康发展的"人"。

（二）教育与现实需求脱节导致教育内容的片面单调

教育与现实需求的脱节主要体现在三个方面：一是，当前的大学生思想政治教育与社会发展的现实需求相脱节，主要体现在大学生思想政治教育内容没能及时解决社会发展对大学生思想观念变化所产生的影响问题，没能全面系统地审视社会背景与大学生思想政治教育之间的关系问题，也没能充分体现思想政治教育理论发展的时代性问题，从而极易使大学生在进行道德判断与道德选择时感到困惑和迷茫。二是，当前的大学生思想政治教育与知识教育脱节，学科设置的细化将本应是知识教育与思想政治教育相融合的大系统被人为地分割成为德、智、体、美、劳等板块后并进行简单相加，从而造成了知识教育和思想政治教育各行其道的现象，专业教师往往只重视专业知识的传授，而忽视了专业知识背后所蕴藏的价值理性和道德精神，思想政治教育过程中也忽略了对大学生职业道德、实践创新能力等方面的内容。三是，当前的大学生思想政治教育与真正的品德教育脱节。从思想政治教育的历史经验来看，不注重德育，会产生"恶人"，但是忽视德育的现实基础而片面追求至善的道德目标，往往会培养出"伪善人格"。当前的大学生思想政治教育对大学生道德素质的培养仍然以道德知识传授为主，强调道德知识教育作为教育的主要内容，从而极易使教育或者流于形式，或者沦为对至善的狂热追求，"而关乎人的良善生活的理想教育、信仰教育以及真正的品德教育不断消失"，这种教育与现实需求彼此脱节的现象容易导致极端片面和单调的教育内容出现，从而大大抵消了教育的应然效果。

（三）功利思想的影响导致教育方法的僵化

在极端功利主义思想的影响下，大学这一学术共同体也在一定程度上开始对物质金钱顶礼膜拜，从而极易与自身应然的行驶轨道相脱离，陷入了严重的矛盾与自我迷失状态。在大学固有的育人理念严重弱化、接纳新的教育理念滞后的情况下，大学逐渐沦为了简单的名利场，大学生思想政治教育也似乎在一定程度上沦为一种形式。此外，随着社会本位思想的渗透，越来越多的高校认为教育的目的主要是满足社会现实需求，而非实现个人发展。因而，许多高校在教育过程中往往一味地讲适应，讲实用，功利倾向十分明显，从而使人文精神教育空前薄弱，大学生的主体性经常被忽视，而只是强调培养的人要适应社会的需要，适应论思想充斥整个思想政治教育工作系统。社会功利思想对高校的逐步渗透，其后果是大学生的发展不是大学生自我选择的结果，而是社会肤浅需求的结果，其弊端显而易见。

在这一背景下开展大学生思想政治教育，人们更多地在思考是否进行了思想政治教育，什么样的思想政治教育方法更加便捷且能够降低教育成本投入，而不在于采用什么样的教育方法才能更有效地推进大学生思想政治教育，切实提升大学生的思想道德修养和政治水平，从而容易导致大学生思想政治教育方法的简单僵化。

（四）行政权力的惯性作用导致教育体制的落后

众所周知，在大学中主要存在着两类机构，分别是学术机构和行政机构。行政机构设置的目的主要在于辅助学术机构不断实现育人的各项目标。然而，在我国大学长期的发展实践过程中，行政系统的功能范围逐渐超越学术系统的功能范围，发挥着越来越大的作用，并最终形成了功能庞大的科层组织。

在长期计划经济体制的影响下，我国高校的行政系统逐渐成了与教育目标无关的独立体系。在这一背景下，大学生思想政治教育在一定程度上存在着严重的行政化、封闭化、极权化、管理职能扩大化的倾向，很多思想政治教育者将行政权力看得至高无上，将学生管理看得重于学生发展，不惜采用那些不利于学生主体发展但可以相对轻易达到行政管理目标的教育指导方式。在高校行政机构臃肿、职能重叠的情况下，学院作为高校的中层机构，或沦为上传下达的机构，或包办了本该是上级机构或者大学自身应该完成的许多工作，大学生思想政治教育失去应有的活力。

（五）队伍建设失衡导致队伍专业化水平不高

思想政治教育从本质上讲应该是能够体现"对话性"的教育，而思想政治教育者则是对话的主导者，从这一层面上来看，思想政治教育者的素质高低很大程度上决定着思想政治教育的效果。当前我国高校的思想政治教育在队伍建设上尽管取得了巨大的成绩，但也表现出一些不足，具体体现在如下五个方面：一是，高校中讲授思想政治理论课的青年骨干教师相对比较缺乏，尤其是学科带头人数量较少，缺乏丰富的教学经验，很难有针对性地对大学生开展思想政治教育的教学工作；二是，辅导员队伍建设的专业化水平不高，无论是年龄结构，还是学历结构和知识结构都存在着不同程度的不合理现象，从而难以应对当前复杂的社会环境对大学生思想政治教育的发展诉求；三是，心理健康教育队伍建设明显滞后，主要表现为心理健康岗位重视不足，在编制紧张的情况下主要由辅导员开展心理健康教育，教育经费投入不足造成师生比例配备不协调，以及专业水平参差不齐等状况，不利于大学生心理问题的有效解决；四是，高校党团组织所具有的育人功能没有能够得到充分发挥，甚至有部分高校的党政领导存在对大学生思想政治教育的价值和意义认识不足、思想政治教育专业知识不足等问题，从而没有把加强大学生思想政治教育作为高校一项十分重要的任务来抓，或者没有将大学生思想政治教育恰当地融入党团组织的建设和发展过程中，成了影响思想政治队伍建设深入开展的重要因素；五是，全员育人的机制和软环境有待改善，从当前的大学生思想政治教育实践来看，高校思想政治教育队伍之间相互交流的平台缺失，从而使大学生思想政治教育者之间缺乏有效的沟通和协作机制，协同育人的作用不能充分发挥特别是专业教师和专职思想政治工作者各出其力、各自为政的现象十分突出。

随着改革开放的推进，传统高校思想政治教育模式与不断发展着的经济基础不相适应，与现代教育理念相违背，不能满足现代教育之需，其改革之势呼之欲出，研究大学生思想政治教育模式的创新对于改革传统模式，更好地实现大学生思想政治教育的有效性具有积极意义。

第二节 新形势下大学生思想政治教育模式的探索

2004 年 8 月 26 日，中共中央、国务院发布了《关于进一步加强和改进大学生思想政治教育的意见》，就新形势下大学生思想政治教育工作作出了全面部署。2005 年 1 月 17 日，党中央在北京召开了全国加强和改进大学生思想政治教育工作会议。这是新中国成立以来第一次以党中央名义召开的大学生思想政治教育工作会议。中央 16 号文中把"坚持教育和管理相结合"上升为改进大学生思想政治教育的基本原则，要求我们在认识上克服把管理与思想政治教育割裂开来的倾向，在实践上坚持把思想政治教育融于高校的整个管理之中，健全管理体制，发展管理模式。这就要求我们在思想政治教育管理活动中，既要确立科学的目标，以明确管理方向，又要制定必须遵循的准则，以保证整个管理活动协调有序地进行，最终使思想政治教育活动富有成效。

一、新形势下思想政治教育面临的挑战

大学生是十分宝贵的人才资源，是民族的希望，是祖国的未来。大学生思想政治教育工作效果的好坏，从一定程度上影响着人才培养的质量。但在

现实生活中，当代大学生思想政治教育工作存在一些问题，这些问题的存在，不利于当代大学生思想政治教育工作的有效开展。

（一）全球化和市场经济的挑战

随着经济全球化的来临，我国将在更广阔的范围更密切地融入世界经济中，世界多元化经济和多元文化必然影响到我国。这一方面有利于促进文化交流，拓宽文化视野，拓展了思想政治教育的空间和渠道，所有这些变化使高校思想政治教育面临着巨大的挑战。

（二）新科技发展速度带来的挑战

网络的普及为人类教育的进一步发展注入了旺盛的生机和活力，它最大限度地弥补了传统教育在时间、距离、选择范围等方面的缺陷。然而，网络又是一柄双刃剑，在给大学生学习、生活等带来方便的同时，也给高校思想政治工作者带来了一系列影响。

（三）学生思想特点变化提出的挑战

高校历来是思想理论战线不同学术观点交汇、融合、撞击的阵地，也是文化开放的窗口。改革开放以来，社会生活方式、就业岗位和就业形式的多样性，使人们的社会联系、社会流动日益频繁，大学生在理想信念、科学精神、人文素养、公德意识和心理素质方面趋向弱化。

二、进一步完善大学生思想政治教育模式的思考

（一）顺应时代发展，更新现代教育观念

中国传统的思政教育，注重理论层面的灌输，体现为一种"灌输"式的或"填鸭"式的教育模式。在这种模式中，学生的主体性地位没有受到重视，积极性、主动性得不到调动和发挥。现在"90后"大学生更加崇尚一种自由、多元化的学习氛围，他们更愿意接受一种发散式的教育模式，而对各种"形式"与"口号"不屑一顾。一方面，教育者们应当转变对"90后"的传统看法，摆正姿态，突出受教育者的主体地位，正确对待其思维模式多元化、情感经历丰富、自我意识强烈、心理抗挫能力脆弱等特点。另一方面，将传统的正面理论灌输模式转变成一种渗透式的、体验式的教育方式。

（二）更新教育内容，倡导主旋律教育

经济全球化与文化多元化的时代背景下，"90后"大学生对于世界大格局的认识更加深刻。互联网的飞速发展，使信息获取更加便捷，也使"90后"

大学生能更快捷明了地把握时代脉络，但是他们缺乏起码的团队协作精神，虽个体上人人都是精英，却很难形成一股强大的合力。因此，要坚持理想信念教育和爱国主义教育的德育重点，要以社会主义核心价值体系与振兴中华的历史使命为导向，引导他们形成内在的价值基石，所有个人价值的实现都是建立在这座基石之上的宏伟大厦。

（三）坚持以人为本，建构分层次教育

"以人为本"是现代高等教育所提出的教育教学核心要求，是遵循教育发展规律、合乎我国国情并与人民要求相符的发展趋向。构建以人为本的教育理念一直贯穿在我从事思想政治教育工作的这几年里，依托特色校园文化活动，努力创新学生工作形式，最大限度地满足学生的需要。根据"分类指导"的原则，根据不同年级、不同需求学生的特点和需要，有针对性地对学生进行专项指导，充分利用各种条件，促进学生全面成长。

（四）建设沟通平台，丰富教育载体

步入 21 世纪的信息时代，网络这一无处不在的信息传播媒介，毫无疑问已成为"90 后"大学生群体性特征形成的关键因素。一些网络新现象、新思维也以势不可当的势头涌来，一批网络青年组织也如雨后春笋般兴起。而从事实层面出发，各种网络阵地如论坛、QQ 群、校内网的出现，确实为大学生交流学习提供了方便。通过视频、博客等手段，可以更有效地发挥思政教育的作用。所有这些都表明，思政教育必需要跨出开拓创新的一步，建立网络教育的新体系。要充分利用网络平台，拓宽思政教育的新渠道。

（五）加强学生组织，注重自我教育

高校学生社团就是高校中具有共同的兴趣、爱好、志向的大学生自发形成的学生群众团体，是一种非正式组织，具有非营利性。高校社团是校园中的中间层，它是联系学校与学生个人的一个纽带和桥梁，是学生自我教育、自我管理、自我服务的群众组织。在开展社团活动中，培育社团成员团队精神、倡导社团道德、规范社团成员行为，为思想政治工作提供了更为广阔的活动舞台，有效地填补了课堂教育的不足。

三、积极探索大学生思想政治教育新模式

（一）多措并举，创新方法，积极落实大学生思想政治教育新模式

1.充分发挥学生的积极性和主动性，开展丰富多彩的实践活动

在课堂学习的基础上，组织各种有益的实践活动，不仅可以增强学生的

社会经验和阅历，同时通过正面积极的实践活动也可以达到意想不到的思想政治教育的目的。

2.利用各种现代传媒的影响

充分利用学校和社会的各种先进的传媒手段，进行丰富多彩的思想政治教育。在高校中，利用校园网、广播站、校园主题演出、校园电影院等现代传媒进行思想政治教育。

3.加强网络信息的监控与管理

建立健全网络法律法规，规范上网行为，打击网络病毒以及网络犯罪行为，确保网络秩序的良性发展。增强大学生法制意识、网络道德意识，提高校园网络文化的建设。

4.建立健全工作机制，确保思想政治教育工作的长效性

思想政治教育不是某一阶段的工作，这是一个长期教育的过程。唯有制定制度，才能保障工作的长效性和连续性。

（二）放眼社会、与时俱进，充分认识大学生思想政治教育新形势新挑战

当代大学生思想政治教育存在一系列问题，对于思想政治教育工作者来说，既带来了工作上的困难，同时也为思想政治教育工作者开拓了工作领域。作为高校基层的思想政治工作者，一定要结合大学生思想政治教育工作实际，创新工作思想，面对不断变化的现实环境，只有不断地学习，把握新特点，采用新方法，应用新理念，积极寻求工作新举措，争取在思想政治教育工作中取得新的突破。

四、"六爱"思想政治教育模式的探索

大学生的思想状况如何直接关系到民族的未来和国家的命运，大学生思想政治教育工作也就成为高校各项工作的重中之重。近年来，高校坚持以社会主义核心价值体系为重点，以大学生全面发展为目标，积极探索思想政治教育模式，其中以"爱国爱旗爱父母、爱校爱师爱家乡"为主要内容的"六爱"教育，成为大学生思想政治教育工作的有效载体，取得了积极明显的成效。

（一）"六爱"教育模式的基本内涵阐述

1.基本内涵

所谓"六爱"思想政治教育模式，是指在大学生中广泛开展"爱国爱旗爱父母、爱校爱师爱家乡"等六个方面的系统教育，并通过一系列贴近实际、

贴近生活、贴近学生的主题教育活动，系统实施全面、科学、合理的教育管理实践活动，使社会主义核心价值体系融入课堂、融入生活、入脑润心，以不断提高思想政治教育的功能与作用。

2.优势特点

"六爱"教育模式是在总结以往工作经验，分析当前形势发展，结合工作实际提出的大学生思想政治教育工作的创新载体和方法。它具有针对性高、连续性强、整体教育效果好的显著特点。"六爱"思想政治教育模式，将日常工作中的几项工作或几个工作内容和教育活动资源进行有机整合、重新编排，以实现优势互补、资源共享，在此基础上加以系统化、科学化组织实施，各项活动内容之间相互交叉、相互融合、协同开展，活动形式灵活多样，以实现效果共享、效能最大化，从而可以大大提高工作效率和活动效果，促进大学生系统全面地接受教育。

因此，"六爱"教育模式是进行大学生思想政治教育工作的一种很好的载体，是思想政治教育工作与推动大学生综合素质有效提升、促进高校科学发展的最佳切入点，该模式的不断完善、深化和推广，是十分有必要的，也是很有意义的。

（二）"六爱"教育模式与社会主义核心价值体系的内在联系

十六届六中全会通过的《中共中央关于构建社会主义和谐社会若干重大问题的决定》，首次提出"社会主义核心价值体系"这一概念并对其基本内容作了说明，即"马克思主义指导思想，中国特色社会主义共同理想，以爱国主义为核心的民族精神和以改革创新为核心的时代精神，社会主义荣辱观，构成社会主义核心价值体系的基本内容"。党的十七大报告明确指出："切实把社会主义核心价值体系融入国民教育和精神文明建设全过程，转化为人民的自觉追求。积极探索用社会主义核心价值体系引领社会思潮的有效途径，主动做好意识形态工作"。这一要求为高校进一步加强大学生思想政治教育工作指明了方向。我们认为，"六爱"具体内容"爱国爱旗爱父母、爱校爱师爱家乡"，体现了社会主义核心价值体系的本质要求和基本内容。

爱国是对祖国的忠诚与热爱，体现的是爱国主义情怀，而爱国主义是中华民族精神的核心，是社会主义核心价值体系的重要内容之一；爱旗，是指中国特色社会主义的伟大旗帜，而中国特色社会主义共同理想是社会主义核心价值体系的主题，社会主义核心价值体系决定着中国特色社会主义发展方向；爱父母，体现的是中华传统美德——孝，孝父母、友他人、爱祖国在本质上是一脉相承的，孝在社会主义核心价值体系中处于基础地位，发挥着原动力的作用。爱校爱师爱家乡将以爱国主义为核心的民族精神、改革开放为核心的时代精神和社会主义荣辱观进行有效整合，高度浓缩于区域经济社会建设、学校发展和个人成长之中，使社会主义核心价值体系的"宏观要求"更加微观化、具体化、生动化，因此，爱校爱师爱家乡是继承和弘扬社会主义核心价值体系的重要体现。

（三）"六爱"教育模式具体做法

1."六爱"教育寓教寓学、入脑润心

一是把"六爱"教育融入到班级文化建设中，着力培养学生良好的言行、举止和与人交往的能力，形成团结向上、和谐进取的班级精神；二是把"六爱"融入到日常教育管理的全过程，着力培养学生与人共处和自主管理的能力，使学生树立积极进取、乐观豁达的生活观，珍惜生活、热爱生活的集体观；三是把"六爱"融入到教育教学改革的全过程，充分挖掘各门课程"六爱"教育的显性和隐性内容，在教学中潜移默化地渗透；四是把"六爱"融入到各种活动中，使学生在实践活动中开阔视野、拓展知识、磨炼意志、增长才干，学真知、做真人、长真才。

2.思想政治教育工作持之以恒

始终坚持育人为本、德育为先。学校及时出台加强和改进学生教育管理工作方面的意见，创新党员干部联系班级制度、学生教育管理人员入住学生公寓制度、学生院长助理制度、政策发布会制度等学生教育管理制度。以爱国主义教育为重点，对学生进行以爱国主义为核心的民族精神教育；以学生全面发展为目标，通过开展主题班会、大学生辩论赛等形式，广泛深入地开展以感恩教育、诚信教育等为主题的素质教育系列活动，广大青年学生的学习目的更加明确，整体素质有了很大提高；以增强遵纪守法观念为基点，聘请专家学者作法制报告；定期组织召开政策发布会，紧密围绕学生普遍关心的、反映较集中的问题，倾力做好释疑解惑和教育引导工作。

3."善待学生"理念深入人心、付诸行动

以"满足学生合理需求、发展学生健康个性、促进学生长远发展"为温暖点和落脚点，大力开展学生教育管理温暖工程，扎实推进学生教育管理工作精细化管理、规范化运作、个性化实施，着力提高学生满意度和好评率。加强评先创优管理，突出公平、公正、公开，确保各类奖助学金和助学贷款评选发放工作顺利进行；加强心理健康教育工作，通过举办心理漫画展、开通心理博客、观看心理电影、召开心理健康教育主题班会、举行心理健康知识竞赛等形式，丰富心理健康教育形式，为引导学生健康成长和避免出现心理问题奠定坚实基础；加强学生公寓管理工作，定期开展安全纪律专项检查，坚持公寓值班和入住制度，确保学生公寓安全稳定；加强学生餐厅管理，控制饭菜价格，提高饭菜质量，实行生活补助；加强后勤服务保障，设立后勤服务热线电话，及时解决学生公寓、教室出现的各种问题。

4. 学生管理工作规范有序

严格落实责任和科学考核，深入开展文明创建工作，大力开展"文明教室""文明宿舍"创建评选活动，成立学生校卫队和文明纠察队，加大对不文明行为的督查整顿力度；强化校园安全稳定工作，重点抓重点时间段、重点部位、重点事件期的安全稳定工作，建立突发事件处理预案，确保校园和谐稳定；公开、公平、公正评选"十佳大学生""十佳学生干部"等先进典型，并大力表彰宣传，充分发挥评先创优的激励和导向作用；开展学生技能竞赛活动，构建四级大赛参与和激励机制，大张旗鼓地表彰奖励在各类各级技能大赛中获奖学生，促进学风的根本好转；举办说课暨教学评价大赛和教学经验交流会，促进教学工作和学生工作的有效融合；按照程序正当、证据充分、依据明确、定性准确、处分适当的要求，做好违纪处分，严肃校风校纪；开展以"心连心"为主题的班级挂靠和特困生帮扶活动，从分管院长到一般学生工作人员深入到班级，与学生面对面地交流，增强师生间的了解和感情。

（四）"六爱"教育模式的保障措施

1. 加强领导，形成合力

领导的重视程度直接关系到思想政治教育工作开展的深度和成效。学院党委要始终把"培养什么人""如何培养人"这一重大课题摆在首要位置，建立健全党委统一领导、党政群齐抓共管、有关部门优势互补、全体师生积极参与、校内校外良性互动的领导机制和工作机制，并坚持以"六爱"教育活动为抓手，切实加强组织领导。

2. 整体谋划，系统推进

将"六爱"教育与日常教育管理活动有机结合，整体谋划思想教育活动，整体设计活动方案，整体推进活动进程，整体评估活动效果，确保各项活动的连续性、逻辑性，增强教育的系统性、科学性。

3. 结合实际，融于实践

紧密结合工作实际，充分发挥学校的主阵地、主课堂、主渠道作用，组织开展各类精品文化艺术活动，满足大学生的精神文化需求；搭建竞赛交流平台，树立创先争优标杆，充分调动和激发大学生学习的积极性和创造性。同时，积极组织开展与专业学习、勤工助学、服务社会、择业就业、创新创业等相结合的社会实践活动，提高教育的感染力和吸引力。

4.把握内涵，注重实效

始终坚持把社会主义核心价值体系作为大学生思想政治教育的重点，将"六爱"教育内容融入其中，创新开展中国历史和革命教育、基本国情和形势政策教育、科学发展观和社会主义荣辱观教育，使大学生正确认识社会发展规律，明确自身肩负的社会责任，用社会主义荣辱观引领思想风尚，把道德实践活动融入日常学习生活中，促进大学生全面发展。

第三节 网络环境下大学生思想教育模式探索

伴随着网络技术的迅猛发展和网络的普及，当代社会已经名副其实地进入了网络时代。网络对于我们工作、学习和生活的影响无处不在。同样，网络文化也正在日益深刻地影响着当代大学生的思想、意识和行为。高校已经不再是封闭的象牙塔，传统的"两耳不闻窗外事，一心只读圣贤书"的封闭环境已经被打破。相反，大学校园已经成为网络社会里信息化程度最高的地区，综合信息的扩散量极大。一方面，网络信息的快速和共享，给大学生获取各方面信息提供了方便；另一方面，网络环境中真真假假的信息，良莠不齐的思想冲击着大学生的眼球和大脑。在这样的环境下，当代大学生世界观、人生观、价值观的树立面临着严峻的挑战，在网络环境下，加强当代大学生思想政治教育已经成为越来越紧迫的任务。

一、网络环境下大学生思想政治教育的重要性

随着因特网被世界范围内的越来越多的人使用，它塑造了一个独特的文化态位，以互联网为核心的信息革命给人类的生产、生活、学习等带来了深刻的变化。网络时代，传统的生活、学习方式，知识传播方式，行为思维方式等面临着巨大冲击。高等学校作为信息化程度最高的场所之一，网络技术得到了广泛的应用，网络影响到大学生学习、生活的各个方面。而相应的高等教育工作，特别是高校思想政治教育工作由此面临严峻的挑战。

中共中央、国务院在《关于进一步加强和改进大学生思想政治教育的意见》即十六号文件中指出，大学生是十分宝贵的人才资源，是民族的希望，是祖国的未来，加强和改进大学生思想政治教育是一项重大而紧迫的战略任务。而目前网络日益成为当代大学生获取知识和各种信息的最重要渠道之一，其在各个方面深刻地影响着当代大学生。网络的开放性加剧了大学生价值观念的冲突；网络的虚拟性淡化了大学生的人际感情；网络的隐蔽性弱化了大

学生的道德意识感和社会责任感，等等。网络影响着大学生的生活、学习、思维等方式，给高校思想政治教育的内容、方法带来挑战，向高校思想政治工作者提出了尖锐而又严峻的问题。所以加强网络环境下的高校思想政治教育研究是非常有必要的。

二、网络环境下大学生思想政治教育面对的挑战

（一）网络给大学生思想政治教育提出新课题

网络能给人们的日常生活带来极大的便利，同时也给当代大学生传播了很多负面信息。例如：由于网络社会而引发网络犯罪大幅增长，网上的淫秽、暴力等不良信息大肆泛滥，很多当代大学生沉迷于网络虚拟社会等。这些负面影响给当代大学生的思想政治教育提出了新课题。

（二）网络使大学生思想政治教育变得更加复杂

网络环境是数字化的、全球化的，具有绝对的开放性，这也就决定了网络社会也必然是一个具有全球化、开放性特征的虚拟空间。西方的敌对势力正好利用网络的开放性，在意识形态问题上大做文章，利用网络宣扬自己的意识形态、价值观和生活方式的优越性，大肆鼓吹"民主""人权"，随意对我国的民主制度和权利制度进行诽谤和诋毁，妄图对我国进行所谓的"和平演变"，如法轮功邪教和一些分裂分子等常常在境外利用互联网大肆进行"违法活动"等。如何充分利用网络技术对西方敌对活动进行反击，如何增加当代大学生思想政治教育的针对性，高校思想政治教育面临着极其严峻的挑战。

（三）网络给大学生思想政治教育提出了新要求

网络环境自由、开放、平等。无论现实生活中的身份和地位如何，在虚拟的网络社会里，个体的地位都是平等的，这也对传统的师生关系提出了挑战。大学生对于老师与学生之间的平等关系的期盼日趋强烈，广大思想政治教育工作者，必须改变以往的方式，不断改进工作方式方法，创新大学生思想政治教育的手段和载体。

（四）网络对大学生思想政治教育工作者的地位提出了新挑战

网络由于自身的诸多优点，在当代大学生心中逐渐占据主导地位，大学生普遍认为网络上流传的信息比通过传统途径获得的信息更可靠、更准确，从而降低了从传统途径接受知识的主动性和自觉性，导致思想政治教育工作者对大学生的信息传播和行为引导的主渠道作用弱化，他们在大学生思想政

治教育中的主导地位面临丧失的危险。

三、网络环境下大学生思想政治教育面临的机遇

（一）网络为创新思想政治教育提供新空间

人们在现实生活中的交际由于受环境、伦理、利益等因素的影响和制约，往往带有很大的虚幻性和不真实性。网络社会在交际方面则更有优势，这也为思想政治教育提供了一个崭新的平台，可以使教育手段、教育形式更加丰富、灵活。通过网络环境，大学生可以与老师进行真实的沟通和交流，拉近彼此之间的心理距离，更能起到润物细无声的教育效果，这也为思想政治工作者准确掌控大学生的思想动态，并及时进行干预、引导提供了一条最佳渠道。

（二）网络蕴含着思想政治教育的宝贵资源

网络环境里包含的信息远远大于现实社会，这就给思想政治教育以更加宽广的载体和空间。传统的教育方式信息量小、传播面窄，而网络最大的特点和优势是信息共享性。网络可以极大程度地缩短信息传播的时间和空间距离，能使得大学生第一时间分享到思想政治教育的最新成果，可以分享到最前沿的教育资源，也可以虚拟现实社会生活的情境，进一步增强思想政治教育的形象性，大大提高教育实效。

（三）网络可以为思想政治教育注入新动力

网络社会空间广阔，开放自由，它打破了现实世界的空间局限，使原本相对狭小的空间扩展成了面向全社会的自由开放的教育空间。来自不同地域、不同国家和不同国家的师生都可以通过网络社会来共享资源，从而进一步营造网络环境下思想政治教育的互相交流、互通有无的良好氛围。

（四）网络可以加强思想政治教育的效果

思想政治教育的成功与否，在于学生对于教学内容的认可和接受程度，核心在于学生对于所学知识的掌握和运用。研究表明，通过触觉进行学习、通过听觉进行学习和通过视觉学习的学生各占学生总数的三分之一。这说明，大多数学生接受知识的感觉方法并没有被完全调动起来。如果将这三种方法有机地结合起来，充分运用不同的感觉来学习，就可以大大提高学习质量和效率。这恰恰是网络的长处所在。网络环境可以通过声光信号，调动起学习者所有的感觉元素，更加完整、形象地呈现知识的本来面目，这将大大增强思想政治教育效果，达到事半功倍的目的。

（五）网络可以提高当代大学生的自学能力

教育的最终目的是提高学生掌握知识和本领的能力，它教给学生的不仅仅是知识，更是方法和途径。思想政治教育也是如此，它的作用在于帮助学生树立正确的人生观、世界观、价值观。网络环境利用自身优势，也给学生自我学习提供了难得机遇，给改变传统的以课堂和师生交流为主的教育模式提供了可能，有利于进一步帮助提高学生自我学习的能力。在网络环境中，信息的获取和运用都可以让于学生独立自主地单独完成，这同传统的思想政治教育的灌输方式形成鲜明的对比，对于大学生提高自我学习能力将大有裨益。

四、根据网络教育的规律和特征，开辟网络环境下思想政治工作新模式

思想教育的重要性决定我们必须做好让思想政治教育进网络的工作，对新时期出现的新问题采取积极、有效的措施，按照"积极发展，充分利用，加强管理，趋利避害"的方针，加强网络思想政治教育，构建网络环境下思想政治教育的新模式。这个模式可以归结为：新型的思想教育工作主体进入网络，继而利用网络教育这个平台，以及它的多种功能来吸引学生、教育学生。另外，还要辅之于良好的监控、引导机制和国际合作机制。

（一）抢占网络思想教育阵地

首先，创办强大的高校思想政治工作网站。应充分利用网络优势，发挥我们党思想政治工作的优良传统和政治优势，在全球化的浪潮中高举爱国主义旗帜，坚持不懈地对青年一代进行共产主义理想教育，大力宣传党的基本路线和方针政策，建立起实力雄厚的能与西方文化相抗衡的具有中国特色社会主义的思想政治工作的网络体系。形成强大的中国高校思想政治工作网络体系，在中央的统一领导下，实行"统筹规划、国家主导、统一标准、联合建设、互联互通、资源共享"的方针。这样，一些各自为政、势单力薄的状况将会得到克服，思想政治工作进网络就有了坚实的基础。

其次，创建网络教育平台，打造绿色校园网站，开展网上思想政治教育，传播先进文化，突显网络文化的正功能。"信息化革命将引发一场争夺信息优势的战争，即争夺信息的控制权"。要利用学生对网络的热情和网络交流的互动特点，构建网络思想政治教育平台，把思想政治教育工作搬到校园网上。如开设网上论坛，就普遍关注的热点问题，学生自由讨论，在各种思想碰撞中，引导学生明辨是非，坚持正确的立场。

最后，尽可能多地创办一些如"中国大学生在线""上海大学生在线"等

主流网站。在引导积极向上的网络舆论的同时，兼顾大学生学习、生活、文化和娱乐的需求，逐步建设成信息全面、基调健康、具有时尚活力的当代大学生校园文化网站，并鼓励支持学生参与网站的各种活动。从而在良好的网络氛围下，培养大学生良好的思想观念。

（二）增强网络服务功能

大学生思想政治教育进网络要取得实效，关键在于吸引大学生的关注，这就要求必须增强网络的服务功能，积极尝试网上德育和服务的综合配套，将教育与服务融为一体。我们主要应做到以下几点：一是要在学生管理工作中引导学生积极参与学校的改革和建设，增强学生的主人翁精神，发挥学生的主观能动性，共同促进学校的发展。二是要开展网上心理咨询，利用网络隐蔽性的特点，对存在心理问题的学生进行心理疏导，排除心理障碍，缓解学生心理压力和各种思想矛盾，这一点在当今社会尤为重要。三是利用网络形象、互动、广泛的特点制作一些图文并茂的思想政治教育软件，使教学达到寓教于乐的效果。四是建立辅导员电子信箱、个人博客、主页等，与学生进行积极的沟通，利用网上不见面交流的特点，与学生交流谈心，创造平等、信任与理解的环境，拉近与学生的感情距离。对于一些不正确的思想或言论，要引导、教育学生正确地认识和处理现实生活中的各种问题。

（三）网上行为监控机制与正确舆论引导机制相结合

"网络社会"提供给人们的极大自由，已超出了现有社会道德和法律水准所能适应的范围。由此，我们必须建立网络行为的监控机制，加大网络安全的管理力度。同时，在学生中大力加强网络道德和法规的宣传，以形成一种扬善除恶、扶正祛邪的网络舆论环境。要使严格的监控机制与正确的引导相辅相成。

（四）建设一支新型的思想政治工作队伍

要建设一支新型的思想政治工作队伍，就要做到以下几个方面。首先，转变教育观念，实行"务虚"与"务实"相统一的教育观念。网络是虚拟的数字化空间，同时现实社会的意识形态和道德标准又渗透其中，应该达到"虚"与"实"完美结合的和谐境界。其次，要培养思想政治教师具有马克思主义的价值观、道德观和自觉维护这种价值观、道德观的责任感。再次，要使他们熟练掌握网络知识和技能，使网络成为思想政治教育工作的重要工具；同时，还要培养他们具备敏锐思维和快速反应的能力，能迅速、准确地抓住问题的关键，有的放矢地开展工作。更重要的是，要培养教师具有强烈的开拓创新精神，不断克服困难，勇于探索，勇于实践，促进大学生思想政治教育的现代化进程，开创高校思想政治工作的新局面。

（五）加强思想政治教育信息的交流共享与国际合作

当前西方少数国家利用其在信息占有、支配和传播的优势向其他国家"倾销"其文化价值观念和意识形态标准。而西方文明并非普遍适用于全球。在我国对外开放的今天，我们对各国文化的态度也应持批判继承的观点，去粗取精。这样才能做到既弘扬了本国的优良道德传统，又汲取了他国的思想精华，以便更好地发展本国。在国际"网络社会"的建设和管理方面，应该做到与其他国家加强信息交流中的网络伦理约束、强化网络规范和法律的国际合作。综合以上几项措施，我们从宏观和微观两方面来综合构建出网络环境下思想政治教育的新模式。

五、思想教育模式在实施中可能遇到的问题及应对策略

（一）网络环境下抢占网络教育阵地的观念转变问题

没有观念的转变，必然没有更好的行动。当前网络思想政治教育已经基本普及，但也存在着如何将大学生思想政治教育进网络纳入学校长期发展规划中的问题，因而从基础上影响了思想政治教育工作的展开。因此，各个高校应该做到从思想上高度重视大学生思想政治教育问题，并对相应的教育工作改进规划采取相应的措施，并将这项工作纳入学校长期发展的规划中去。

（二）大学生网络思想政治工作制度保障问题

目前大部分高校的网站建设基本以各个部门主办为主，形成一种各自为政的局面，各个高校之间缺少沟通。无形中就造成了一定程度的资源浪费，网络制度保障并不完善。在工作中的监控设施有的也形同虚设，没有严格的保障和监控制度，更无法谈与其他工作的结合了，因此，必须加强这种制度保障工作，承担起责任，根据网络技术的特点建立相应的管理体制，确保用马克思主义思想占领高校网络思想文化阵地，在网上"唱响主旋律，打好主动仗"。

（三）大学生思想政治教育工作资金保障问题

高校是塑造大学生灵魂的重要场所，是为社会主义建设培养接班人的重要阵地，而思想政治教育工作也需要进行人、财、物的投入。无论采取哪种措施，没有资金的投入都只能是空谈。要改变认为思想政治工作不需要花钱

的思想，必须深刻地认识到：无论增强网络服务功能，还是建设一支新型的思想政治工作队伍，都需要资金的支持。因而思想政治教育进网络工作所需设备、经费和人员编制等要切实给予保证。各高校应在学校经费中确定一定的经费比例用于思想政治教育进网络的工作。

（四）网络队伍建设问题

调查表明，目前许多从事网上思想政治教育工作的人员有的对网络技术比较娴熟，而对大学生思想政治教育意识和经验比较欠缺；有些有大学生思想政治教育意识和经验的工作人员，网络技术又比较欠缺。所以要加强大学生思想政治教育，就要建立一支既有过硬政治思想水平觉悟，又具备较高网络管理才能和信息时代思维方式的工作队伍。

总而言之，我们要充分利用各高校的舆论宣传工具和阵地，广泛宣传思想政治教育的重要性。增强师生上网的政治意识、法制意识、责任意识、安全意识和自律意识。各高校要在网络思想政治教育工作者的不懈努力与社会各界的帮助下，使这个新的模式得到切实有效的展开，真正地做好网络环境下大学生的思想教育工作。

第四节　梯链式教育与大学生思想政治教育模式新探索

一、探索思政教育新模式的必要性

社会转型的时代背景给大学生的思想观念、价值取向带来了一定的冲击和转变，具体表现在：过分追求物质享受，忽视精神追求；过于强调个人主义，集体主义、责任意识淡薄；诚信意识、感恩意识缺失，道德背离，等等。同时，在日益激烈的市场竞争和严峻的生存环境中，部分大学生容易产生悲观情绪，诱发心理困惑，因此，如何增强大学生的抗挫能力应该引起重视。

同时，大学教育是学生获取科学文化知识、完善价值取向、并最终成为社会有用之才的至关重要阶段，在这一阶段，大学生具有一定的学习、认知能力，但未达到人格的完全发展，特别是对社会的认知、对自身能力的定位、对未来的规划都处于不成熟阶段。他们积极进取，渴望成才，却韧性不足；富有理想，却盲目乐观；求知欲强，却定位不足；思想总体健康，却不够稳定。

凡此种种新情况、新问题，迫切要求高校学生工作紧跟形势，转变思路，探索新方式，以增强思想政治工作的针对性、实效性。

二、国内思想政治教育的若干新模式

探索思政教育的新模式，以增强思政工作的逻辑性、针对性、实效性是当前形势下加强高校思政工作的关键环节。一些高校富有新意的探索，给我们提供了有益的借鉴。

东北师范大学提出了"一本三向六段式"。组织开展"导向、定向、去向"系列主题教育活动，即：以理想导向、职业定向、毕业去向为基本教育方向，把社会主义核心价值体系教育贯穿到大学生"三向"教育的各个环节；根据不同时段大学生的思想特点及成长成才规律，采取不同教育方式，分为适应式教育、疏导式教育、主体式教育、分流式教育、实践式教育、体验式教育等六阶段。

湖南师范大学构建了发展型学生工作模式，体现为"教育—管理—服务—发展"四位一体的结构。其中，教育、管理、服务三者是手段，发展是终极目标。其实质是教育、管理、服务并重，强化服务意识。

黑龙江大学对学生实施分层次思想教育，包括社会主义基础文明教育、修身成才教育、理想信念教育等三层次。

福州大学确立了"链式教育模式"，以"感恩教育—访贫教育—诚信教育—责任心教育"为主要内容，并将之贯穿本科生在校四年时间。各个环节相互联系、促进，可称为"并列式链式教育"。

"四位一体发展模式"突出了目标的上升性，既有量的累积、更注重质的飞跃。"一本三向六段式"和"分层模式"体现了"以人为本"，从人的认知规律和需求的递进性来构建思想教育框架。福州大学的"链式教育模式"则突出了内容间的衔接性——相互联系、促进。

三、梯链式教育模式新探索

"梯链式教育模式"借鉴了以上模式的创新点，并进行有机整合。该模式以"安全感培育—素质拓展—价值提升—自我实现"为主链条，每一内容都贯穿大学四年生活，但在不同年级，侧重内容不一样。

（一）以安全感培育为基础，构建大学生的物质、环境、心理、认知安全感

英国哲学家霍布斯认为，人的安全乃是至高无上的法律。传统上，"安全教育"较多涉及对用电、用水、交通等外在安全隐患的规避，较少从学生的心理需要来构建安全概念。笔者认为，安全教育要以人为本，既要从外部环境的改善着手，更要关注人的内心体验。我们把这种内心安全体验称为"安

全感"，可细分为：经济安全感、环境安全感、人际安全感、求知安全感。

经济安全感是第一位。要使学生思政工作真正做到物质上帮助学生，精神上鼓舞学生，能力上锻炼学生。其次，大学新生对校园环境、周边生活环境具有陌生感，所以构建学生的环境归属感非常重要。再者，交流群体的改变、交流范围的扩大，使得大学新生容易产生人际疏离，因此，人际安全感的培育非常重要，特别是与高年级学生、跨院系学生的联谊，能减少陌生感、融入大学生活。还有，大学教育不同于高中的定量教育，需要及时构建大学生求知安全感，消除专业困惑，树立专业认同。

（二）以素质培养为重点，发展人的主体素质，完善人的个性品质，使大学生德才兼备

解决了内心安全感问题后，就面临着发展问题。素质培养关乎大学生成才目标的实现，不仅关系到大学生成才的方向和质量，更关系大学阶段在教人、育人方面的作用，甚至影响到社会主义现代化建设的兴衰成败。

素质培养需要注重与所学专业特点相结合和与现代社会的市场需求相结合。首先，结合所学专业特点，注重素质培养与科技、人文的结合，提升大学生科技、人文素质修养。其次，结合市场需求，注重素质培养与时代要求的结合，增强大学生的实践能力，加强大学生素质培养与市场要求的契合度。

（三）以价值提升为核心，解决个体与自身、个体与社会、个体与国家命运的价值认识问题

若说素质培养是大学生成才的助推器，那么价值观就是大学生成才的安全阀。良好的价值观不仅影响到大学生的行为及人生选择，更关系到国家、民族的未来发展。

良好的价值观是理想与现实的结合、物质与精神的兼顾、个人价值与社会价值的统一。培育良好价值观需要遵循这样的逻辑过程：先解决存在的价值问题，再做价值提升。首先，疏导个人情感，以解决个体对自我的认知问题。其次，培育社会情感，以强化个体对他人社会的道德意识，对集体、社会的责任意识。主要坚持以社会主义核心价值体系为标准，对大学生进行社会情感塑造，使大学生拥有关于规则、正义、善恶、良心、荣辱的判断处理能力。再者，进行理想信念教育，提高政治素养，以增强大学生将个人理想与国家命运相结合的自觉性。"一个民族有一些关注天空的人，他们才有希望；一个民族只是关心脚下的事情，那是没有未来的。"温家宝总理曾引用黑格尔的这句话与当代中国年轻人共勉，强化他们对国家、民族的责任意识，而作为社会建设的主力军，大学生担当此任，责无旁贷。

（四）以自我实现为目标，强化大学生成才与良好的素质、正确的价值观、新的时代要求的"三结合"

大学生能否顺利实现自我，既是对大学生在校的身心成长、素质培养、价值提升的实际情况的一次展示，也是对整个高校教育在育人方面的作用的一次良好检验。坚持自我实现为目标，需要强化大学生成才与自身素质相结合，实现能力与职业相匹配；需要强化大学生成才与正确价值观的结合，将个体发展与社会奉献相结合，将个人价值与社会价值良好统一；将成才与时代需要相结合，用大学生的前瞻意识、创新意识去创造财富，引领未来。

梯链教育模式以"安全感培育—素质拓展—价值提升—自我实现"为主要内容，这一具有阶梯层次感的链条既遵循大学生心理成长"不适应到适应，不成熟到成熟"的规律，又按照先解决基础问题，再解决发展问题的次序来开展，是新形势下系统开展大学生思政工作的有益探索。

第九章　大学生思想政治教育模式创新的基本理路

第一节　大学生思想政治教育模式创新的目标及原则

一、大学生思想政治教育模式创新的目标

大学生思想政治教育模式的创新应当实现四个方面的转变，即由单向灌输型向双向交流型转变，由单一管理型向共情共感型转变，由显性教育型向隐性教育型转变，由教师教育型向合力教育型转变。为真正实现上述转变，在大学生思想政治教育模式建构中必须始终将以下目标作为创新的导向：

（一）教育主体的平等性与目标定位的准确性

1.教育主体的平等性

平等作为人们的一种普遍要求，是建立在人们对自己和他人关系的基本看法基础上的。正如"任何心智健全的成人都不会不自觉自愿地认为自己天生地低于别人，不会自觉自愿地认为自己天生地应当屈从于别人。对于大学生思想政治教育而言，平等性主要是指教育者和教育对象关系的平等。换言之，在思想政治教育沟通活动中，教育者和教育对象都是思想政治教育沟通活动的主体，享有同等的地位和相同的权利。教育者不是某种权威的象征，不再处于毋庸置疑的地位，而是以平等的互相尊重的身份与教育对象沟通、交流与交往。双方能够彼此理解与尊重、信任与接纳、相互关心与帮助。因此，大学生思想政治教育的模式创新也必须以实现教育者和受教育者双主体之间的平等性为目标前提。

2.教育目标定位的准确性

如前所述，在当前的思想政治教育模式中，仍然存在着弱化教育的育人性和人本理念，忽视思想政治教育理应具有的本体性价值的异化现象，就思

想政治教育的目标定位而言，定位过高过虚，注重共产主义思想的宣传教育而忽略受教育者同样作为教育主体本身的需要，使思想政治教育没有贴近大学生的实际需要和现实生活。具体说来，思想政治教育运行是在与个体密切相关的社会生活领域中展开的，理应介入到社会生活领域，与个体的具体生活实际密切相关联。因此，思想政治教育必须深入社会生活领域，贴近受教育者的生活现实，满足实际需要才能打破思想政治教育的狭隘视界，使思想政治教育更具活力。美国教育学家杜威（John Dewey）就指出道德教育应该重视对社会生活领域的渗透作用，认为"道德教育集中在把学校作为一种社会生活的方式的概念上，最好的和最深刻的道德训练，恰恰是人们在工作和思想的统一中跟别人发生适当的关系得来的。因此，将教育目标准确地定位于贴近大学生的实际需要、贴近生活现实是大学生思想政治教育模式创新的基本要求。

（二）教育内容的开放性与教育方式的多样性

1. 教育内容的开放性

大学生作为受教育者，与其他社会成员一样，不可避免地与社会进行着广泛的接触与联系。社会生活的广泛性界定了思想政治教育因素的开放性。教育者对受教育者施加的教育影响，同社会诸因素对受教育者的影响，几乎是同时同地进行的，这就决定了思想政治教育因素和过程的开放性。而在这一过程中，思想政治教育内容的开放性居于核心地位。正如美国心理学家卡尔·罗杰斯（Carl.R.Rogers）指出："思想政治教育是灵活的，在概念、信念、知觉和假设中是敞开的。对于其中的模糊性，它是宽容的，是允许它如其存在那样的。它故而具有接收许多矛盾的信息而不拒之于经验之外的可能性。在这一过程中，我们感受精神振奋，更加自由开放，更能接受自己和他人；同时由于我们努力去理解和接受，因此也乐于倾听新思想了。"因此，大学生思想政治教育模式创新必须以实现教育内容的开放性为核心目标。

举例来说，大学生思想政治教育是综合科学。美国学者埃利亚斯（John.L.Elias）曾指出，"道德教育是一个需要多学科共同研究的领域，仅仅通过一门学科来探讨这一领域是有限的，也是危险的。"因此，科学教育作为科学精神培育的重要载体也应是思想政治教育的重要组成部分，而科学精神则应是思想政治教育的内容之一。具体说来，从内容角度看，科学教育是思想政治教育的重要载体。一方面，科学是思想政治教育内容赖以产生的前提和基础，也是思想政治教育内容得以丰富和发展的条件。另一方面，科学教育是思想政治教育的原生形态，是思想政治教育展开的形式和必要环节，也是确保思想政治教育产生实效的重要保证。思想政治教育是科学教育的目的、导向和归宿。从功能上讲，思想政治教育是对科学教育功能的升华和拓展。正如爱因斯坦（Albert.Einstein）所言："科学虽然伟大，但它只能回答'世界是什么'的问题，'应当如何'的价值目标，却在它的视野和职能的范围之外。"

2.教育方式的多样性

在当前的思想政治教育模式当中，重讲授、说教等较为单一的教育方式的现象仍然存在。这种填鸭式、灌输式的教育手段和教育形式，从根本上否认了思想政治教育的人本观念与受教育者主体思想。因此，为了实现大学生思想政治教育模式的创新，教育形式的多样性同样是重要的目标导向之一。具体说来，在思想政治教育过程中，必须承认思想道德的层次性，允许思想道德追求多样化，使具有不同思想道德层次（指与法制相容的道德层次）的人都能在社会中找到适合自己生存与发展的空间，找到激发自己不断向高一级层次思想道德目标前进的动力，把思想政治教育工作保持在具有层次性的复杂阶段，从而保持思想政治教育工作蓬勃向上的青春活力。同时，就高校而言，思想政治理论课教育、社会实践能力培养、校园文化氛围营造、学生事务咨询等都是开展思想

政治教育的重要手段，允许理论课育人、社会实践育人、文化育人与管理育人等多种形

式共存，而且在最大程度上实现教育的合力是大学生思想政治教育模式创新必须达到的重要目标。

（三）教育过程的统一性与评价机制的科学性

1.教育过程的统一性

人们思想道德和政治素养的形成和发展总是在社会实践的基础上，教育主体之间相互作用、彼此协调，从而使受教育者内在的思想、道德和政治等因素矛盾运动转化的过程。而这一过程，既包括教育的外在干预环节，又包括受教育者对外在教育因素的吸收内化环节，是由外在干预到内化的动态过程。在这一过程中，教育者的教育起引导作用，受教育者的自我教育起内化作用。任何教育只有通过受教育者自我教育才能发挥作用。受教育者思想政治素质的形成，既是教育者教育的结果，又是受教育者自我教育的结果。

此外，思想政治教育的过程同时还是一个塑造积极因素和改造消极因素的过程。在思想政治教育过程中，只讲塑造或只讲改造的单纯灌输式教育都是不全面的。这是因为"每个人都有自己的价值观，并且能够按照他个人的价值观行事。每个受教育对象的精神世界都是由积极因素和消极因素两个方

面构成的。巩固和发挥己有的积极因素，培养新的积极因素，属于塑造性质的教育；矫正己有的消极因素，属于改造性质的教育。因此，塑造与改造是思想政治教育过程中经常进行的两个不可分割的有机过程。同时，在思想政治教育过程中，还应以塑造为主，改造为辅，实现塑造教育与改造教育的结合与统一。显然，必须实现教育干预和自我教育的主动内化相统一，塑造教育和改造教育相统一作为大学生思想政治教育模式创新的又一目标。

2. 评价机制的科学性

大学生思想政治教育的效果如何，直接关系到建设中国特色社会主义伟大事业，实现中华民族伟大复兴的"中国梦"的成败，关系到我国党和国家的荣辱兴衰。中共中央、国务院在《关于进一步加强和改进大学生思想政治教育的意见》中明确指出，必须将大学生思想政治教育工作纳入学校教育教学评估体系当中。故而大学生思想政治教育评估机制的科学性与否不仅直接关系到思想政治教育实效性的实现，而且关系到高等学校的办学质量。这要求在考察思想政治教育效果时必须坚持实事求是，采用科学方法和技术手段进行整体考核和综合评定，实行动态与静态、个体与整体、定性与定量、短期与长期相结合的方式。显然，实现评价机制的科学性必然也是大学生思想政治教育模式创新的重要目标。

二、大学生思想政治教育模式创新的原则

大学生思想政治教育的基本原则是指在大学生思想政治教育过程当中形成的客观规律，是实践总结的精华，是必须遵循的基本准则。它是在长期的思想政治教育实践中形成和发展起来的，具有实践和理论的双重属性。大学生思想政治教育模式的创新要围绕以下五个基本原则来设计和运行。

（一）"疏"与"导"相互结合的原则

"疏"就是广泛征求意见，疏通各种利害关系。"导"就是在疏通的基础上，对正确的元素加以肯定，对错误的元素进行否定，并引导相关主体向正确的方向前行。疏通和引导是两个相辅相成的个体，只有深入调查分析个体需求、厘清各种错综复杂的关系，才能够充分了解人们的想法，为"导"提供路径和方向；引导则为疏通提供基本的动力。二者相互结合是进行大学生思想政治教育的前提。

进行大学生思想政治教育必须以大学生的行为特点为直接依据，而决定大学生行为特点的思想特点则是开展大学生思想政治教育模式创新的根本依据。从模式创新的角度来看，教育者仅仅把握大学生的行为特点还远远不够，

还需要进一步掌握大学生形成这种特点的原因。一般而言，大学生行为是外显的，其特点可以通过观察方法进行归纳，而要掌握具有内隐性的大学生的思想特点，关键就在于"疏"，就是让大学生"说话，说真话"，通过创造宽松的氛围、疏浚沟通渠道、搭建对话平台等一系列举措，让大学生原原本本地道出自己的真情实感，完完整整地表达自己的思想观念，从而了解学生的所思所想。在把握大学生思想特点的基础上，能够从更深层次分析和研究大学生的行为方式，从里到外、从源到流全面掌握大学生的行为特点，并预测其未来发展趋势和发展方向，为开展大学生思想政治教育模式创新奠定基础。"疏"只是手段，"导"才是目的。思想政治教育工作者要特别注重在"导"上下功夫，导思想、导行为，通过选择运用各种教育方法，引导大学生不断强化正确的思想观念和行为习惯，不断纠正错误的思想观念和行为习惯，以达到大学生思想政治教育模式创新的根本目的。

（二）理论与实际相互结合的原则

理论与实际相互结合是处理一切问题的基本方法。理论对实际具有重要的指导作用，列宁曾说："没有革命的理论，就不可能有革命的运动。"实际反过来又对理论起到补充和修正的作用。理论与实际相互结合的原则，正确反映了理论和实际之间的辩证统一关系。现代思想政治教育，就是要求人们运用科学的方法认知世界，要求必须深化理论的指导力量，同时也要结合不同的国情、时代背景等实际情况开展思想政治教育，以达到知行合一的效果。

大学生思想政治教育模式创新是一项实践性很强的活动，必须有科学的理论加以指导。大学生思想政治教育模式创新是依据教育对象的实际情况、教育环境的不断变化来更新教育方式和方法的过程，是不断地将抽象的理论与具体的实际相结合的过程，是与思想政治理论教育相互配合、形成合力的过程，是加深和强化教育对象对理论的理解与把握，实现教育对象对理论的自觉接受和科学运用的过程。理论在大学生思想政治教育过程中发挥基础和保障的作用，是教育过程的起点和归宿，如果没有理论的指导和运用，大学生思想政治教育模式创新将失去依据、失去方向、失去价值。在大学生思想政治教育模式创新中，必须牢牢坚持理论与实际相互结合这一原则。

（三）国际化与民族性发展相互统一的原则

随着全球化的发展，面向世界、放眼全球成为每一个国家、每一个民族甚至每一个社会个体必须具有的思维方式和视觉维度。然而，全球化亦造成了大量的"文明冲突"，作为应对全球化挑战的基本策略，世界各国尤其是发展中国家，为了维护国家的主权和独具特色的民族文化，继续坚持民族化发展的现代化取向。事实上，民族化和全球化是相辅相成的，民族化是全球化发展的基础，全球化是民族化发展的条件。在全球化与民族化的交织中谋求发展，成为每个国家、社会乃至个人都无法回避的现实。大学生思想政治教育也不能例外。

置身全球化的国际环境，面对激烈的国际竞争，要应对不良思潮对大学生的不利影响，对于大学生思想政治教育工作来讲，自我封闭或者一味回避都是没有出路的。同时，大学生思想政治教育应当立足中华民族传统文化的基石，立足中国特色社会主义现代化建设的实践，进一步加强对大学生的民族精神教育和时代精神教育。

不难看出，大学生思想政治教育模式创新必须正确处理"外"与"内"，"他"与"我"的关系，既立足本国又面向世界，在坚持面向世界与立足民族发展相统一的过程中，培养既懂得中国又了解世界、既有民族气质又有国际视野的新型人才。

（四）主导性与多样性相互统一的原则

主导性与多样性相互统一，要求大学生思想政治教育既要坚持"一元主导"，又要允许"多样发展"；在教育目标、教育内容、教育要求、教育渠道、教育方法等各个方面既要体现主导性，又要体现层次性、丰富性、广泛性、多样性。对于大学生思想政治教育模式创新而言，坚持主导性就是要求必须坚持用社会主义的意识形态、马克思主义的指导方针和中国社会主义特色理论武装大学生头脑。多样性则是根据不同教育对象的要求，丰富并发展主导性的要求，对主导性的发挥起到配合和补充的作用。多样性包括内容选择的多样性和针对不同教育对象、教育环境实施教育。

主导性是实现多样性的前提，离开主导性的多样性必然导致教育活动的混乱，使日常思想政治教育失去目标和存在的价值基础；多样性是实现主导性的条件，离开多样性必然导致教育活动的僵化，不利于大学生思想政治教育取得针对性和实效性。因此，创新大学生思想政治教育模式必需要注意主导性与多样性的紧密结合，二者缺一不可。

（五）自主性与社会化相互统一的原则

大学生思想政治教育模式创新要坚持自主性与社会化相统一的原则，主要是基于开展大学生思想政治教育的组织而言的。随着社会的发展和进步，对大学生进行思想政治教育已经不仅仅是高校的责任，更是全社会共同的责任。因此，从这个意义上说，大学生思想政治教育模式创新必须走出学校、走向社会，既坚持自主发展的独立性，又能够融入社会，充分利用社会优秀的育人资源和广阔的育人平台。

众所周知，大学生思想政治教育是高等教育的重要内容。高校首先应充分发挥自身的自主性，充分调动一切教育力量，充分利用既有资源，切实增强大学生思想政治教育的实效性。同时，高校更应该敞开大门，将大学生思想政治教育置于社会系统、环境和平台之中，以社会生活的生动素材、经济建设的巨大成果、文化建设的优秀作品教育和引导大学生，努力推进大学生思想政治教育工作的社会化发展，充分利用社会力量和社会资源，开创大学生思想政治教育的社会化发展局面。坚持大学生思想政治教育的自主性与社会化相统一，既有利于高校、社会各方形成合力，又有利于直接推动大学生个人发展的社会化进程，是当前以大学生思想政治教育为载体进行大学生人格养成教育的必由之路，因此也是创新大学生思想政治教育模式必须坚守的原则之一。

第二节 大学生思想政治教育模式创新的现实动力

一、大学生思想、心理和行为的嬗变

大学生是高校思想政治教育的主体。近年来，伴随着经济社会的发展、高等教育体制的深化和国内外环境的变化，当代大学生的世界观、人生观和价值观呈现出新的鲜明特征。可以说，大学生在思想、心理和行为方面的基本特征所发生的变化是高校思想政治教育模式创新的动力之一。与此同时，高校思想政治教育的内涵日趋宽泛，面临新的困难和挑战。因此，在研究主体特征的基础上探索新形势下高校思想政治教育模式创新的现实动力十分必要。

（一）大学生思想嬗变

当代大学生思想上更加独立，在看待事物的评价标准、阅读媒介的思想动机和崇拜人物的理性选择方面也变得更加成熟。

1.评价标准的弹性化

当代大学生不再固守"政治唯上""成绩唯上"的思维定式，"市场标准""多元标准"已为大学生所接受。此外，大学生在学习、社交、实践和爱好等多方面都呈现多样化的特征，与以往相比，大学生更加重实际、讲实效、有个性，因此传统的以"规范教育""统一教育"为内容的思想政治教育模式的育人效力势必会明显弱化。

2.阅读动机的功利化

务实性与功利性的交织形成了大学生在进行阅读选择方面矛盾的心理的根源。一方面，学生希望通过大量阅读不断完善充实自己，渴望通过阅读来获取人格力量，为自己的人生道路指明方向；另一方面，学生希望自己的阅读是一种"合时宜"与"学能致用"的阅读，即他们希望了解社会的要求，并按照社会的要求模式塑造自己，尽量要求自己在短时间内获得成功。这就导致在社会转型期文化格局出现多元趋势的情况下，大学生的阅读审美趣味也出现趋俗化的特征，对于经典的阅读数量和质量都有所下降，整体阅读趋向于快餐阅读。

3.偶像崇拜的个性化

伴随着社会的发展，大学生们所崇拜的对象也在发生着变化，透过这些偶像的身影，我们可以看到偶像逐渐走下神坛，变成了我们亲近和熟悉的人。大学生的关注点逐渐由全力追逐"个人成功"到承担社会责任，关心家、国、天下，并开始对社会和历史有更多的关怀与思考，大学生不再仅仅关注个体的特立独行，而是把全社会复兴的集体意识、奉献意识、拼搏意识、奋斗意识与自身发展相结合。

（二）大学生心理嬗变

随着信息技术的高速发展，当代大学生的人际沟通和交流方式发生了较大的变化，进而带来了大学生在心理层面的巨大变化。

1.信息沟通的网络依赖

近年来，随着网络应用一的一日益发达，网络不仅带给了人们更加丰富多彩的生活，使人与人之间的交流变得更加便捷迅速，而且为当代大学生扩展了学习空间，教室的小课堂的教学活动受到了网络的大课堂教学的巨大冲击。显然，在以信息化为特征的社会发展新背景下，信息技术尤其是网络技术已不仅仅是一种学习手段，而且逐步成了大学生的一种基本生活状态，同时对网络的依赖也自然而然地成了网络化沟通所带来的负面产品。总之，大学生在充分利用其大容量的知识来为生活、学习、工作服务之时，网络作为双刃剑带来的诸多大学生心理上的消极变化也需要引起重视。

2.人际交往的"圈子化"

近年来，由于网络技术的迅猛发展，大学生交友的范围已经不仅仅局限于身边的同学和朋友，交往的形式也不仅仅局限于同班会、老乡会、学生社团等形式，更多的是参加那些在网络上成立的个性鲜明的小组团体，如网络游戏中的公会、各种环保组织、讨论某一话题的论坛、旨在兴趣分享和交流互动的网络小组、甚至只是某个吸纳志同道合朋友的 Q 群、微信群等，各种圈子拥有自己的流行语、图标、统一服装，甚至有些小圈子还会有每周"网络例会"，大学生在参与各类小圈子活动的同时，人际交往也呈现出"圈子化"的特征。

（三）大学生行为嬗变

高校学业、后勤、就业等多方面制度的变化使大学生的行为也随之发生变化。

1. 活动方式的离散化

以学分制、弹性学制为核心的高校教学体制改革和后勤社会化步伐的进一步加快，使得大学生由原来的"班级人"逐步转变为以学生公寓为主要活动场所的"社区人"和以社团活动为主要课余活动的"社团人"。这一则表明大学生在人际交往方面呈现出明显的"圈子化"特征，再则表明大学生在活动方式上表现出班级观念逐渐淡化，活动方式有离散化的现象，从而使班级所应具有的育人功效逐渐被弱化，这也对传统的以班级为基本单位的思想政治教育模式提出挑战，同时也构成了大学生思想政治教育模式创新的主体动力之一。

2. 理财消费的开放化

当前大学生的理财消费观受到经济体制改革、文化交融、物价上涨等因素的影响。因此，往往倾向于追求用有限的资金获得最优的回报。这一倾向体现出了大学生理财消费具有较强的开放性，具体表现为依附性与独立性并存、理性与感性相融合、易受导向性强弱和品牌忠诚度高低影响等特点。

3. 社会实践的多元化

社会实践的多元化发展对于促进大学生在德、智、体诸方面实现全面发展，并成长为既具有扎实的基础，又具有较宽的知识面；既有较高的专业能力，又有很高的综合素质，且富有创新精神的专门人才具有十分重要的作用。事实上，当前大学生在社会实践层面已经表现出了多元化倾向。一方面，从社会实践的形式上来看，已经从以往较为单一地开展与专业学习相关的社会调查向注重实践形式的多元化方向发展。多元化的实践形式既包括志愿服务和创业实践，又包括专业实习和社团活动等等，形成了多层次、立体化的社会实践体系。另一方面，从社会实践的主动性和社会性层面来看，大学生乐于在参与社会实践的过程增长才干、全面发展，实现自我价值，主动性和社会性均有所增强。

4. 就业形式的市场化

自从大学扩招以来，大学生已经从"精英"转化成"平民"，就业形势也从统招统分转变为以市场需求为导向的用人单位与毕业生双向选择的就业模式。在当前我国社会经济发展呼唤创业、呼唤创业教育的形势下，自 2002 年教育部在全国九所学校进行了开展创业教育的试点以来，全国的许多高校开始采用多种形式对大学生实施创业教育。在大学生"就业难"的今天，以市场为基础的创业教育虽然为大学生就业打开了一扇窗，但我国大学生的创业依然处于起步阶段，创业资金、理论指导、市场分析等因素成了限制大学生创业的"短板"，而国家、社会在为大学生创业提供服务方面还存在诸多薄弱环节，大学生创业的前景，有赖于国家、社会对创业资金渠道的疏通，有赖于社会企业和高校的紧密合作，也有赖于各地创业园区等专职机构、组织的设立。

二、思想政治教育发展面临的挑战

（一）全球化挑战

全球化给高校思想政治教育带来的挑战主要有三个方面：

1. 经济全球化发展影响了大学生的价值观，使得大学生的辨别能力不断衰减

经济发展使得社会各界形成了较为一致的价值观，"利益至上"观念不断与我国传统的价值观念相碰撞。在如此形势之下，社会各界的辨别能力都受到了影响，以"金钱万能""安逸享乐"等为代表的不良思想不断侵蚀着大学生的思想观念，进而使之形成了不思进取、藐视纪律等不良思想，而这无疑会影响高校思想政治教育工作的落实效果。

2. 政治多元化发展模糊了大学生的政治观念，使得很多大学生丧失了政治信仰

在新的时代背景之下，高校思想政治教育面对的教育对象主要为 90 后，90 后受大众传媒主导的商品社会思想影响，很多人并不认同传统文化，还有很多人不能清醒的对待外来文化，盲目崇拜、将理想寄托于资本主义国家理论的人数之不尽。这种不良的思想态度会使得大学生对我国政治持保留、怀疑态度，对构建社会主义国家抱怀疑态度，而这无疑会影响其在社会主义社会构建过程中的作用发挥。

3. 文化全球化发展使得大学生质疑我国传统文化

在文化全球化背景之下，不同国家的文化相互碰撞，在文化思想百家争

鸣格局下，积极的、颓废的、先进的、落后的文化互相杂糅，必然会出现文化的吸纳、排斥、融合、斗争、抵御、渗透，有些文化形式会因此而发扬光大，然而还有些文化将可能被淘汰消失。然而淘汰的文化形式并不一定是落后、消极、颓废的文化，还有可能是在特殊经济环境下被人为选择淘汰的积极文化。积极文化的淘汰会影响民族文化的根基，进而致使人民对本民族文化失去认同感，并最终影响民族文化的良性发展。

（二）市场化挑战

高校思想政治教育的市场化发展挑战主要来自高校方面，高校教育的终极目标是为社会培养各类优秀的人才，人才的价值体现于价值创造。就业是大学生实现价值创造的最便捷的途径，因此以就业为导向的大学教育使得高校思想政治教育不断市场化发展。为了促使学生顺利就业，很多高校只重视提高学生的技能，却并不重视提高学生的品德修养，高校思想政治教育因而始终处于一种"不尴不尬"的境地。

（三）网络化挑战

新时期网络新媒体发展迅速，并全方面影响着人们的生活方式，对社会价值观念也具有一定的影响。网络信息技术的发展，促进新媒体时代的到来，大学生可以通过智能手机移动终端通过网络浏览世界各方面的信息，也受到不同文化的影响。目前，部分学生沉迷于网络，比如沉迷于网络游戏而荒废学业，难以提起对学习的热情和动力。此外，网络不健康信息对高校大学生心理的腐蚀越来越严重，这都是网络开放性发展的必然结果。这也使教师对学生思想政治教育和引导得以加强，对不健康信息的预防和处置能力有所提升。网络是把双刃剑，其丰富的信息资源是当前学生学习和成长过程中的重要基础，对网络的合理运用能够使学生在各方面能力上都有所提升，这对学生综合素质提出了更高要求。

（四）心理压力挑战

随着我国经济水平的日益提升，经济市场对于人才的需求也在不断提升，大学生就业成为全民关注的重要话题，大学生毕业后能否找到理想的工作成为大家所共同关注的问题。大学生就业不仅仅有对学历的要求，还有对各方面专业能力的要求，大部分大学生对就业有着一定的心理压力。

此外，在大学阶段，是家长和社会普遍认可的可以公开谈恋爱的时期，而此阶段由于情感问题对学生的困扰也较为普遍，这对于学生心智也是一定的考验，如若处理不好会引发更多的心理问题。同时，大学生活往往远离家乡需要独立生活并开始建立属于自己的人际关系，人际关系的培养、独立生活的开始，对学生都具有一定的挑战。

第三节 "五位一体"构建大学生思想政治教育综合育人新模式

高校开展思政教育工作要紧紧围绕工作的任务、目标和学生的特点等要求进行，并结合时代发展的特点和实践教学经验，创新思想政治教育工作模式。"五位一体"思想政治教育模式正是更加适合当前大学生的新模式，切实将"五位一体"工作模式应用于大学生思想政治教育工作中，对于进一步提高大学生思想政治教育工作水平和效率具有重要意义。

一、"五位一体"大学生思想政治教育模式的内涵

所谓"五位一体"高校思政教育模式就是教育工作人员为完成教学任务，达到预期目标，确保大学生全面发展，根据培养、发展、服务、管理、教育五者之间的内在联系构建的一种规范性体系。这五项培养目标之间相互渗透、互相影响，是一个有机的整体，联合起来组成人才培养的总目标。

二、"五位一体"大学生思想政治教育模式中各要素的功能定位

（一）教育是先导

教育在这一模式中起到先导的作用，其功能仍然是将课堂教学作为教育的主渠道，且课堂教学也是当前最可靠、便捷的一种教学方式。但在"五位一体"思政教育模式中的教育，即经过对"马克思概论"等四门课程的教育，然后再以这四门课程的发展理念武装大学生的头脑，使其完全掌握马列主义的立场、观点以及基本原理；引导高校学生深刻理解党的大政方针、基本理论等，并在实际学生生活中贯彻落实；正确树立人生观、价值观、世界观；帮助大学生正确看待并承担历史责任，看清国家未来的发展前途以及社会的发展规律；正确看待自改革开放以来社会发展的历程以及当前我国的国情，确立在中国共产党的领导下，树立中华民族伟大复兴的信念。

（二）管理是手段

管理是这一教育模式实施的手段。其作用就是结合社会发展现状，根据学生的实际需求，再按照思政教育工作的开展规律，以尊重学生个体差异为

前提，合理安排各种教育活动，使得大学生的生活井然有序，各组织、集体之间高度协调。在管理方式上，要坚持学生主体的原则，尊重学生个体差异，促进学生个性发展。管理者与学生之间要建立和谐、平等的师生关系，以促进学生发展为宗旨，管理育人。此外，要严格遵循大学生思想政治教育管理的原则。在管理体制上，要以党委为中心，各部门分区管理，始终坚持党委的统一领导，整合各项资源，为高校更好地开展思政教育工作提供保障。在管理制度上，要严格按照规定要求，结合学生的实际情况，合理制度管理体制。在管理力量上，要注重大学生自我管理，提高他们自我管理的水平，引导他们形成为社会、为集体服务的意识。并且还要动员全体职工参与学生管理。和传统意义的管理比起来，这一管理是将教育作为这一模式的先导，并在全方位服务的基础上实施管理，管理的方面更为全面、客观，属于一种大管理观。

（三）服务是核心

服务是这一模式实施的核心内容，它的作用主要是为学生提供全方位的服务。让学生在接受服务的同时，亲身感受到思政教育的魅力，由此来提高思政教育工作的实效性。当前，在这一教育模式下服务的内容主要有：第一，毕业生就业指导服务。通过开设就业指导培训课程、提供模拟面试空间等，增强学生的自信心与处理事情的应对能力，提高学生的市场竞争力。此外还要广泛收集并发布就业信息，为毕业生赢得更多的就业机会。第二，生活保障服务。在这一教育模式下，学校应尽力扶助贫困生，切实解决贫困生的生活困难问题。根据国家的相关政策为贫困生发放奖学金与助学金，为大学生的基本生活提供保障，为大学生全面发展与健康成长提供硬件设施条件。第三，身心健康服务。高校应增强心理健康知识的普及力度，保证学生身心健康发展。第四，精神文化服务。高校应根据不同大学生的特点，举办各种类型的教学活动，并且每项教学活动都要吸引学生眼球，促使学生参与，以达到精神文化服务的目的。

（四）发展是目的

在"五位一体"高校思政教育工作中实现学生的全面发展是教育的最终目的，开展素质教育，使得学生健康素质、科学文化素质以及思想道德素质协调发展。在这一模式下的全面发展主要包括：德才兼备、知行一致、智能结合、身心健康四项内容。首先，高校学生要达到德才兼备的教育要求，其中的德就是思想道德，而才便是真才实学，两者缺一不可。其次，知行一致是全面发展的基本要求，是指大学生的认识与行动要协调一致。再次，智能结合是大学生全面发展的关键，目的是培养高校学生扎实的知识功底以及较高的技术本领，具体来说就是对现代科学技术了如指掌，技术水平达标，知识结构完善，有科学的思维能力与学习方法。最后，身体健康是大学生全面发展的基础，是指大学生的身心健康发展，拥有良好的身体素质，良好的人际关系及自我意识，能合理控制情绪，保持情感稳定，心理平衡。

（五）培养是关键

基于"五位一体"的大学生思想政治教育模式，要求以学生为主体，注重学生的个体差异，将大学生思想政治教育工作置于人才培养的大环境中。消除思想政治教育工作与其他工作间的隔阂。学校的人才培养系统涉及学校运营的方方面面，学校的全体教职工、所有工作系统都承担着人才培养的职能，都有育人的职责。思想政治教育职工要深入学生学习生活，了解学生现状，自觉担负人才培养的责任与义务。在人才培养的校内各职能部门也要协调联动，形成良好的育人机制，强化高校人才培养功能。

三、"五位一体"大学生思想政治教育模式的构建

（一）明确大学生思想政治教育的地位

首先，明确大学生思想政治教育的地位是大学生思想政治状况的需要。当代大学生的思想政治状况大体上是健康向上的，但是也存在诚信告急、功利思想严重、信念和理想不坚定等问题，如果这些问题无法得到及时有效的解决，势必会对大学生的成长和发展造成不良的影响。其次，明确大学生思想政治教育的地位，迎合大学生思想政治教育发展的要求。随着网络信息技术的普及和发展，现代大学生很容易受到网络上一些负面思想的影响，因此，需要充分发挥思想政治教育的作用，使大学生树立正确的人生观、价值观。还有，现代大学生在与社会接触、吸纳现代文明的同时，其思想也受到了社会上各类意识形态的撞击，在此过程中，一些大学生的价值观、人生观和世界观发生了扭曲。因此，明确大学生思想政治教育的地位，顺应新形势的客观需要。

（二）整合大学生思想政治教育的资源

"五位一体"大学生思想政治教育工作模式的构建需要各高校充分整合校内外大学生思想政治教育的各项资源，使教育、管理、服务、发展、培养工作紧紧围绕学生的健康成长展开，促进学生的全面发展。此外，还应该充分整合社会和家庭的作用，首先，要充分发挥政府的职能作用，为大学生政治

思想教育创造良好的社会环境和硬件条件；其次，要充分利用社会的各类资源，免费向大学生开放德育基地和爱国主义教育基地等。

（三）形成协同联动的大学生思想政治教育工作机制

"五位一体"大学生思想政治教育工作模式的构建仅仅依靠校领导、校党委和思想政治教师的努力是远远不够的，还需要全校教职工的共同努力，全员育人。首先，要形成全校各部门、全体教职工共同参与、齐抓共管的工作格局，各部门要积极承担育人职责。其次，建立健全育人体系，在大学生思想政治教育过程中，更新教学理念，创新教学方法，丰富教学手段，尊重学生的个性，使思想政治教育贴近学生生活。再次，充分发挥每位教师的作用。每位教师在专业知识教育过程中尽可能地融入思想政治教育内容，潜移默化地对学生进行影响。最后，根据专业和年级的不同，配备不同的导师或班主任，让他们对大学生提供有效的学习生活服务。

（四）推进大学生思想政治教育工作队伍的专业化进程

一套详细的职业化标准是推动大学生思政教育工作进程的关键。首先，明确大学生思政教育工作人员所必备的专业技能和专业知识。其次，根据职业化标准，聘用、选拔优秀的教育工作者，优化教师队伍。再次，不断完善培训体制，定期组织教师进行思政教育工作培训，确保其学识水平满足工作的需要。此外，高校还应该构建完善的激励制度，让每位思想政治教育工作者认识到自己工作的价值，提高他们的积极性。

总而言之，大学生思政教育工作是一项长期性工程，是一项艰巨的德育任务，具有复杂性和时代性特征。要想做好大学生思想政治教育工作，需要高校坚持按照"五位一体"工作模式开展工作，加强政策落实和过程管理，完善各项制度，坚持常抓不懈。这样一来，必然会使得高校思想政治教育工作水平和效率得到有效提高，为国家进一步发展提供人才基础。

第十章 大学生思想政治教育模式
创新的路径选择

第一节 大学生思想政治教育模式创新的
目标及内容选择

一、构建大学生思想政治教育新模式的培养目标选择

（一）培养目标选择要件

大学生思想政治教育目标是指思想政治教育者依据社会对高校所培养的大学生在思想状况、政治素养、品德修养和行为习惯等诸方面的质量和规格的总设想或规定，是对特定时期内大学生思想政治教育所要达到的预期效果。它明确了大学生思想政治教育的任务，体现出了大学生思想政治教育的本质属性，不仅具有阶级性和政治性的特征，而且具有历史性与民族性的特点，对大学生思想政治教育模式的建构与创新具有导向性，而这一导向性也决定了大学生思想政治教育的具体内容、方法和形式、过程管理与评价反馈各个环节，对整个大学生思想政治教育模式的建构与创新起着指导、调节、控制的作用，是大学生思想政治教育的出发点和归宿。

创新大学生思想政治教育模式的培养目标选择，需要立足于如下四个条件：一是，大学生思想政治教育培养目标需要与国家目标保持一致，体现阶级性与政治性，历史性和民族性的特征。具体说来，各国的大学生思想政治教育目标由于文化传统和国家政体的不同而存在着差异，如英国大学生思想政治教育的培养目标是培养社会的"合格公民"，美国大学生思想政治教育的培养目标是培养积极进取的美国公民，德国大学生思想政治教育的培养目标是具有向世界开放的人格的人，而法国则以培养有纪律的自由人为大学生思想政治教育的培养目标。二是，大学生思想政治教育培养目标需要能够把大

学生思想政治教育活动引导到社会发展对人才素质要求的方向，既需要明确大学生在思想、政治、道德、心理与行为习惯诸方面的发展方向，更加需要满足社会对人才素质需要的预期规格，从而保证大学生思想政治教育活动能够在正确的道路上的有效开展。三是，大学生思想政治教育培养目标需要能够有效地凝心聚力，既要充分发挥思想政治教育者与大学生双主体的主动性，又要充分利用一切思想政治教育资源，从而使大学生思想政治教育各因素以培养目标为导向协同作用。四是，大学生思想政治教育培养目标需要立足于时代对于大学生发展的新要求。国际 21 世纪教育委员会曾提出 21 世纪的人才必须"学会学习、学会做人、学会共处、学会生存"，即高校的人才培养要着眼于学生的全人发展、全面发展、协调发展和可持续发展，在专业与通识、学养与人格、个人与群体、身与灵等方面的结合上寻求最大平衡，以"乐于学习、善于沟通、勇于承担、敢于创新"为目标，最终培养出深具涵养、有广阔胸襟、富使命感和责任感、具有国际视野及善于创新应变的优秀人才。

（二）培养目标选择定位

基于创新大学生思想政治教育模式的培养目标选择要件，我国的大学生思想政治教育培养目标可以从以下诸方面加以概括：一是"政"，即以马克思列宁主义理论、毛泽东思想和中国特色社会主义理论武装头脑，拥护中国共产党的领导和党的基本路线、方针、政策，政治立场坚定、胸怀社会主义祖国、热爱人民、理想远大，具有能够为实现中国特色社会主义事业与中华民族伟大复兴的"中国梦"而努力奋斗的奉献精神；二是"德"，即品德优秀，具有正确的世界观、人生观和价值观；三是"智"，即学习态度端正、刻苦钻研、目标明确、方法得当、勇于创新，掌握必备的知识技能，具备较高的科学文化素质；四是"体"，即身体健康、热爱运动；五是"美"，即具有辨别是非的能力、具有良好的艺术修养；六是"群"，即具备艰苦奋斗的精神和强烈的社会责任感、人际交往能力强；七是"情"，即自我认知能力强、情商高；八是"事"，即动手能力、实践能力强；九是"灵"，即人格健全、心理健康；十是"续"，即耐力持久、肯于钻研、持之以恒。其中，"政"为核心，"德"为基础，"智"为根本，"体""灵"为前提，"美""群""情"、'事""续"为拓展。总之，创新大学生思想政治教育培养目标即是要把大学生培养成为政、德、智、体、美、群、情、事、灵、续诸方面全面可持续发展的社会主义事业合格的建设者与接班人。

二、构建大学生思想政治教育新模式的教育内容选择

创新大学生思想政治教育模式需要根据时代的变化和大学生发展需要及时进行教育内容的选择和创新，不断充实和丰富教育内容，拓展思想政治教育领域。

（一）教育内容选择的基本原则

大学生思想政治教育内容是为了实现思想政治教育目标而进行的教育实践活动。随着大学生和社会发展双重需要的变化，大学生思想政治教育目标在适时调整与重新选择定位的同时，有必要进行大学生思想政治教育内容的选择与确定。进行教育内容选择需要遵循以下基本原则：

其一，坚持思想政治教育内容的政治性与大学生发展性相结合。一直以来，大学生思想政治教育都十分重视政治意识形态教育，并强调通过课堂灌输的方式使学生掌握政治理论知识，虽然在一定程度上满足了社会政治要求，但却忽视了思想政治教育在促进大学生个性发展层面的教育使命，使思想政治教育脱离大学生实际需求，陷入空洞说教。因此，为创新大学生思想政治教育模式，在教育内容选择上需要以政治教育为核心，但也要重视大学生的发展。

其二，坚持思想政治教育内容的理论性与实践性相结合。如前所述，课堂灌输是大学生思想政治教育的主要方式。可以说，课堂也是进行思想政治理论教育最有效的方式。但是，相对于课堂上收获的间接认识而言，实践是获得认识的直接来源，而且是检验真理的唯一标准。特别是近年来，大学生的实践能力日益受到重视与社会实践教育覆盖面不广之间的现实矛盾逐渐凸显出来。因此，选择与创新大学生思想政治教育内容必须坚持理论性与实践性相结合，以课堂教育为主，辅之以社会实践活动，从而使大学生在现实情境中切身体验并灵活运用所学知识和已有经验，形成对马克思主义基本理论，中国特色社会主义理论体系，党的基本路线、方针、政策与国际国内热点问题更加深刻的认识。

其三，坚持思想政治教育内容的稳定性与时代性相结合。从我国大学生思想政治教育历史看来，教育内容主要是特定时期社会主流意识形态，但是内容与现实的国情、社情之间的联系不紧密，与不同时期大学生的发展需要之间的联系不紧密，对现存的实际问题缺乏针对性的回应与解释，从而表现为教育内容脱离实际，难以让大学生入脑入心。因此，大学生思想政治教育内容的选择与创新需要在坚持政治意识形态教育的稳定性同时，结合时代发展需要，实现全方位覆盖的教育内容：既包括爱国主义教育、公民品德教育

等思想政治范畴的教育，包括学习态度、学习习惯、专业认知等学业督导范畴的教育，包括艺术鉴赏等人文素养范畴的教育；又帮助大学生解决发生在身边的实际问题，想其所想、急其所急，采取主动干预的方式，促进大学生的可持续发展，提高大学生的综合素质等等。

（二）教育内容选择的主要维度

大学生思想政治教育内容选择在坚持政治性与大学生的发展性、理论性与实践性、稳定性与时代性的基本原则基础上，为实现思想政治教育的综合化模式需要从如下五个维度全面地进行教育内容选择：

1. 政治理论与理想信念教育

政治理论教育是社会意识形态在社会传播的主要途径，而理想信念则是人们价值追求的目标，是支配人们行为的精神动力。通过政治理论教育能够帮助大学生坚定社会主义的信念与共产主义的理想，是培养大学生的理想信念，提高大学生的政治觉悟和理论素养，帮助大学生建立科学的思维方式，实现全面发展的目标。

2. 传统文化与思想道德教育

随着改革开放的不断深入和社会主义市场经济体制的建立，大学生的价值体系受到拜金主义和享乐主义等思潮的侵蚀。在多元化价值观的影响下，部分大学生抛弃了勤俭节约等传统美德，重享受轻奉献，讲奢侈轻节俭，重利轻义等现象时有发生。针对这一现象，大学生思想政治教育内容有必要融入传统文化内容，用我国传统文化当中所蕴含的精深的哲学思想和深厚的人文底蕴浸润大学生的思想，开展以社会主义核心价值观为基本内容的思想教育，突出道德教育的基础性地位，形成针对拜金主义和享乐主义等不良思潮的专题教育。

3. 创新教育和实践教育

充分开发人的潜能，培养创新能力是 21 世纪教育的最高目标。因此，创新教育势必需要纳入大学生思想政治教育的内容范畴。开展创新教育具体包括如下方面：一是，创新教育必须立足于专业素养的不断提升。大学的专业知识教育是帮助大学生掌握专业知识并建立合理的知识结构的教育。一般来说，合理的知识结构既要能满足专业和社会生活的需要，又有自己的独特之处，博而不杂，专博结合。合理的知识结构应当具备要素齐全、比例协调、构成灵活、动态调整等特征。专业知识是构建大学生知识结构的核心知识，同时也是大学生创新必备的认知基础，对于大学生成才具有基础性作用。二是，要求营造校园鼓励创新、崇尚创新的氛围，通过学术讲座、学术论文比赛、创造成果展评等科技创新活动，增强大学生的创新意识，提高大学生的创新能力。此外，能力是智力的表现形式，分为智力类能力和操作类能力，它是知识和智力的结晶，在人的智能结构中发挥着效应转化器的作用。能力教育对于大学生来说至关重要的，对大学生成才具有现实的和潜在的作用。

4. 身心素质教育与就业教育

高校应当关心大学生发展过程中遇到的身体、心理、就业发展等各种问题，而这一系列问题也正是大学生思想政治教育需要解决的重要内容，需要充分发挥咨询功能，通过建立咨询机构、健全咨询制度、构建咨询网络等方式提供指导和服务，促进学生健康发展、快乐成才。首先，身体是开展一切其他活动的基础，大学生应当努力提高自身的身体素质，为全面提高素质奠定良好的身体条件。加强体育锻炼可以强健体魄、培养良好的心理品质和社会适应能力。身体素质教育在为大学生奠定健康的身体基础、培养良好的社会适应能力、促进智力的培养和提高、培养良好的心理品质等方面都具有十分重要的作用。同时，大学阶段正是人的心理逐步走向成熟的关键时期，也是人的生理和心理迅速发展时期。大学生思维活跃、接受新鲜事物速度快，但是大学生社会经验缺乏，处理人际关系和辨别是非的能力尚不足，对待失败和挫折还不能有效应对，因此开展有效的心理健康教育对于大学生的全面发展意义十分重大。此外，重视开展就业教育。高校就业指导工作应贯穿大学学习的始终，通过各种有效方式帮助学生树立正确的择业观，掌握就业技巧、提高社会适应能力，做好职业生涯规划并做好创业培训。事实上，创业对于弥补就业岗位不足、增强毕业生社会参与的深度具有十分重要的意义。国外高校非常重视学生创业意识和创业能力的培养，而我国在这方面尚处于刚刚起步阶段。

5. 媒介素养与网络思想政治教育

如前所述，网络的广泛运用在拓宽了大学生思想政治教育渠道的同时，也对大学生思想政治教育内容选择产生了很大冲击。面对网络平台上不同意识形态和价值观念的交互碰撞，尚未形成独立的价值评价体系的大学生容易产生网络学习依赖、网络孤独症、网络言行的随意性等等学习、心理、道德行为层面的问题。故而，大学生思想政治教育内容需要适时增强网络思想政治教育内容，从而帮助大学生进行有效的价值选择与价值判断。而网络思想政治教育内容则需要涵盖媒介素养教育内容。具体而言，就是需要通过将新媒体的应用渗透到课程教学与知识讲座过程中，侧重于培养大学生对媒介信息的选择、理解、判断、使用与表达的能力，使大学生形成自觉遵守媒介的使用规范和道德的优良品质。

第二节 大学生思想政治教育模式创新的
教育方式及过程选择

一、构建大学生思想政治教育新模式的教育方式选择

教育方式是在一定的教育理念指导下，遵循教育的一般规律和基本原则，为实现教育目的所设计的具有策略性的途径。构建"五维一体"综合性的大学生思想政治教育模式，必须立足于思想政治理论课在大学生思想政治教育中的主渠道作用，同时又必须防止理论教育的形式化和外在化，在采用传统课堂灌输的教育方式之外，从多样性、综合性、常态化与隐性化的角度选择相应的教育方式。

（一）高校、家庭、媒体、社会相衔接的日常化教育方式

所谓日常化的思想政治教育方式实质上就是将思想政治教育与大学生的日常生活密切结合起来，从而使思想政治教育的内容和目标要求自然而然地成为大学生本真的思想和行为习惯。这就要求思想政治教育必须从大学生日常生活的点滴着手，充分利用大学生的生活情境开展全方位的教育活动。具体说来，既包括高校贯穿大学生日常生活的教育、管理与服务，如高校为解决大学生实际困难所进行的咨询教育等；又包括大学生所受到的社会大环境影响，如家庭教育、媒体引导与社会实践活动参与等等。

1. 大学生思想政治教育的咨询教育方式

针对大学生的实际需求，高校的咨询教育应主要涵盖心理、学业与就业三个层面。具体如下：

（1）心理咨询

高校开展心理咨询应当注意以下三个方面：

一是，要重视心理咨询在大学生成长中的重要作用。众所周知，人的心理健康与生理健康同等重要。就大学生而言，由于学习与就业压力大、处理人际关系能力较弱、情感丰富而易受伤害、抗挫折能力较弱、社会生活中理想与现实落差大等原因，心理问题尤易频发，及时针对大学生学习、生活中出现的心理问题与困惑，开展咨询教育可以有效地帮助大学生管理情绪、舒缓心理、振奋精神，从而更好地投入到学习生活中。

二是，要摆清心理咨询与思想政治教育之间的关系。心理咨询与大学生思想政治教育既相互联系又有明显区别，二者不可替代，更不可割裂。大学生思想政治教育包含着大学生心理健康教育，心理咨询能够有效帮助大学生解决心理问题，进而促进思想政治教育的开展。如前所述，在当前新的现实条件下，高等学校培养出的学生不仅要有良好的思想道德素质、充足的科学文化素质和健康的体魄，还要有良好的心理素质。长期以来，高校思想政治教育往往只重视学生思想观念的形成，而忽视了学生心理素质的培养；只关注国家和社会对学生思想政治道德规范的要求，忽视了学生的心理素质教育，一些学生的心理障碍往往被当成思想问题去处理，使大学生思想政治教育失去了针对性和实效性。在此背景下，借鉴并吸收心理咨询的有关理论、方式方法、工作模式等将有助于大学生思想政治教育的开展，进一步贴近大学生的实际需要，走向生活化、科学化、具体化和实用化。

三是，要努力提高高校心理咨询的专业化水平。高校应该适当引进专业从事心理咨询的人员承担大学生心理咨询工作，同时大学生思想政治教育工作者也应当由被动转向主动，积极学习掌握心理咨询的专业知识，通过课程教学、专题讲座、资格考试等多种形式开展大学生心理咨询服务，注重从对大学生进行个体咨询向实现个体咨询与团体咨询相结合转变，向咨询实践与咨询科研相结合转变等。将大学生心理健康教育与咨询作为思想政治教育的重要内容，通过宣传与普及大学生心理健康知识，建立并不断完善大学生心理健康档案，组织并指导大学生心理自助活动等手段，及时帮助大学生解决心理困惑，从而切实提升大学生的心理素质。

（2）学业咨询

学习是大学生的主要任务，很好地完成学业是大学生获取专业知识，并进一步形成科学的思维方式，培养创新精神的基础。进入大学以来，学生面临着学习环境、学习方式的一系列变化，从而容易出现厌学、自我迷失等现象。面对大学生的学习困难，高校必须将学业指导和咨询作为大学生思想政治教育的重要方式之一。具体说来，建立有效的学业咨询体系应当从以下四个方面入手：

一是，成立学业咨询的专门机构。通过制定相应的规章制度，聘请学业咨询导师、开展学业咨询理论研究等方式，使学业咨询专门机构切实发挥督导学生学习、解决学生学业实际问题、挖掘学生学业潜能的积极作用。

二是，举办学业咨询培训活动。对从事学业咨询的人员进行培训，使他们掌握相应的理论、技能和方法，从而提高学业咨询的专业性与科学性。

三是，构建科学的学业评价、预警体系。有针对性地建立评价、预警体系，对大学生的学业情况加以科学分析和判断，从而对出现学业问题的大学生进行及时的提醒。

四是，丰富学业咨询形式。采取学习经验交流会、建立学业咨询社团、成立学业咨询工作室等更加灵活、多样、有效的手段开展学业咨询。

（3）就业咨询

就业越来越成为衡量高校教育质量的重要指标，同时也是大学生最为关注的毕业出口之一。建立良好的就业咨询体系应当从以下两个方面入手：

一是，要建立完善的就业咨询机制。高校应当成立专门的就业指导部门，合理利用本校教师资源和社会用人单位资源，聘请具有实战经验的专业人士对大学生进行系统性的就业指导。同时，对大学生的就业咨询应当贯穿整个大学阶段，从认识专业属性、建立合理的知识结构、科学规划职业生涯到具体的择业就业技巧等，应当结合大学生不同阶段的具体需求开展不同的就业咨询。

二是，就业咨询要以培养大学生正确的就业观和发展观为要点。要通过就业咨询体系培养学生正确的就业观念，使大学生能够在正确认识自己、正确看待社会形势的前提下选择适合的就业岗位，从而使大学生认识到在未来的社会环境下，"一岗定终身"已经不再是常态，而终身学习才会是未来社会的常态，只有不断学习，不断进步才能跟得上社会发展的脚步。

（4）人际关系咨询

学生步入大学之后，除了学习方式发生的变化，生活方式也同样发生了变化，宿舍生活拓宽了大学生的人际沟通平台，但是对于以"后独生子女为主体的大学生来说也极易成为滋生矛盾的平台。因此，对于大学生而言，将人际关系咨询纳入大学生思想政治教育方式中，对于帮助他们正确地处理人际关系很有必要。建立良好的人际关系咨询体系可以尝试从以下三个方面入手：

一是，要对大学生人际关系问题引起重视。从中学到大学，生活学习环境发生重大改变，大学的社会感显著增强，人际关系比中学阶段要复杂得多，部分大学生难以适应，从而引发心理健康问题。有研究表明，人际关系状况与大学生的心理健康水平有显著的相关。这种相关关系具体表现为：拥有良好的人际关系有助于大学生拥有健康的身心，从而能够促进学业进步；反之，人际关系不良则常常会导致心理失衡，极易出现空虚、焦虑、心情压抑、抑郁等心理问题，严重者甚至还会出现自杀等倾向。可以说，人际关系咨询是促进和维护大学生心理健康的迫切需要。

二是，大学生人际关系咨询是高校全体教职员工共同的责任。人际关系无处不在，人际关系咨询也理应无处不在。除了心理咨询的专业人员外，高校辅导员、教师、同学，甚至宿舍的楼管员都可能成为大学生倾诉人际交往困难的对象。因此，高校应当树立人人都是人际关系咨询员的理念，充分发挥专业人员的带动和指导作用，鼓励每个人都要学习人际交往知识，规范人际交往行为。

三是，要在人际交往咨询过程中培养大学生良好的人际交往行为。要让大学生了解和把握成功的人际交往原则：平等交往、尊重他人、真诚待人、互助互利、讲究信用、宽容大度。要注重人际交往技能的培养，善于表达、学会倾听、合理调控。

2. 社会支持体系下的大学生思想政治教育方式

（1）家庭教育

家庭是人们生活的重要场所，家庭气氛、家庭教养方式和家庭结构为大学生提供经济、心理、接纳等综合性的支持资源，对大学生的成长成才具有重要影响。中国重视家庭教育的传统源远流长，"子孙贤则家道昌盛，子孙不贤则家道消败""苟家人之居正，则天下之无邪""家之正则国之定"等古语都体现了家庭教育的重要性。而美国的一位社会科学家则把家庭称作是"社会经验的看门人"，并且认为"家庭教育与儿童政治意识的形成有着密切的关联。"此外，其他国家也十分重视家庭教育的地位，强调家庭教育对学校教育的补充作用。

（2）媒体引导

在当今大众媒体时代，大学生的思想与行为受到舆论导向的影响越来越明显。换言之，充分利用传统媒体与网络新媒体对于大学生思想政治素质的提升具有重要的引导作用。然而，在市场利益的驱动和消费主义的诱导下，媒体的过度市场化带来的泛娱乐化"倾向严重颠覆了大学生群体的道德标准，混淆了是非判断的价值观念。加强媒体"社会支持"管理的作用，应当体现在为大学生思想政治教育营造良好的社会舆论氛围，并通过媒介宣传、沟通交流、教育引导、榜样示范与审美熏陶五种手段担负起大学生思想政治教育的功能与使命。

（3）社会实践

实践活动是指人有目的地改变现实的感性物质活动，是客观物质性和主观意识性的统一。大学生实践活动包括校内实践和社会实践，重点是社会实践。社会实践对于提升大学生的思想政治素质、道德品质具有积极作用。

总之，要充分发挥社会支持元素在大学生思想政治教育过程中的重要作用，必须通过管理创新，运用有效的介体把各着力点的道德教育功能连接起来，激活其各自的积极作用和正面影响。

（二）以校园文化等为载体的隐性化教育方式

1.进行高校校园文化建设

高校的校园文化包含物质文化、制度文化和精神文化三个层面，而且这三个层面之间是彼此递进的关系，由此构成了校园表层文化、中层文化和深层文化。因此，校园文化建设也须遵循由表及深的逻辑。

（1）校园表层文化建设

校园表层文化建设是以校园硬件环境建设和校园活动为主要内容的。校园表层文化建设必需要始终坚持以人为本的理念，文化建设成果易于被大学生所接受，不仅具有吸引力，而且能够体现出创造性等特点。具体说来，校园硬件环境建设是物化的文化，是可以用肉眼直接感受到的，比如一所学校的宣传橱窗、校园石刻、景观小品等。而校园活动是则由学校组织或者学生社团自发组织的各种课外活动的集合，它对于培养学生的组织协调能力、团队合作能力、创造力等等均具有十分重要的意义。通常说来，有很多大学毕业生即便回忆不起来某门课所学的内容，却可以清晰地记得自己曾经参加过的某次令他们印象深刻的活动，可见举办深受大学生喜爱的校园文化活动，对于拓展大学生思想政治教育平台，帮助大学生成长成才具有很强的推动作用。

（2）校园中层文化建设

校园中层文化建设主要体现在两个层面，分别是文化类课程建设与制度文化建设。具体说来，设置诸如案例研讨式德育、心理援助与自助、人际关系学与职业生涯规划与指导等思想文化教育类课程可以从课程文化的视角丰富校园文化，产生育人价值。而且在此过程中，教师的知识素养、文化意识、价值理念、思维方式与行为习惯等可以随时随地并潜移默化地影响着大学生，是校园文化育人的主体，也是重要载体。事实上，校园文化在课堂上始终处于不断生成、碰撞、抵消、重构的动态过程中，具有不可控的复杂性，同时也势必具有不可限量的育人价值。此外，校园中层文化建设还体现在制度文化建设上。制度是必要的存在，在制度文化的建设过程中必须始终坚持以学生为本，把规章制度的刚性要求降到最低限度，从而实现制度文化建设的终极追求，更加有助于实现制度文化育人的有效性。

（3）校园深层文化建设

校园深层文化建设主要体现在大学精神的建设上。具体说来，学校的办学理念、校训及其深刻内涵、育人目标等都是围绕在大学精神基础上的校园文化深层次表现。

可以说，一所具有深厚的历史沉淀和较高文化涵养的大学，其校园文化的内核无论是经历着从无到有的过程，还是由错落到精致，直至大象无形的历史轨迹，均体现出学校建设和发展的方方面面。在学校历史发展的进程中，大学精神会渗透到高校的每一个细节，当这种渗透与浸润达到一定程度之时，大学精神的内涵便会自然地气蕴四溢、香泽周边，熏陶着在这一文化场域中的每一位大学生。此外，大学精神主体形态的形成并非只是其自身历史积淀的单纯过程，而更多的是在多种文化的交融碰撞中不断的吸取多元文化精髓，塑造起自己所特有的文化磁场，并在文化磁场中滋养自己的代代学子，而且使大学生们带着母校的文化基因走入社会的各行各业，成为中国特色社会主义事业可靠的智力保障，正是校园深层文化建设想要达到的最高境界，同时也是校园文化作为隐性思想政治教育方式的价值所在。

2. 实现高校校园文化建设与实现文化育人的"一点"、两面""三性"和四加强"

"一点"是指要找准校园文化建设的立足点。具体说来，学校文化建设应该立足于学校自身的建设和发展，立足于全校师生的发展和成长，不仅体现为学校文化建设的出发点为了学校自身发展，而且体现为将实现学校的自身发展作为学校文化建设的归宿，更加体现为文化育人应该面向全校师生这对教育主体与受教育主体。但是，就目前状况而言，仍有不少高校的学校文化建设偏离学校文化建设的根本宗旨，具体说来表现为以加强宣传工作为目的，或者以建设形象工程为目的，又或是以随大流为目的，再或者以此作为争取经费的要件等等。因此，高校必须准确把握校园文化建设的立足点，从学校全体师生的智慧中来，到为促进学校师生的发展成长与学校的自身发展中去，秉承"以人为本""以尊为先等文化建设理念，坚持立足自身，实事求是的文化态度才能取得良好的效果。

"两面"是指要重点把握好校园文化的"内涵"和"外延"，并尝试将二者有机结合起来。具体说来，学校文化建设所秉承的核心价值观、基本原则和根本宗旨等是校园文化的内涵，而校园文化的外延则是其具体表现形式，包括环境布置、规章制度、行为规范和管理模式等内容。从内涵和外延之间的关系来看，如果没有深刻的校园文化内涵，进行校园文化育人的一切形式和成果也都只能是虚空的架子。反之，如果没有适当的校园文化外延，内涵也就不能外化为具体的文化载体，从而只能论为"水中花""镜中月"。在校园文化建设的实践过程中，人们往往对校园文化的外延关注得较多，而忽视了内涵的塑造。然而，实际上重视并加强校园文化的内涵建设，是提升校园文化建设水平，增强校园文化效力的关键所在。

"三性"则是指在建设校园文化的过程中始终要坚持民主性、系统性和发展性。所谓的民主性是指在学校文化建设的全过程中，即从学校文化内容的形成到文化载体的选择均要充分发动并依靠全校师生，而不能搞"一言堂"，因为针对校园文化建设而开展的民主讨论和征求意见的过程事实上也是对校园文化不断宣传和内化的过程。总之，校园文化建设的民主性是实现校园文化原创性、自然性和特殊性的重要前提。对于系统性而言，则是要求校园文化建设要在系统规划和全盘考虑之下进行，无论是建设理念，还是实现形式；再不论是活动方式，还是物质或精神产品都需要在这一全盘系统中进行。然而，发展性则是指校园文化的建设要保持连续性和与时俱进，不能出现"三天打鱼两天晒网"、随机安排等状态。校园文化建设也必需要不断地发展和创新，真正做到流水不腐、户枢不蠹，才能使校园文化育人实现真正的"育所有的人""育人成长的每个环节"。

"四加强"是指在进行校园文化建设过程中加强思想认识、加强领导、加强引导与活动开展。首先，加强思想认识是基础。文化是看不见摸不着的东西，而且校园文化需要长时间的积累和沉淀，因此，人们难以对校园文化有足够的重视，要实现文化育人，就需要不断加强宣传，提高人们对校园文化的认识水平和重视程度。其次，加强领导是关键。"火车跑得快，全靠车头带"，学校领导对校园文化重视与否直接关系到高校校园文化的建设的好与坏。再次，加强正确引导是原则。要在校园里构建健康向上、高雅质朴、文明科学的校园文化需要正确的引导，否则各种伪文化、坏思潮就会乘虚而入。最后，加强活动的开展是根本。校园文化是以活动为载体的，要开展各种丰富多彩的校园文化活动，这是实现校园文化育人的根本所在。

二、构建大学生思想政治教育新模式的教育过程选择

（一）由外在干预到自我教育的过程选择

教育过程是教育活动展开的过程，是教育者依据教育目的和学生发展的阶段性特点，在特定的教育场域中使学生逐渐掌握教育内容，积累知识、发展技能、培养品性的过程。对于大学生思想政治教育过程而言就是指教育者为实现大学生在思想政治修养、道德品质、身心素质、网络媒介素养、创新实践能力诸方面不断提升的过程，它是思想政治教育模式的重要组成部分。因此，为创新大学生思想政治教育模式，实现"五维一体"综合化的大学生思想政治教育模式，从教育过程来看，不仅需要强调大学生思想政治教育的外在教育干预环节，而且必须强调大学生自我教育的内化环节。换言之，构

建大学生思想政治教育新模式需要选择由外在的教育干预到大学生自我教育的教育过程。

对于大学生思想政治教育而言，学校课堂教学以灌输式为主的思想政治教育，包括发展咨询教育，家庭教育、媒介引导、社会实践活动等在内的日常化思想政治教育，以及以校园文化为重要载体的隐性化思想政治教育，均是对大学生进行教育干预的外在思想政治教育因素。然而，外在教育干预的施行并非大学生思想政治教育过程的完结，而只是其中的一个重要环节，在此基础上，引导大学生通过自我教育的终极环节将思想政治教育内容与目标内化为自身的思想、政治、道德、心理等方面的素质。

大学生的自我教育包括"自我"和"教育"两个主要范畴，是指大学生在自我认知基础上，进行发展目标的自我设计，将外在教育干预的任务和目标融入自我发展的目标过程中，通过自我要求、自我调控以及自我评价的过程，有效地完善自身的素质和能力结构的过程。在大学生思想政治教育过程中，自我教育的作用可以概括为以下三个方面：

一是，自我教育可以补充外在干预教育环节中主体性缺失的不足之处。具体说来，教师不可能把所有的知识、理论、价值和思维方式等等都传授给学生，因此授之以鱼不如授之以渔，教育的关键是让学生学会学习和促进自我可持续发展的有效方法。通过自我教育，大学生能够补充自己在干预教育中没有获取的能力素质，还可以根据自己的兴趣爱好拓展发展空间，为未来的发展储备更充分的能力和资源。

二是，自我教育能够充分彰显个性，完善大学生的素质结构。通过自我教育环节，大学生可以从自己的现实需求出发，主动设计自己在思想、政治、道德、身心等素质维度方面的发展目标，从而更有效率地弥补现有素质结构的不足。

三是，自我教育能够培养大学生健全的人格和心理。可以说，自我教育是一个持续性的过程，从确定发展目标、蹄选教育内容、选择自我教育方法，到克服其间遇到的困难、调整教育策略、评价自我教育效果，再到将自我教育成果转化为思想道德素质、政治意识、身心素质、创新和实践能力等等，都需要大学生以足够的激情、耐心、毅力和勇气去应对，而这一过程本身就是对大学生健全人格和心理的有效培养过程。

（二）践行教育过程的基本保障

大学生思想政治教育作为一个正在不断发展成熟的教育体系，不仅具有严密的组织结构和管理架构，而且具有组织的严密性、内容的系统性、环境的理想性、目标的明确性等特点。从这一层面上来看，大学生思想政治教育由外在教育干预到大学生自我教育的内化过程得以实现，除需要建立在拥有完整的教育内容体系、明确的教育目标导向和有效的教育方式之外，还需要相应的教育队伍保障和管理制度保障。

1. 教育队伍保障

大学生思想政治教育队伍是有效开展思想政治教育，实现思想政治教育目标，践行教育过程的基本保证。狭义的大学生思想政治教育队伍是指直接从事思想政治教育实践活动的专职思想政治教育工作者，既包括管理队伍和实施队伍，又包括研究队伍等；而广义的大学生思想政治教育队伍是所有参与大学生思想政治教育的工作人员。而本研究所指的大学生思想政治教育队伍则主要是指在高校中专职从事大学生思想政治教育的辅导员队伍。

为构建大学生思想政治教育新模式，保障教育过程的顺利得以践行，首先需要构建创新型大学生思想政治教育队伍。然而，创新型的大学生思想政治教育队伍必须是摒弃传统经验式的模式，按照科学化、专业化、研究化、学术化的标准建立的具有系统理论指导的新群体。具体标准包括五个方面：一是，专业化教育素养；二是，丰富的学科知识积累；三是，一定的专业声誉；四是，具备专业研究能力；五是，有法律、法规或者政策对专业的支持。

2. 管理制度保障

（1）营造大学生思想政治教育的一体化工作环境

目前的大学生思想政治教育工作环境主要呈现出条块化分割的状态，各个部门、学院（系）都负有大学生思想政治教育的职能，甚至有时会因为工作交叉产生矛盾。可以说，这种条块化分割的工作平台一方面浪费了资源，另一方面无法形成合力，从而容易使大学生思想政治教育的作用无法得到良好的发挥。我们认为调动全体教职员工的育人职责和功能，营造大学生思想政治教育一体化的工作环境，是践行大学生思想政治教育过程，创新大学生思想政治教育模式的组织管理保障，从而对形成大学生思想政治教育全员育人的合力具有积极作用。

（2）进行大学生思想政治教育的科学化制度安排

进行大学生思想政治教育的科学化制度安排首先需要构筑扁平化的工作体系。具体说来，扁平化组织的优势在于充分利用信息资源，降低管理成本，提高管理效率，但其实现的条件是强调制度化管理、构建以激励为核心的考核机制、加强专业化和职业化建设。组织机构扁平化是知识经济时代独具特色的组织创新，它具有以下特征：一是纵向管理层次简化精炼，缩短了管理路径，节约了管理成本；二是横向管理幅度增宽，拓宽了管理通道，提高了管理效率；三是信息传递效率提高，适应变化能力增强，资源和权力侧重于基层，决策和执行的效率显著提高，能够更好地打造经营团队、造就管理专家。

对于高校而言，学分制的实施、传统班级概念的逐步消失、学生活动离散化的特征等现实状况使得传统的思想政治教育工作体系难以继续发挥有效的作用，有必要构筑新的符合当前高校特点的大学生思想政治教育工作体系。目前，高校中党委组织部、宣传部、学生工作部、共青团、后勤管理部门、安全保卫部门等均涉及大学生思想政治教育工作，再加上各个学院系党团组织，这种横向多元、纵向多头的管理方式逐渐显露出其低效性的弊端。我们认为，将现有的涉及大学生思想政治教育的各个部门职能进行分化整合，成立由学校党政班子直接牵头管理的按照功能划分的各个中心，如学生管理中心、贫困生资助中心、学业督导中心和就业指导中心等等，建立起大学生思想政治教育的扁平化工作体系，才能够在很大程度上提高思想政治教育的效率。

第三节 大学生思想政治教育模式创新的评价反馈机制创建

大学生思想政治教育效果的好坏，直接关系高等教育人才培养质量的高低，更加关系到中华民族伟大复兴"中国梦"的实现与否以及中国特色社会主义事业的成败，因此是关系到党和国家发展兴衰的大事。中共中央、国务院曾经在《关于进一步加强和改进大学生思想政治教育的意见》中指出，大学生思想政治教育工作应该作为评估考核高校办学质量和办学水平的重要指标，而纳入高校教育评估体系当中。然而，当前并非形成对大学生思想政治教育的系统的、有效的评价反馈机制，从而使大学生思想政治教育没有形成闭环的状态，不利于大学生思想政治教育的有效开展。因此，创建大学生思想政治教育评价反馈机制不仅有助于提升大学生思想政治教育的科学化水平，增强育人的实效性，而且是创新大学生思想政治教育模式的必经之路。

一、评价反馈的原则和指标

对大学生思想政治教育过程与最终效果进行评价和反馈需要遵循以下原则：一是，评价反馈的进行需要以大学生思想政治教育的培养目标为导向，旨在考察、评价与反馈大学生在特定思想政治教育模式下，思想和行为所表现出的变化与作为"政、德、智、体、美、群、情、事、灵、续"等诸方面全面可持发展的个体之间的距离，以及作为社会主义事业建设和接班人的合格程度。因此，大学生思想政治教育的评价反馈必须对大学生的培养目标具有导向性，既体现党和国家对人才发展的要求，又要兼顾大学生的发展，从而有助于大学生自觉主动地开展思想政治教育的自我教育，提高教育的实效性。二是，评价反馈过程要体现科学性。如前所述，思想政治教育涉及培养社会主义事业合格建设者和可靠接班人的大事，只有采取科学的评价反馈手段，才能保证思想政治教育的培养过程和最终效果真实反映大学生思想政治教育模式运行的实际情况，评价反馈才有价值，否则也只是将评价反馈流于形式。三是，评价反馈结果要体现全面性，即评价反馈结果需要反映大学生思想政治教育的整体，而不能以偏概全，从而不利于客观的审视评价反馈结果。四是，评价反馈机制的创建必须兼顾过程性评价反馈与后置性评价反馈，在两种评价反馈形式互补作用的过程中更好的发挥大学生思想政治教育评价反馈机制的导向、诊断与调整等功能。

大学生思想政治教育的评价和反馈必需要以其培养目标为导向，不仅要体现评价反馈主体的利益需求，而且还要依据教育对象的发展需求和理想追求。因此，对于大学生思想政治教育评价反馈指标的设计来说，一则要体现党和国家的教育方针要求，满足党和国家对大学生进行思想政治教育的总体目标要求，即衡量大学生对社会主义祖国的热爱程度，对中国共产党的拥护程度，对献身中国特色社会主义伟大事业的坚定程度等等。具体评价反馈指标包括大学生的爱国情感、政治态度、政治理论水平、道德品质、价值取向、法治观念、时代意识和社会责任感几个层面；二则，要体现大学生作为主体的人的理想追求和发展方向，包括身体素质、心理素质、自主学习能力、思维方式、审美观点、面对和战胜挫折的能力、团队合作能力、人际交往能力与社会适应能力几个层面。

二、评价反馈机制的含义与机制创建的基本环节

所谓机制，原意是指机器的构造及其运行原理，而后来发展为特指系统各构成要素及彼此之间的相互作用。从这一意义上来说，评价反馈机制则是指针对构成评价反馈的各个要素之间相互协调，彼此制约、共同作用的动态形式，既包括预测判断的前置性评价反馈机制，又包括中期的过程性评价反馈机制，还包括针对实施结果的后置性评价反馈机制。本研究讨论大学生思想政治教育评价反馈机制的创建问题，主要倾向于过程评价反馈机制与后置性的评价反馈机制，是指在大学生思想政治教育过程中以及结束之后，根据大学生思想水平、道德修养、政治素质等层面表现出的思想和行为的变化，对大学生思想政治教育的运行情况及最终效果进行反馈式的考察和评价，在对照相应的预期目标基础上，判断大学生思想政治教育的实效性，并通过这

一过程检验大学生思想政治教育模式完善与否，从而对于不完善的部分提供调整的依据，使大学生思想政治教育效果越来越接近于预期目标，以达到更好地育人效果的运行过程。

显然，无论是过程性评价反馈机制，还是后置性评价反馈机制虽然均体现了大学生思想政治教育的持续发展性特征，但与前置性的评价反馈机制相比更多的是一种对相对滞后的大学生思想政治教育调整手段，因此有必要创建彼此环扣，具有系统性且能够将过程性评价反馈机制与后置性评价反馈机制有机结合的大学生思想政治教育评价反馈机制。从大学生思想政治教育评价反馈机制的含义可见，机制的创建主要应包括如下三个基本环节：一是，对大学生思想政治教育的运行情况及最终效果进行考察的信息收集机制创建。在信息收集机制的创建环节中，既要求拥有专业化的信息收集主体，如专门的大学生思想政治教育信息评价反馈中心等机构，又要求具有开放性的信息接收渠道，如网络调查等等，再者要求信息的收集具有阶段性和连续性，从而体现评价反馈结果的动态性，有助于及时针对评价反馈结果进行教育模式的调整和完善。二是，对大学生思想政治教育运行情况及最终效果进行评价的信息分析机制创建。这一环节是确保评价反馈机制有效性的核心环节，需要专业分析评价人员采用科学的信息整理与归类方法，以得到科学的结论。因此，加强大学生思想政治教育队伍的专业化、科学化和现代化建设是信息分析机制创建的根本要求。三是，将大学生思想政治教育运行情况及最终效果反馈给评价反馈主体的信息反馈调整机制创建。在这一环节中，如何提高大学生思想政治教育的实效性是其价值旨归，要求反馈信息及时、客观，并依据反馈结果，特别要揭示负反馈结果与预期培养目标之间的差距，从而针对性地设计调整方案，制定改进措施，缩短大学生思想政治教育理想与现实之间的距离，切实提升思想政治教育的有效性。

第四节 新媒体视域下大学生思想政治教育创新模式

一、新媒体视域下大学生思想政治教育发展面临的问题

（一）对大学生思想引导造成新的困难

由于新媒体技术的不断发展，人们总是通过新媒体最先接收到最新的信息资源。大学生的思想观念还不够成熟，网络中的大量信息还没有得到甄别，他们也不能准确地识别、分析、理解和使用这些信息。这些缺乏正面能量的

信息更具观赏性和引导性，大学生很容易上瘾，与现实社会相比较具有更大的消极性。从目前的调查来看，每天有超过一半的学生在浏览各种网站时受到负面信息的侵蚀和影响，这使得大学生的思想和道德观念偏离了正确的轨道。所以使有些学生对自己的价值观、人生观和世界观的看法发生了很大改变，使得大学生思想政治教育工作者在思想引导和管理规范化方面加大了难度。

（二）高校思政教育人员自身素养还有所欠缺

在新媒体视域下，大学生自身的思维方式、生活习惯和交往方式都具备新的特点。因此，高校思想政治教育工作者必须顺应形势的发展趋势，努力培养良好的政治理论水平和业务能力，同时也努力具备良好的媒介素养。目前，大学生可以主动或被动地接受新媒体传播的各种信息。高校思想政治教育工作者必须有学习的意识，时刻做好学习的准备，不断更新自己的知识储备，提高自身控制新媒体的能力。在新媒体的视野下，思想政治教育工作者必须具备话语权，并在网络上积极拓展话语权。只有这样，我们才能始终保持日常教育和管理的积极状态，提高思政教育的实效性。

（三）新媒体技术对高校大学生思政教育方式与途径提出新要求

对于高校中的思政课程来说，传统的教学方法普遍具有单一性，学生们只能在课堂上听课，课堂气氛相当单调，不能调动学生们的积极性和主动性。新媒体具有开放性、互动性和虚拟性的特点，为大学生提供了良好的平台，使他们在现实生活中的失落感在虚拟空间得到疏解，树立了交往的自信心。传统的思想政治教育方法与大学生的生活方式有很大的不匹配性，大学生思想政治教育工作者必须认真研究，找出符合时代特点的教育途径和方法。

（四）新媒体对大学生思想带来新的冲击

当前，信息技术的不断发展深刻地影响着社会经济的发展。新媒体技术的主要标志是微博、即时通信工具和流媒体，对大学生的思想政治教育有着重要的影响。在高校中，新媒体为思想政治工作者理解学生的思想动态提供了新的途径，也使思想政治工作面临许多问题。学生们很容易受到外界的蛊惑，从而出现思想动摇，而且有可能走上违法犯罪的道路，对大学生的健康发展百害而无一利。

二、新媒体视域下大学生思想政治教育发展模式下产生问题的原因

（一）新媒体的不良信息和虚假信息等给思想政治教育带来了新的挑战

比方说，网络当中存在的虚假、色情以及诈骗等不良信息，对大学生思

想政治教育的价值取向产生非常大的负面影响。此外，由于科学技术的快速发展，以互联网为代表的新媒体信息的监管更为困难。学生们也更容易受到不良的诱惑，目前网络上的各种令人眼花缭乱的信息，也使得各种虚假信息随时随地的进入学生们的视野当中，不仅扰乱了学生们的思想，同时也影响到他们的日常学习和生活，可以说，这给学生的身心健康带来了极大的危害。

（二）新媒体给大学生的价值取向带来了负面影响

大学生有着不足的经验、强烈的求知欲望和易于接受新事物的心理，还尚未形成正确的世界观和人生观，如没有正确的指导，很容易受到国外一些不良信息的影响。除此之外，新媒体具备难以发现性和开放性，每个人都可以发表自己的言论，不管其对错，有些人认为自己的言行举止不会受法律的制裁和道德的审判，使自己本身产生一种错觉，从而使自己一步错步步错，违背道德做出违法犯罪的事情。所以，这种不正确的价值取向会对大学生产生巨大的负面影响。

（三）新媒体条件下学生的道德理念受到不良影响

在新媒体环境下，信息传播不受时空限制，信息相互交织。大学生自身存在着意志薄弱、价值观念尚未完全形成的现象，容易受到消极思想和不良观念的影响，在一定程度上削弱了大学生正确的价值观。高校思想政治教育在指导大学生思想发展方面发挥着重要作用。第二，不同于传统教育，新媒体环境下的信息获取速度甚至可以超过学校教育。而大学生的思想发展在这个时期开始进入自主化与独立化，使学校思想政治教育的主体地位遭到很大的挑战，同时也使得传统的教育方式逐渐被边缘化，给学校开展教育教学带来极大的不便。最后，新媒体的出现则对学校思想政治教育工作者的思想素养提出了更加严格的要求。

（四）提高思想政治教育工作者的媒介素养

为了提升高校思政教育工作者的媒介素养，当前高校思想政治教育工作者的媒介素养可以按照知识普及、意识素养和实践的顺序不断加强，从而使高校的干部队伍和教师队伍更加和谐。在新媒体环境下，高校思政工作者可以掌握不同媒体的使用方法和原则，可以深入理解新媒体的内涵。信息传播与获取的渠道由研究小组组成，探索新媒体环境下思想政治教育的创新途径和方法，提升教育工作者的综合素质和教育水平。大学生思政工作者必须具有较高的政治理论素养，并具有抵制不良思想侵蚀的意志力。能够及时、敏锐地观察大学生思想和心理的变化，找出原因和解决办法，为大学生思想政治教育提供依据。

三、新媒体视域下大学生思想政治教育创新的路径问题

（一）充分发挥新媒体传播多样化的优势

首先，建设好思想政治教育主题网站。主题网站能够弘扬正能量，有助于引导大学生树立正确的世界观、价值观，提高大学生思想政治素质。高校应开设提高学生思想政治素养的特色专栏，坚持正确的政治方向，积极宣传党和国家的重要方针政策，弘扬社会主义核心价值观。其次，把博客、微博、贴吧等网络论坛作为开展思想政治教育工作的有利载体。博客、微博、贴吧、BBS 等网络论坛因其具有原创性、自由性成为大学生钟爱的网络交流平台。教师可通过这些平台及时发布最新思想政治教育资源和国内外动态，针对某些社会现象和热点事件与学生展开讨论，有针对性地对学生进行教育和引导。通过讨论培养学生独立思考的习惯，促进教育者与受教育者之间、受教育者之间以及受教育者与其他社会成员之间的双向或多向的交流互动，扩大思想政治教育的影响力。再次，充分利用 QQ、微信等社交软件进行思想政治教育。QQ、微信等越来越多的社交软件拉近了人们之间的距离，高校思想政治教育者可以利用 QQ 和微信等即时聊天工具平等地与大学生进行沟通交流，扩展师生交往的时间和空间，及时了解大学生的思想状况，消解学生与老师面对面交流时的紧张感、焦虑感和羞涩感。轻松和谐的沟通环境有助于增强沟通的信度和效度，实现主体间的平等对话。

（二）建设积极向上的校园新媒体文化活动

第一，学校应紧跟时代潮流，加强校园网站、校报校刊、广播电台、闭路电视、官方微博和微信公众号等宣传阵地的建设，使舆论宣传阵地在校园文化建设中充分发挥作用。第二，积极开发教学软件和数据库，重视对网络教育资源的利用。随着 APP 应用软件的广泛开发，学校可以制作集知识性和趣味性于一体的教学软件，精心设计并完善教育资源和思想政治教育信息，及时更新教学材料，开设网络课堂直播间，通过网络辅导答疑。第三，建立健全校园新媒体管理制度，对新媒体管理人员实行严格的岗位责任制，认真执行管理、监控和值班等工作职责，运用新技术把控校园信息传播，建设完备的、健康的校园新媒体体系。第四，高校思想政治教育者可组织开展新媒体文化节、微博微信征文、在线知识竞赛、网络心理咨询、与名师面对面等活动，将新媒体文化建设与线下校园文化建设紧密结合，丰富校园文化内涵。

在活动中加入"微信互动""网上点评"等实时性人人参与环节,以充分体现"学生为本"的主体意识,使大学生感受到活动的透明性和公正性,进而激发他们参加活动的热情和活力;利用新媒体传播的开放性与快捷性提高校园文化活动的影响力,达到营造健康、生动、活泼的校园文化氛围的效果。

（三）建立一支与时俱进的高素质思想政治教育队伍

思想政治教育队伍是高校思想政治教育工作的重要实施者,新媒体时代对教育者素质提出了更高要求,思想政治教育者不仅要拥有较高的理论文化水平,还要具备良好的媒介素养和熟练的应用新媒体的技术。

针对部分思想政治教育者思想保守,利用新媒体意识淡薄的情况,学校应从价值观入手,不断更新思想政治教育工作者的价值观念,培养其使用新媒体进行思想政治教育的意识。对于有些教育者不能熟练地进行新媒体操作,缺乏媒体技术素养的情况,各高校要加大对教师队伍建设的投入,有计划、有步骤地对思想政治教育队伍进行网络媒体、手机媒体等等的培训活动。组织提升媒介素养的专题讲座,聘请经验丰富的传媒专家进行技术指导,使教师了解新媒体的多种应用,熟练使用新媒体。同时,学校积极鼓励教师利用新媒体技术创新思想政治教育工作,科学研究新媒体与思想政治教育的有机结合,定期开展学术交流会,促进研究成果的推广,提升思想政治教育教学效果。

另外,除了学校方面的努力,教育者自身更要增强责任感、使命感和紧迫感,努力适应时代发展的要求。教师应自觉认识到新媒体在现代社会生活中的重要性,提高操作水平,主动运用新媒体开展思想政治教育,创新思想政治教育方式。课余时间善于利用微信、微博、QQ等新媒体平台与学生沟通,主动融入学生中,关心学生的思想和生活。

（四）强化大学生新媒体素养教育

媒介素养教育是指导大学生正确理解、建设性地享用大众传播资源的教育。大学生的辨别力和判断力还不够强,缺乏一定的道德自控力,面对不良信息的蛊惑,其人生观、价值观、政治信仰以及个人理想都将受到影响。因此,强化大学生新媒体素养教育是非常必要的。

首先,学校应增设专门课程,将媒介素养教育课加入大学生通识教育之中,把课堂作为大学生媒介素养教育的关键阵地,帮助学生了解新媒体的各种用途,培养大学生自律意识和责任意识,形成科学的媒介意识;通过举办讲座、演示会、开展主题班会等方式将媒体道德教育与思想政治教育相结合,科学分析新媒体作用、影响和社会效果,引导学生正确地辩证地看待新媒体;

通过场景再现等活动让受害者现身说法增强渲染力，提高大学生的警戒力，动员大学生主动承担起维护网络纯净的责任。

其次，学校可以通过参观新媒体工作室，进行新媒体见习等活动，鼓励大学生参与到新媒体运作中，让学生与新媒体工作人员近距离交流学习，强化大学生正确使用新媒体的能力。帮助学生学会正确运用新媒体，以及有效地利用新媒体技术获取网络资源，合理地进行交流和信息传播。

综上所述，新媒体的广泛发展使大学生思想政治教育既充满机遇又面临着种种挑战。思想政治教育者应客观分析新媒体的时代特征，及时发现新问题，研究新情况，与时俱进，推进新媒体在大学生思想政治教育中的应用，促使大学生思想政治教育更加科学化、合理化，增强教育实效性。

参考文献

[1] 胡飒.角色理论视野下高校思想政治理论课教学方法探析 [J].学校党建与思想教育，2009（5）：43.

[2] 张奞锁.思想政治理论教学探索 [J].河北大学成人教育学院学报，2009（1）：98-99.

[3] 胡俊修，唐苏南.人文关怀：高校思想政治理论课的一种新诉求 [J].教育探索，2009（9）：126.

[4] 卓雄辉.基于网络环境的思想政治理论课教学改革实践与探索 [J].高教探索，2009（4）：136.

[5] 张耀灿，郑永廷，等.现代思想政治教育学 [M].北京：人民出版社，2006.

[6] 张澍军，齐晓安.马克思主义理论学科建设与思想政治理论课建设的关系 [J].高校理论战线，2008（6）：33-35.

[7] 艾四林.思想政治理论课新体系与教师队伍建设研究 [M].北京：清华大学出版社，2008.

[8] 陈洪涛，张耀灿.新中国成立以来高校思想政治理论课教师队伍建设相关政策发展研究 [J].学校党建与思想教育，2009（7）：15-16.

[9] 宇文利.论思想政治教育本质：政治价值观的再生产 [J].马克思主义与现实，2013（01）：183-188.

[10] 刘书林.论思想政治教育的本质——坚守"灌输论"的缘由 [J].思想理论教育导刊，2012（10）：38-44.

[11] 褚凤英.思想政治教育本质再认识 [J].探索，2010（03）：129-133.

[12] 李斌雄.论思想政治工作的本质特征 [J].中南民族学院学报（人文社会科学版），2001（2）：129-133.

[13] 魏晓文，关丽丽.大学思想政治教育的本质与规律探析——基于中美比较的历史主义范式 [J].思想教育研究，2012（06）：27-31.

[14] 张艳新，赖雪梅.现代思想政治教育本质新论 [J].探索，2005（04）：127-129.

[15] 陈志华.坚持思想政治教育的本质属性——政治性与科学性的有机统一[J].理论与改革,2006(05):152-154.

[16] 刘基,汪玉峰."人性"还是"党性"——分层视域下对思想政治教育本质的追问[J].理论与改革,2011(06):114-117.

[17] 褚凤英.思想政治教育过程的本质再认识[J].学校党建与思想教育,2011(03):13-16.

[18] 徐曼.当代大学生关注的思想热点问题分析[J].前沿,2005(5):91-94.

[19] 中国青少年研究中心、团中央学校部课题组"大学生思想政治教育"调研报告[R].中国青年研究,2005(7).

[20] 谢景文.大学生思想政治教育实践育人模式的构建与创新[J].才智,2017(6):48.

[21] 周长春.新形势下大学生思想政治教育探索[M].北京:北京工业大学出版社,2005.

[22] 张耀灿,陈万柏.思想政治教育学原理[M].北京:高等教育出版社,2001.

[23] 乔海彬.论思想政治教育管理的创新与发展[J].河南师范大学:哲学社会科学版,2007(02):214-215.

[24] 罗国杰,张建明,吴潜涛.思想道德修养[M].北京:中国人民大学出版社,2000.

[25] 姚念龙.增强高校思想政治教育实效性方法探析[J].中国青年研究,2007(03):28-30.

[26] 祖嘉合.思想政治教育方法理论研究回眸与展望[J].思想教育研究,2008(12):3-7.

[27] 陈永福.开展链式教育加强大学生思想政治教育的探讨[J].湖南财经高等专科学校学报,2008(10):134-135.

[28] 徐春艳.党的十八大报告视野下高校思想政治教育理论新发展[J].思想政治教育研究,2013(3):27-3O.

[29] 董霞.新时期高校思想政治教育面临的挑战与对策[J].山东省青年管理干部学院学报,2010(6):69-71.

[30] 黄飞燕.新时期大学生思想政治工作探新[J].重庆科技学院学报(社会科学版),2011(2):114-115.

[31] 孙长虹.大数据时代高校思想政治教育面临的挑战与对策[J].重庆理工大学学报(社会科学),2014(9):143-147.

[32] 于亚旭.当前高校思想政治教育工作面临的挑战与解决对策[J].企业导报,

2016（7）：55.

[33] 邢海晶，薛一飞. 网络时代高校思想政治教育面临的挑战与对策 [J]. 学理论，2014（30）：281-282.

[34] 杨新宇. 2006 年思想政治教育理论研究综述 [J]. 思想理论教育，2007（1）：190-197.

[35] 陈云，肖盟. 抗震救灾：青年思想政治教育的另类课堂 [J]. 中国青年研究，2008（10）：15-18.

[36] 杨新宇，朱磊. 改革开放以来思想政治教育基础理论研究的新进展 [J]. 思想理论教育导刊，2008（11）：23-29.

[37] 尚飞. 人本视域下学校思想政治层次性教育的路径探析 [J]. 齐齐哈尔大学学报（哲学社会科学版），2009（01）：173-174.

[38] 付国锋. 改革开放以来思想政治教育内容创新研究 [J]. 湖北第二师范学院学报，2009（01）：46-48.

[39] 许朝民. 谈和谐理念在高校德育教育中的运用 [J]. 才智，2009（13）：65-66.

[40] 姜玲玲. 复杂性思维下的思想政治理论课程实施 [J]. 安徽农业大学学报（社会科学版），2010（03）：126-131.

[41] 郑永萍. 浅议德育价值与高校德育功能 [J]. 攀登，2007（01）：145-146.

[42] 王建新. 促进学生道德的自主建构——关于提高"思想道德修养与法律基础"课道德教育内容教学实效性的思考 [J]. 思想理论教育，2007（09）：71-74.

[43] 冯翠平. 新的历史条件下政治教育仍是思想政治教育的核心——对思想政治教育学科名称争论的思考 [J]. 法制与社会，2007（06）：671-672.

[44] 石磊. 加强思想教育的必要性讨论 [J]. 才智，2012（14）：308-309.

[45] 苑斯文，刘建慧. 浅谈大学基层教师对学生思想政治教育的作用 [J]. 才智，2011（22）：305-306.

[46] 龙东新，李国珠. 提高大学生思想政治教育有效性方法的研究 [J]. 教育教学论坛，2012（25）：59-60.

[47] 赵春明，李雅琴. 我国大学生思想政治教育有效性研究述评 [J]. 现代教育科学，2012（11）：129-133.

[48] 连玉朱. 大学生思想政治教育的现状、影响因素与对策思考 [J]. 产业与科技论坛，2014：191-192.

[49] 王志娟. 校园文化视角下大学生思想政治教育的实效性研究 [D]. 天津理工大学，2011.

[50] 毛旭，余林.论社会主义核心价值观的构建在大学生素质教育中的价值 [J].科教导刊（上旬刊），2010（01）：101-102.

[51] 缪乾，李前进.论社会主义核心价值体系指引大学生价值观教育 [J].广西 教育学院学报，2011（03）：82-85.

[52] 季怀萍，涂远辉.医学生非语言信息沟通培养载体建设研究 [J].医学教育 探索，2007（08）：11-12.

[53] 孙凌云.论优秀运动员思想教育工作的载体建设 [J].南京体育学院学报 （自然科学版），2013（02）：68-70.

[54] 郝丹丹，李冠琛.医学院校加强大学生思想政治教育的意义 [J].包头医学 院学报，2013（03）：115-116.

[55] 孙蕾.浅析大学生意识形态引导载体体系建设 [J].延边党校学报，2014 （02）：36-38.

[56] 田九霞.论思想政治教育系统要素对其实效性的功能建构 [J].思想政治教 育研究，2010（5）：86-88.

[57] 刘向，陈世扬.新形势下高校思想政治教育模式探析 [J].思想教育研究， 2009（12）：77-79.

[58] 秦永芳.信息时代大学生媒介素养教育探析 [J].学校党建与思想教育（高 教版），2008（8）：38-39.

[59] 李玲.思想政治教育与创新创业教育协同育人模式探索与实践 [J].中国冶 金教育，2018（1）：97-99.